CONCEPT
AND ACTION

本书为国家社科基金青年项目
"当代中国纵向政治制度的协调机制研究"
（项目编号：18CZZ001）的结项成果。

观念与行动

当代中国纵向政治制度的演化

Concept and Action:
The Evolution of Contemporary
Chinese Vertical Political Institution

朱成燕 ◎ 著

天津出版传媒集团

天津人民出版社

图书在版编目（CIP）数据

观念与行动：当代中国纵向政治制度的演化 / 朱成
燕著. -- 天津：天津人民出版社, 2024.5
ISBN 978-7-201-19547-6

Ⅰ.①观… Ⅱ.①朱… Ⅲ.①政治制度—研究—中国
—现代 Ⅳ.①D621

中国国家版本馆 CIP 数据核字(2023)第 115454 号

观念与行动：当代中国纵向政治制度的演化
GUANNIAN YU XINGDONG: DANGDAI ZHONGGUO ZONGXIANG ZHENGZHI ZHIDU DE YANHUA

出　　版　天津人民出版社
出 版 人　刘锦泉
地　　址　天津市和平区西康路35号康岳大厦
邮政编码　300051
邮购电话　(022)23332469
电子信箱　reader@tjrmcbs.com

责任编辑　王　玪
封面设计　汤　磊

印　　刷　天津新华印务有限公司
经　　销　新华书店
开　　本　710毫米×1000毫米　1/16
印　　张　18
字　　数　220千字
版次印次　2024年5月第1版　2024年5月第1次印刷
定　　价　92.00元

序 言

储建国

（大连海事大学公共管理与人文艺术学院院长、教授）

当代中国纵向政治制度涉及中央、地方和基层之间的权力配置及其相互关系的规则安排，在制度设计上充分体现了民主集中制的原则，即人民将权力一揽子授予中央政府，中央政府又将人民授予的权力授予地方各级政府。在现代国家治理体系的建构过程中，纵向政治制度的建设是至关重要的。它作为整个国家治理体系的骨架，决定着国家的统一与治理的兴衰。

中国传统政治共同体在纵向政治制度安排上积累了丰富的经验。新中国继承了这些经验，并进行了创造性转换和创新性发展，才能在比较短的时间内建立起一个稳固的现代共和国。

在纵向政治制度安排上，治理层级和权力集散是关键问题。中国在两千年的王朝治理中，形成了中央—省—县—乡四级相对稳定的纵向层级结构。尽管不同历史阶段上各级名称略有变化，但这种结构持续了相当长的时间。在权力集散方面，中央权力直接管到县，县以下长期以来形成了自治的局面；在中央与省的关系上，权力关系比较复杂，并非简单的单一制和联邦制所能概括。中国纵向政治制度的主要特征早在秦代就由郡县制基本定型，由中央派出官员对地方进行治理，到清朝形成了较为稳定的省制。但中央对各省的授权存在地区差异，总体上遵循中心—边缘的秩序，如京城地区设直隶省；在省的外围实行敕封制，或派办事大臣协助地方治理；对于藩属国则实行朝贡制度。

当代中国纵向政治制度的设计并非简单地继承历史传统，而是结合了中国共产党的政治理念和当代国情进行了制度创新，表现在三个方面：一是按照人民民主的原则建立人民代表大会制度，使得纵向的授权必须由宪法加以确认；二是在少数民族集中地实行了民族区域自治制度，并没有照搬域外经验，而是独立自主地进行了符合国情的制度设计；三是打破了历史上中央权力不下县的传统，在乡镇建立基层政权。改革开放之后，国家权力有所收缩，创新了基层自治制度，并构成当代中国基本政治制度的一个重要支柱。

中央与省之间的制度安排被归为单一制，但又有中国的特色。中央政府决定地方各级国家行政机关职权的具体划分，统一领导地方各级国家行政机关工作，可以改变或撤销地方各级国家行政机关的不适当的决定和命令。这些是中央—省之间制度安排的基本面，是由宪法加以确定的。在这个基本面之下，地方政府在本地事务的治理方面具有一定的自主性空间，并且得以在这个空间内进行制度创新。改革开放后，制度创新的主要动力在于权力下放，尤其是将经济和社会事务的管理权下放给地方。在权力下放出现问题之后，中央政府又会将权力适当地收回。比如，1994年的分税制改革实质就是中央在很大程度上收回了财政权。然而，纵向权力配置的调整又引发了新的制度难题，那就是有学者所说的"中央政府在实现权力与财富集中的同时，却倍感无力控制地方"。值得注意的是，中国的纵向政治制度并没有因此走向崩溃，反而很好地维持了制度的稳定和活力。

本书在探讨纵向权力分配体制变迁的同时，从中观的协调机制层面分析了当代中国纵向政治制度保持稳定和活力的内在机理。为了避免纵向政治制度变革陷入"一统就死、一放就乱"的恶性循环，改革开放后，中央面对权力下放所引发的地方主义危机，并没有将下放的权力一揽子收回，而是一方面通过加强中央宏观调控和统筹协调来维护中央的权威；另一方面通过协商说服、弹性问责、利益诱导等柔性的协调机制保护了地方的自主性空间。这也是改革开放后中国纵向政治制度实现稳定和发展双重目标的关键制度要素。

本书还运用具有特色的制度演化理论，分析了当代中国纵向政治制度的确立、延续和变革的历程，认为在内部危机和外部挑战下，政治领导人的观念演化对制度变迁起着关键性作用。这一制度变迁历程反映了制度演化论中环境、行动者和结构的互动演化，并呈现出某种稳定性特征。通过比较不同发展阶段的实践经验，本书归纳出当代中国纵向政治制度变迁的三重机制：一是纵向权力分配体制的变革；二是纵向权力协调机制的调整；三是制度子系统之间的相互匹配。当代中国纵向政治制度的演化主要是中央通过这三重机制对制度进行适应性调整的动态过程。

本项研究得到了国家社会科学基金青年项目的资助，并作为"当代中国纵向政治制度的协调机制研究"的最终结项成果；同时也是本人主持的教育部重大攻关项目"当代中国政治制度的实践发展与理论创新"在纵向政治制度领域的研究成果。在本书出版过程中，天津人民出版社的王玎编辑付出了大量心血，逐章逐节地完善了书稿的内容，并逐字逐句地完成了书稿的校对，谨此致以衷心的感谢！

2024 年 5 月于大连

目　录

导 论

　　在现代国家治理体系的建构过程中，纵向政治制度的建设是至关重要的，它作为整个国家治理体系的骨架，决定着国家的统一、分裂及社会经济状态。传统的国家结构理论将不同国家的纵向政治制度简单地划分为单一制和联邦制。然而在不同国家，纵向政治制度的实践发展又有其特殊性和复杂性。例如，苏联虽然是联邦制国家，但在纵向权力分配体制上却呈现高度中央集权的特征；而被宪法归为中央集权单一制的英国，地方却享有高度的自治权。因此，仅仅用单一制和联邦制的制度表述往往难以解释制度的动态发展。

　　我国《宪法》规定："中华人民共和国的国家机构实行民主集中制的原则。……中央和地方的国家机构职权的划分，遵循在中央的统一领导下，充分发挥地方的主动性、积极性的原则。"按《宪法》规定的处理中央与地方关系的原则划分，中国实行的是单一制的国家结构形式，即人民把所有权力一揽子授予中央政府，中央政府代表人民统一行使全部国家主权，统辖全国各级地方政府；地方政府的权限来源于中央政府的再授予，因而与中央政府之间存在明显的行政隶属关系。

但中央为了因地制宜地进行国家治理、调动地方的积极性，不得不将部分治理权授予地方政府。尤其是改革开放以来，中央为了实现发展的目标、提高人民的生活水平，将大量的国家治理权下放给地方，甚至企业。例如，在立法上，我国过去的一级立法体制已转变为二级立法体制，扩大了省级（省、自治区、直辖市）权力机关的立法权；在财政上，"分灶吃饭"的财税体制扩大了地方政府的财政收益权和自主支配权；在人事上，中央由原来的"下管两级"改为"下管一级"，使地方政府在人事任免上享有一定的自主权。此外，中央还将包括固定资产投资、项目审批、城乡建设和技术改造及外汇使用管理、减免税、定价等一系列经济管理方面的权限下放给地方政府。

学界也关注当代中国纵向政治制度的上述变化，尤其是20世纪90年代中期的分税制改革后，一些学者提出了"中国式的财政联邦制""维护市场的经济联邦制""行为联邦制"①等替代性概念，从宏观和微观的结构视角分析了中国纵向政治制度的变迁。但是这些研究普遍忽视了一些在权力结构调整过程中不变的因素，而这些恰恰是在权力结构调整过程中保持纵向政治制度不偏离单一制这一基本制度框架的要件。一些西方学者在"威权主义"的范式研究中国的纵向政治制度，从"革命性威权主义""碎片化威权主义"，到改革开放

---

① 参见 Barry R. Weingast, The Economic Role of Political Institutions: Market-Preserving Ferderalism and Economic Development. *Law, Economics, and Organization*, Vol.11, No.1, 1995; Montinola.G, Qian Yingyi, Weingast. B. R. Federalism, Chinese Style: The Political Basis for Economic Success in China. *World Politics*, Vol.48, No.1, 1995; K. Stsai, Off Balance: The Unintended Consequences of Fiscal Federalism in China. *Comparative Economic & Social Systems*, Vol.9, No.2, 2011; 郑永年：《中国的"行为联邦制"：中央—地方关系的变革与动力》，东方出版社，2013年。

后的"分权化威权主义""韧性威权主义""协商性威权主义"①，这些研究普遍在"民主"与"威权"的二分法下研究中国的政治制度，带有很强的西方中心主义色彩，暗示着威权体制向民主体制过渡的制度发展路径。

一些中国学者试图跳脱"联邦制""威权体制"的范式，根据中国纵向政治制度的结构性特征或制度运行的过程性特征来提出新的解释框架。

例如，荣敬本用"压力型体制"来描述改革开放后纵向政治制度运作的特征，在这一体制下，上级政府通过行政压力自上而下地层层分解任务和指标，并与下级政府签订责任书限期完成，其后按照量化指标的完成情况进行考核和奖惩。这一特征在县乡之间表现得尤为明显。②曹正汉从控制统治风险的角度提出了中央与地方政府"上下分治的治理体制"，并认为这种体制包含着分散执政风险（将全国分为多个县级行政区）、自发调节集权程度（即通过选拔和监督地方官来实现地方治理）两种降低执政风险的机制，从而有助于纵向治理体系的长期稳定。③周黎安则提出了"行政发包制"来描述统一的权威框架之内纵向政府间层层分包的关系及这种关系的运作规则，即发包方拥有

---

① Nathan, A. China's Changing of the Guard: Authoritarian Resilience, *Journal of Democracy*, 2003,14(1), pp.6-17; Lieberthal K., Oksenberg M. *Policy making in China: Leaders, structures, and processes*, Princeton University Press, 1988; Teets J. C. Let Many Civil Societies Bloom: The Rise of Consultative Authoritarianism in China, *The China Quarterly*, 2013, 213, pp.19-38; Landry P. F. *Decentralized Authoritarianism in China: the Communist Party's Control of Local Elites in the Post-Mao Era*, Cambridge University Press, 2008.

② 荣敬本、崔之元：《从压力型体制向民主合作制的转变：县乡两级政治体制改革》，中央编译出版社，1998年，第81页。

③ 曹正汉：《中国上下分治的治理体制及其稳定机制》，《社会学研究》2011年第1期。

正式权威和剩余控制权，承包方享有相对独立的决策权和收益权。[①]
上述研究为我们认识中国纵向政治制度提供了多重视角，但其局限性
在于难以解释制度变迁及制度在不同历史阶段的绩效差异。为此，周
黎安还结合了横向政府间的"政治锦标赛式"晋升激励机制，来解释
官员的行为及其导致的治理绩效差异。

已有研究为认识和理解当代中国纵向政治制度提供了多维的视角，
基于已有研究的不足之处，本书试图从中观的机制主义视角来考察当代
中国纵向政治制度的变迁，阐述当代中国纵向政治制度在不同的发展阶
段产生不同治理绩效的内在机理，提出改革开放以来中国经济发展举世
瞩目，同时政治秩序维持稳定的制度要素。

一、研究意义

（一）理论意义

首先，本书立足于当代中国纵向政治制度变迁的实践经验，在过
程追踪的基础上建立解释制度变迁的理论框架，有助于弥补国家结
构理论的局限性。纵向政治制度关乎国家体系内纵向权力的配置及
其相互关系的规则安排。但宪法表述与现实制度运作之间存在明显
的张力，还有待学界进一步研究。此外，人们在一些重要问题上还存
在模糊认识，"往往把单一制和联邦制截然分开，否认二者的相通之
处"[②]。事实上，如果将各国宪法中明示或暗示的宪法原则与权力分
布格局结合起来进行分类，单一制既包括中央集权单一制（1982年权

[①] 周黎安：《行政发包制》，《社会》2014年第6期。

[②] 薛立强：《授权体制：改革开放时期政府间纵向关系研究》，天津人民出版社，2010
年，第4页。

力下放前的法国），也包括地方自治单一制（英国、日本、意大利、西班牙、葡萄牙等）、中央地方均权单一制、民主集中单一制；而联邦制也可以分为中央集权联邦制（如马来西亚、印度、巴基斯坦）、分权制衡联邦制（如美国、瑞士、德国、加拿大、澳大利亚、奥地利）、民主集中联邦制（如苏联）、自治民主联邦制（如南斯拉夫）。①地方自治单一制和地方均权单一制国家，地方自治程度并不亚于中央集权和民主集中联邦制国家。而已有的国家理论简单地将纵向政治制度划分为单一制和联邦制，无法进一步解释各国纵向政治制度的特色，也无法解释为什么在同一制度框架下，不同的历史时期会产生不同的制度绩效。本书试图摆脱理论界的思想窠臼，考察当代中国纵向政治制度的发展及其在不同阶段上呈现的制度特征。

其次，本书从中观的机制主义的视角考察当代中国纵向政治制度的变迁，为全方位认识和理解当代中国纵向政治制度变迁提供了新的视角，有助于阐明当代中国纵向政治制度保持稳定性与灵活性的内在机制。已有研究主要从宏观的结构主义视角和微观的行为主义视角考察当代中国纵向政治制度及其变迁，但鲜有研究关注中观的权力运行机制层面的变化。从总体上看，当代中国纵向政治制度的变迁并没有脱离单一制的基本制度框架，保持了制度的相对稳定，并在不同程度上调动了地方的发展积极性。为此，本书通过过程追踪和历史比较分析来考察不同历史阶段上纵向权力分配体制和纵向权力运作机制上的变化及其导致的制度变迁，这是已有研究有所忽视却十分重要的制度变迁内容，有助于理解不同时期制度绩效的差异。

最后，本书有助于推进中国特色社会主义制度最大优势的政治

---

① 童之伟：《国家结构形式论》，武汉大学出版社，1997年，第220~225页。

学理论研究。学界对当代中国纵向政治制度的研究兴起于20世纪90年代初，当时的研究主要是在宪法规定的单一制的基础上，根据制度的现实运作情况将单一制类型化，以准确把握中国纵向政治制度的发展及其特征。1994年分税制改革后，经济学和政治学界的很多学者受西方学者的影响，开始运用西方的理论范式来研究中国纵向政治制度的变迁，并将其解读为中国特色的"联邦制"或"威权体制"，具有鲜明的西方中心主义色彩。本书在追踪当代中国纵向政治制度实践发展的基础上进行理论提炼，有助于推进中国政治学理论和话语体系构建。

（二）现实意义

首先，本书为全面深化政治体制改革提供了参考性建议。20世纪80年代以来，法国、日本、英国等单一制国家都纷纷对纵向政治制度进行了改革，其中一项重要内容是合理划分中央和地方政府的事权和财权，保障各级政府都不承担超负荷的管理事权，确保各级政府都有足够的能力和精力履行好其管理职责，提高各级政府的运作效能，从而提高整个国家的治理水平。但在我国，纵向政治制度仍然面临权责优化配置的难题：在纵向的财政制度上，分税制不仅导致各级政府事权与财权的不对称，而且也导致地区间差距的拉大；在人事制度上，以政绩为主考核目标的人事管理体制，缺乏对地方官员的道德约束，影响了干部队伍的素质，同时还影响地方政府公共服务职能的履行，等等。新时期，党中央大力反腐，加强了对权力的监督和制约，但也出现了官员避责的问题，使地方的主动性、积极性难以充分释放出来。因此，掌握全面深化改革权力的中央如何在单一制的基本制度框架下通过机制调整和机制创新来解决上述问题，实现中华民族伟大复兴的中国梦，这是未来纵向政治制度改革的着力点。

其次，本书有助于坚定"四个自信"，特别是制度自信。作为现代国家结构的两大基本形式，单一制和联邦制都以促进国家整合、保障国家统一和稳定为基本使命。正如有学者指出的那样："联邦制和单一制在民族国家形成和发展的总的方向上是一致的。对联邦制的研究和考察越深入，就会越多地发现二者的相通之处，二者的区别也会变得越来越模糊。事实上，二者都是以维护国家统一、反对分裂，有效履行政府职能，促进社会、政治、经济、文化全面协调发展为其根本目标。"①因此，对纵向政治制度的研究并非要在单一制和联邦制之间进行非此即彼的简单选择，而是要在比较研究中思考如何在现代国家构建过程中实现国家的统一和稳定，同时调动地方的活力。本书对纵向政治制度中协调机制的描述性分析阐明了当代中国纵向政治制度保持稳定与活力的内在机理，有助于坚定制度自信。

二、研究综述

中央与地方关系的不同图景反映了过去几十年当代中国纵向政治制度的变迁。学界对于当代中国纵向政治制度的研究主要有结构、过程、文化分析三种范式，来建立不同的解释变量与纵向政治制度变迁之间的线性关系。所有这些研究都为我们认识当代中国纵向政治制度及其变迁做出了贡献。这一部分梳理了学界对当代中国纵向政治制度变迁的研究视角、理论框架，总结了影响制度变迁的主要因素。

---

① 王丽萍：《联邦制与世界秩序》，北京大学出版社，2000年，第25页。

（一）当代中国纵向政治制度研究的理论视角

国内学者对当代中国纵向政治制度的研究视角有三种：一是在国家结构理论的视角下考察当代中国纵向政治制度及其静态特征；二是在西方的威权主义或联邦制的视角下考察当代中国纵向政治制度的发展；三是从权力结构和制度运行的视角下考察当代中国纵向政治制度的结构特征及运作过程呈现的动态特征。

1. 国家结构形式的视角

由于单一制的表述过于笼统，难以突出中国纵向政治制度的个性化特征，并且难以反映各实体间的集权与分权程度。因此，学者们将我国的国家结构形式进一步细化为民主集中单一制、复合单一制、失衡的单一制等，以凸显当代中国纵向政治制度的特征。其中，童之伟按宪法规定的处理中央与地方关系的原则及国家机构实行的民主集中原则将我国纵向政治制度归为民主集中单一制。[①]艾晓金从国家权力的角度来分析国家结构及其本质特征。他认为，中国的国家结构与典型的单一制和联邦制有很大的区别，中国的国家结构形式在本质上是单一制，它将人大制度和党的领导制度结合起来，使该制度带有很强的复合色彩，可称之为复合式单一制。[②]此外，还有学者针对改革开放后出现的"强地方—弱中央"的局面提出了失衡的单一制。"改革开放以来，中央与地方关系发生了偏向于地方的失衡。具体表现为中央设定的调控目标无法完成，地方行为游离于中

[①] 童之伟：《国家结构形式论》，武汉大学出版社，1997年，第233页。

[②] 艾晓金：《中央与地方关系的再思考：从国家权力看我国国家结构形式》，《浙江社会科学》2001年第1期。

央调控之外，由此引起整个社会的某些无序状态。"①"在企业和地方权力扩张的同时，中央政府相对而言却出现了权力弱化的趋势，这既体现在中央宏观调控能力的削弱上，也体现在'地方割据'的强势对中央的抗拒上。"②失衡的单一制在一定程度上揭示了当代中国纵向政治制度的特征，也关注到纵向权力结构的变化，但失衡的判断具有一定的模糊性。

2. 威权主义的视角

部分海外学者在威权体制的视角下解释当代中国纵向政治制度的变迁。例如，许成钢将中国的纵向政治制度称为"地方分权的威权体制"，这一制度以中央高度集中政治和人事控制权，以及对地方财政分权为特征。③皮埃尔·兰德里（Pierre Landry）则用"分权的威权体制"来描述改革中的纵向政治制度。"从财政角度来看，中国是世界上分权度最高的国家——2002年地方政府的支出占政府总支出的比重将近70%。一般威权国家的地方政府支出在1972—2000年平均只达到总财政支出的约1/4，但改革期间中国地方政府的支出比例则明显比两者都高，1958—2002年间平均达到一半以上（55%）。因此，这一时期的改革主要集中在如何强化中央权威与合理调整央地关系上。"④李侃如和奥森伯格则基于后毛泽东时代中国经济领域的分权改革所导致的决策权在职能领域和垂直方向的分割、中央

---

① 王沪宁：《集分平衡：中央与地方的协同发展》，《复旦学报（社会科学版）》1991年第2期。

② 林尚立：《国内政府间关系》，浙江人民出版社，1998年，第334页。

③ Xu, Chenggang. The Fundamental Institutions of China's Reforms and Development, *Journal of Economic Literature*, 2011, 49(4), pp.1076-1151.

④ Landry Pierre. *Decentralized Authoritarianism: The Communist Party's Control of Local Elites in the Post-Mao Era*, Cambridge University Press, 2008, pp.1-36.

意识形态控制的放松、人事权的下放等特征，使掌握一定自主决策权的地方有能力在部分决策上与中央讨价还价，由此提出"碎片化的威权主义"[①]的制度表述。这些理论视角能同时解释当代中国纵向政治制度的稳定与变迁，但威权体制强调中央集权，且依赖强制力、意识形态、社会动员等方式进行社会治理。"地方分权的威权体制"和"碎片化的威权主义"强调改革开放后中央向地方的分权及其制度后果，均忽视了纵向权力运行机制的变化，且威权体制的表述带有鲜明的意识形态色彩，预示着向西方民主体制转型的制度发展方向。

3. 联邦主义的视角

部分海外学者则提出若干中国式联邦制的分析框架来解释改革开放以来尤其是分税制改革以来中国纵向政治制度的变迁。其中，代表性的观点包括钱颖一和温加斯特提出的"中国特色的维护市场的经济联邦制"[②]。这主要是基于1979年之后，中国的财政和行政分权改革是在一个不断增长的市场环境中进行的，地方政府享有广泛的经济管理权，并对地方经济负有主要责任，限制了国家干预，有利于维护市场。基于此，他们判定中国的纵向政治制度具有维护市场的经济联邦制的特征。然而，中国的行政分权尚未制度化、缺乏统一的市场对地方严格的预算约束，因而具有很强的中国特色。有学者认为，"反市场的联邦主义"[③]更能描述中国的纵向政治制度结构。郑永年则将改革

① Lieberthal K. Oksenberg M. *Policy Making in China Leaders, Structures, and Processes*, Princeton University Press, 1988, p.3.

② Montinola G., Qian Y. & Weingast B. Federalism, Chinese Style: The Political Basis for Economic Success in China, *World Politics*, 1995, 48(1), pp.50–81.

③ Tsai K. S. Off balance: The unintended consequences of fiscal federalism in China, *Journal of Chinese Political Science*, 2004, 9(2), pp.1–26.

开放以来中国的纵向政治制度界定为"行为联邦制"①，这主要是基于改革开放后，在放权的制度背景下，中国地方政府所享有的权力要比所有联邦制国家里的州和地方政府的权力大得多。但他认为进一步理顺中央与地方之间的关系要根据联邦制的原则重建中央与各省的关系。上述理论有助于我们认识改革开放后中国纵向权力关系及地方官员行为的变化，但忽视了中国纵向政治制度的稳定性特征及制度变迁过程中制度结构的约束。

4.权力结构的视角

国内学术界注意到传统国家结构理论的局限性，开始摆脱传统的单一制与联邦制的界分，客观地描述中央与地方的权力分割，揭示出中国纵向政治制度稳定的内在机理。其中，曹正汉指出，中国长期以来实行的是一种"上下分治"的治理体制。"中央政府主要执掌治官权，即选拔、监督和奖惩官员的权力；至于实际管治各地区民众的权力则交给地方官执掌。只要地方官员不违背中央政府所设定的大政方针，均可以因地制宜行使其治民权，灵活地处置所管辖地区的民众事务。这种体制包含着降低执政风险的两个机制——分散执政风险的机制和自发调节集权程度的机制，容许地方官在各地区探索执政办法、调节集权程度，容许地方官与民众在许多重大利益问题上讨价还价，甚至发生局部冲突；依靠上下分治的政治架构，中央官可以运筹帷幄，超然于地方官与民众的利益冲突之外，监督和调节地方官的行政活动，并于适当时候出面调解地方官与民众的冲突，因此有助于治理体制的稳定。"②其局限性在于难以解释制度的变迁。周雪光则根据控制权分配提出一个委托方—管理

---

① 郑永年：《中国的"行为联邦制"：中央—地方关系的变革与动力》，东方出版社，2013年，第32页。

② 曹正汉：《中国上下分治的治理体制及其稳定机制》，《社会学研究》2011年第1期。

方—代理方的三级科层组织模式，通过关注控制权在中央政府、中间政府、基层政府间的不同分配方式，考察纵向治理结构的变化及其所蕴含的行为意义。其中，控制权的不同分配形式导致了迥然不同的治理模式及政府行为。上述理论有助于解释中国纵向政治制度的稳定性，但难以解释制度的变迁及其治理绩效差异。

5.制度运行的视角

国内有学者基于当代中国纵向政治制度运行的特征提出"压力型体制""行政发包制"等理论框架来描述纵向政治制度运行呈现的特征。其中，"压力型体制"的概念形象地描述了纵向权力的运行过程，尤其强调基层政府的运行是上级指标任务层层分解并以目标考核的方式下压的结果。[1]周黎安使用"行政发包制"的概念也表明了纵向行政权分配层层下压的特征，这主要是因为在纵向权力分配的过程中，发包方与承包方不对等的权力与权威关系，作为发包方的中央拥有正式权威（如人事控制、检察权、指导权、审批权）和剩余控制权，而具有执行权和决策权的承包方拥有一定的自由裁量权和实际控制权，这是权力内部发包的结果，揭示了纵向权力配置"集权—分权"的悖论。[2]但这种纵向政府间行政权力分配的特征具有历史的延续性，不利于解释当前中国纵向政治制度中一些微小但重要的变迁。为此，周黎安还在"行政发包制"的基础上引入"政治锦标赛"[3]来解释横向政府间的竞争及其导致的经济后果。

---

① 荣敬本：《县乡两级的政治体制改革：如何建立民主的合作新体制》，《经济社会体制比较》1997年第4期。

② 周黎安：《转型中的地方政府：官员激励与治理》，格致出版社，2017年，第34~35页。

③ 周黎安：《行政发包制》，《社会》2014年第6期。

（二）制度变迁的理论及其影响因素

制度变迁自古以来一直就是政治科学关注的核心问题，但在理论的建构上，"新制度主义"的代表学者在这方面颇有建树，并为我们认识和解释制度变迁提供了结构、环境、历史文化、行动者等多维度的分析框架。在对中国政治制度变迁的研究中，学者们也借助了这些理论来展开研究。

1.理性选择制度主义与制度变迁

道格拉斯·诺斯应用经济学中的博弈理论和理性选择模型，将制度解释为"一系列被制定出来的规则、守法程序和行为的道德伦理规范，它旨在约束追求主体福利或效用最大化利益的个人行为"[①]。在解释制度变迁方面，他也提出了极具包容性的解释框架，即将国家、产权、意识形态纳入制度分析的框架之中，其中制度是经济绩效的决定性因素，相对价格的变化是制度变迁的原因。最具有突破意义的是，他认识到了意识形态[②]和反意识形态在克服集体行动中"搭便车"现象上的作用，因此部分地解释了制度的稳定与变化。[③]同时，这一理论也有助于我们更好地解释制度的多样性。但以诺斯为代表的新制度主义经济学在解释中国政治领域的制度变迁时存在理论局限，如它无法解释关键历史时刻、非主流意识形态（如变革性的观念）、权力对制

---

①［美］道格拉斯·C.诺斯：《经济史中的结构与变迁》，陈郁、罗华平等译，生活·读书·新知三联书店，上海人民出版社，1994年，第225～226页。

② 在诺斯看来，意识形态是"智力成果以使个体和群体的行为模式合理化"，或是"一个节约性的装置，使个体与其环境达成妥协并且为个体提供一个'世界观'从而简化决策过程"。

③ Douglass C. North. *Structure and Change in Economic History*, W. W. Norton, 1981, pp.49-53.

度变迁的影响。①此外，还有学者指出："在诺斯的框架下，无法展现出动态的制度变迁过程。"②

在延续经济学制度主义的分析理路的基础上，林毅夫则根据不同国家制度变迁路径的差异进一步提出了"强制性制度变迁"和"诱致性制度变迁"两种变迁类型。他认为："制度变迁也可以是以政府为主体的理性设计（或制度创新）的结果。并且，政府主导的强制性制度变迁，至少可以降低决策成本、提高决策效率，从而提高制度变迁的净收益。"③此外，陈天祥也强调中国政治制度变迁的政府主导性与渐进性特征。④

2.历史制度主义与制度变迁

历史制度主义也是学者们用来解释制度变迁常用的方法。应用最多的是克拉斯纳的断续平衡论、伊格马特的"否决点"理论和路径依赖理论。

"断续平衡论"是描述制度变迁时最常用的模型。它源自演化生物学家的研究，克拉斯纳在1988年借之用来解释政治问题。他在研究中观察到"制度在经历了一段长时间的稳定后，会在某一时刻内被危机所打断，从而生出空发性的制度变迁，自此以后，制度会再次进入静态平衡期。在制度的稳定时期，政策产出要通过制度进行解释，因为既有的制度安排以一种特殊的方式塑造着政治冲突。而

① 杨光斌：《诺斯制度变迁的理论与问题》，《华中师范大学学报（人文社会科学版）》2007年第5期。

② 马德勇：《观念、权力与制度变迁：铁道部体制的社会演化论分析》，《政治学研究》2015年第5期。

③ 林毅夫：《制度变迁的经济学理论：诱致性变迁与强制性变迁》，http://4a.hep.edu.cn/NCourse/ep/resource/part2/DOWNLOAD/caichanql/PropertyRights13.html。

④ 陈天祥：《论中国制度变迁的方式》，《中山大学学报（社会科学版）》2001年第3期。

外在环境的变迁和危机的来临可能打断这种平衡，造成制度的崩溃，而制度的这一崩溃又在塑造新的制度安排方面引发了紧张的政治冲突"①。克拉斯勒将制度变迁分为两个阶段：制度稳定时期和制度变化时期，她认为长期的政治稳定状态会被偶然性的危机或事件打破，从而引起大的制度变迁。国内学者也因此将制度变迁过程引申为历史的常规时期和非常规时期。从经验上和理论研究的便利来讲，这种划分是合理的，有利于我们清醒地认识制度变迁的阶段和标志性特征。在大多数情况下，变革是外部冲击的结果，它破坏了原有稳定的制度再生产模式，从而为实质性的制度重置打开了缺口。但在这一理论中，制度变迁是由外部冲击所驱动的，而没有为制度变迁提供内源性的解释。

否决点理论对于解释特殊环境之中的制度变迁方式和可能性具有重要意义。所谓否决点，指的是"在制定政策的过程中，适当的行为体联盟可以阻止通过一项特定的立法"②。如果否决点很少或根本不存在，那么政府就可以在极大程度上控制政策制定的过程和结果。也就是说，否决点影响到特定领域里反对政府计划的群体所具有的潜在威慑力的水平。当制度提供否决点时，就会对政府控制决策过程和政策结果的能力构成限制。也就是说，否决点和决策能力的分散程度是紧密相连的。制度权力越是分散，可能的否决点就越多，特定的政策相关者就会额外获得一种有效的动员能力和施加政治影响的能力。但在中国政策制定领域，反对政府计划的群体所具有的潜在威慑力较小，

---

① 何俊志：《结构、历史与行为：历史制度主义的分析范式》，《国外社会科学》2002年第5期。

② ［英］博诺里：《政治制度、否决点和福利制度的适应过程》，［英］皮尔逊主编：《福利制度的新政治学》，苗正民译，商务印书馆，2004年，第342～343页。

虽然权力分散程度决定着政府能力高低，进而决定着政策结果的形成，但鲜见行为体联盟阻止通过特定政策的情况。

路径依赖的概念是对制度经济学相关成果的继承。之所以要引入这一概念，是因为在现实政治生活中，制度变迁并不是简单的新制度取代旧制度的过程，而在制度与制度之间也存在前后的顺延性。诺斯就曾指出："一旦一个国家或地区沿一种轨迹开始发展，改变发展道路的成本非常高。尽管存在着其他的道路选择，但是已建立的制度会阻碍对初始选择的改变。制度变迁也只能按照这种路径走下去。"[①]此外，学者还指出了路径依赖的两种不同发展方向：一种情况是某种初始制度选定以后，具有报酬递增的效果，促进了经济的发展，其他相关制度安排向同样的方向配合，导致有利于经济增长的进一步的制度变迁。这是一种良性的路径依赖。另一种情况是某种制度演变的轨迹形成以后，初始制度的效率低下，甚至开始阻碍生产活动，那些与这种制度共荣的组织为了自己的既得利益而尽力维护它。此时这个社会陷入无效制度，进入了'锁定'状态，这是恶性的路径依赖。[②]国内有诸多学者用这一理论来分析中国政治制度的变迁，李月军就认为："1978年以来中国政治制度的具体变迁对核心制度表现出高度的路径依赖，具体表现为利益与报酬的递增、制度的结构—功能和意识形态方面的依赖，从而使中国政治制度变迁呈现以内生为主、外生因素为辅的混合型渐进式模式。"[③]

历史制度主义理论是学者在研究中国政治制度变迁时使用较多的

---

① [美]道格拉斯·C.诺思：《制度、制度变迁与经济绩效》，杭行译，格致出版社，2014年，第149页。

② 杨光斌：《政治变迁中的国家与制度》，中央编译出版社，2011年，第56页。

③ 李月军：《中国政治制度变迁中的路径依赖》，《学海》2009年第4期。

理论，它不仅能够解释制度的稳定性，而且能够解释制度变迁。首先，路径依赖理论有助于我们理解制度的稳定性，因为路径依赖意味着过去的制度遗产能够限制当下制度创新可能发生的范围和可供选择的方式。也就是说，路径依赖被用来强调行动者在进行制度革新时面临的限制。其次，在历史的"关键节点"或"否决点"上，外部的冲击或行动者的主体作用更占优势，由此导致急剧的制度变迁。但历史制度主义的局限性在于难以解释制度的起源和制度稳定期不同阶段的制度绩效差异。

3.社会学制度主义与制度变迁

社会学制度主义也从多个角度拓展了制度变迁理论，尤其是对外部环境及制度内部矛盾的关注为进一步研究制度变迁提供了理论上的启发。首先，社会学制度主义从功能主义的视角来解释制度变迁，认为包括认知性、规范性和规制性的结构和活动的制度必须而且也将会找到某种方式以适应环境变化的压力，因而制度变迁是制度与环境互动的过程。这种变迁形式涉及认知环境挑战，然后找到某种方式使制度遵从这种外在的力量。[1]因此，功能主义的视角主要关注引发制度变迁的外部因素，及由此引发的缓慢或急剧的变革。但由于社会学制度主义重视文化对个体行动施加的重要影响，在这个意义上，制度是倾向于保持稳定的。[2]另外，种群生态制度主义也将制度变迁置于组织或制度的环境中，但制度变迁的动力仍来自外

---

① [美]B.盖伊·彼得斯：《政治科学中的制度理论：新制度主义》，王向民、段红伟译，上海人民出版社，2016年，第143页。

② 马雪松、周云逸：《社会学制度主义的发生路径、内在逻辑及意义评析》，《南京师大学报(社会科学版)》2011年第3期。

部环境的压力。①

　　社会学制度主义也从行动者和制度互动的视角来解释制度变迁。社会学制度主义在传统上关注制度对行动者的约束，忽视了制度约束下行为体的自主性。为此，以鲍威尔为代表的社会学制度主义者呼吁拓展制度分析的范围，进一步研究制度环境异质性的根源及引起制度变迁的过程，包括成功的模仿、模仿后的重新整合、不完全的制度化、组织场域的重构等。②该流派也开始关注制度与行动者的双向互动，不仅关注到制度对行动者的约束作用，也关注到行动者对制度变迁的影响。其中，行动者能动性是推动制度变迁的主要因素。"组织也会力图塑造环境以满足其需要，而不是被动地对环境作出反应。"③组织形式的多样性也凸显了行动者的能动性及其策略行为的多样性，为解释制度变迁提供了微观基础。此外，行动者的权力和利益也是推动制度变迁的重要因素。④

　　此外，社会学制度主义还关注到制度内部的矛盾和冲突及其导致的内生性制度变迁。其中，斯科特所提出的"制度复合体"的概念意味着制度构成要素的多样性，而制度内部的矛盾及不同制度之间的矛盾也可能推动制度变革。斯科特认为，大多数制度由规制性要素、规范性要素、认知性要素三种基础要素组成。在三者没有很

----

① [美]B. 盖伊·彼得斯：《政治科学中的制度理论：新制度主义》，王向民、段红伟译，上海人民出版社，2016年，第143～144页。

② [美]沃尔特·W. 鲍威尔、保罗·J. 迪马吉奥主编：《组织分析的新制度主义》，姚伟译，上海人民出版社，2008年。

③ Oliver, C. Stategic Responses to Institutional Processes, *Academy of Management Review*, 1991, Vol.16, pp.145~179.

④ 崔珊珊：《社会学制度主义视域下制度变迁的发生机理》，《理论月刊》2022年第10期。

好结合的地方，它们所提供的资源可能被不同的行动者用来获取不同的结果。在这种情况下，就会出现混乱与冲突，极有可能导致制度变迁。[①]

　　国内也有学者用功能主义理论来解释中国的制度变迁。例如，徐湘林认为，制度结构的稳定性（功能）决定了行动者的制度选择。"政治改革的战略选择必须考虑国家治理能力的延续和提升。当遇到社会转型所带来的各种危机时，维持制度体系的结构稳定性和体制变革的平衡，是政治转型所付成本最低的一种途径。"[②]显然，这种分析方法有助于解释制度的存续，然而它很难解释制度变迁。因为功能理论只能解释制度对环境的适应，难以解释内源性的制度变迁。并且，我们不能因此将制度功能与制度选择混为一谈，假定制度的现有功效与其初设动机之间存在着必然的关联。[③]因此，有必要回到历史中去寻找答案。此外，也有学者强调历史文化传统、政治习惯等因素的作用及其历史延续性。例如，伯克曼认为，中国自古以来是在"大一统"的理念下建立起与之相适应的中央高度集权体制，而这种国家结构反过来强化了"大一统"的治国理念。在这一理念影响下，统一被认为是正常的，而分裂是不正常的。这种强大的文化力量也将使它不可能像其他国家那样分崩离析。[④]但上述研究更有助于解释中国纵向政治制

　　① ［美］W.理查德·斯科特：《制度与组织——思想观念与物质利益》，姚伟、王黎芳译，中国人民大学出版社，2010年，第71页。

　　② 徐湘林：《转型中国的结构性稳定与体制变革——以国家治理能力为视角》，中国人民大学《比较视野下的国家建设与民主学术研讨会论文集》，2012年，第235页。

　　③ ［美］凯瑟琳·西伦：《制度是如何演化的：德国、英国、美国和日本的技能政治经济学》，王星译，上海人民出版社，2010年，第20页。

　　④ Brodsgaard, Kjeld Erik & David Strand, *Reconstructing Twentieth-Century China: State Control, Civil Society, and National Identity*, Oxford University Press, 1998, pp.310-346.

度的稳定性。

改革开放之后，国内学者也开始关注制度矛盾及其导致的制度变迁。例如，薄贵利的研究发现，市场经济发展侵蚀和瓦解了高度集权体制所赖以存在的经济基础。解决高度集权体制与逐渐发展壮大起来的市场经济的矛盾，需要改革高度集权体制，使之适应市场经济下经济社会发展的需要，以促进经济的发展和社会的进步，促使国家不断走向兴盛。"如果不改不变，或利用高度集中的权力压制、打击、限制市场经济，会毫无例外地阻碍经济的发展和社会的进步，最终必将导致高度集权体制的土崩瓦解，使国家陷入混乱和动荡之中。"①

19世纪中期的分税制之后，也有学者关注到制度内部矛盾所引发的制度变迁。以王绍光和胡鞍钢为代表，他们认为，中国自改革开放以来就实行经济放权，在促进地方经济迅速发展的同时却导致了国家能力尤其是财政汲取能力的衰弱。这主要表现在从20世纪80年代起到1993年，中央政府在全国财政收入中所占的比重逐年减少，乃至超过了国家分权的底线。而其他国家能力也不可避免地受到影响，如强制能力以及相对的国防能力、政府监管能力、统合能力等。这导致中央重新调整了与地方政府的权力配置，通过重新集权保持了集权与分权的适度平衡，从而带来纵向政治制度的变迁。②

新制度主义分析了宏观的结构、历史文化、外部环境、制度内部的矛盾以及微观的行动者对制度变迁的影响，但遗憾的是没有将环境、

---

① 薄贵利：《集权分权与国家兴衰》，经济科学出版社，2001年，第73～74页。

② 王绍光：《分权的底线》，《战略与管理》1995年第2期。

制度、行动者纳入一个统一的分析框架，缺乏对制度变迁整体性和历史性的把握。而当代中国纵向政治制度的变迁恰恰是外部环境、制度矛盾、行动者互动的结果。由此而形成的制度变迁模式是渐进式的，既有权力结构层面的，也有中观的机制层面和微观的行为层面的变革和发展。基于已有研究的不足之处，本书试图从中观的机制层面去研究当代中国纵向政治制度的变迁。

三、基本概念

政治制度是关于政治权力配置及其相互关系的规则安排，既有横向的立法权力和行政权力的配置及其关系，进而产生了议会制、总统制、人民代表大会制度等；也有纵向的中央与地方的权力配置及其相互关系的规则安排，进而产生了单一制、联邦制的制度设计。学界在这一研究领域使用较多的概念是中央与地方关系，或纵向政府间关系，但本书提出纵向政治制度也是合适的，因为它不仅包括了纵向政府间关系，也包括国家与社会关系及其相互关系的规则安排。

关于纵向政治制度的类型，学界一般类型化为单一制与联邦制两种。但当人们在讨论这个研究问题时，还有另一组概念会被提及，那就是"中央集权"与"地方分权"。通常单一制会与中央集权画等号，而将联邦制等同于地方分权。表1-1是西方学者对36个民主国家以"集权"和"分权"的特征进行的分类。事实上，从各个国家纵向权力配置的情形来看，以分权程度作为划分单一制与联邦制的标准是难以令人信服的。因此，本书将单一制和联邦制视为纵向权力之间的关系及其制度安排，体现制度的本质，而中央集权和地方分权仅作为纵向权力分配的情形。一级地方政府权力来源于中央还是来源于宪法是我们区分单一制和联邦制的标准。换言之，如果一级地方政府权力由宪法规定，则为联邦制；如果一级地方政府权力没有被宪法明确规定，则为单一制。

表1-1　1945—1996年36个民主国家的中央与地方关系类型

类型	完全符合的国家	大部分符合的国家	部分符合的国家
联邦制及地方分权	澳大利亚、加拿大、德国	瑞士、美国	1993年后的比利时
联邦制及中央集权	委内瑞拉		奥地利、印度
半联邦制	以色列、荷兰	巴布亚新—几内亚、西班牙	1993年前的比利时
单一制与地方分权	丹麦、芬兰、日本	挪威、瑞典	——
单一制与中央集权	希腊、冰岛、爱尔兰、巴哈马、巴贝多、波札那	牙买加、卢森堡、马耳他、莫里西斯、新西兰、葡萄牙、英国	法国、意大利、千里达

资料来源：Arend Lijphart, *Patterns of Democracy: Government Form and Per-formance in Thirty-Six Countries*, Yale University Press, 1999, p.189.

中国的纵向制度安排不仅是支撑中央与地方之间合作伙伴关系模式的中心制度安排，而且对于中国政府秩序的稳定和经济发展起到了重要的支持作用。实体性分割基础上的制度安排，规定了中央和各级地方政府在整个治理体系中的地位、权力范围和活动方式，以及纵向各层级政府之间的关系。由于我国纵向权力关系具有多样性的特征，因而我们可以将纵向政治制度定义为"一体多元"的单一制，它包括中央和一般的地方政府之间的制度安排、民族区域自治制度、特别行政区制度。作为当代中国纵向政治制度最主要的组成部分，本书主要探索中央和一般的地方政府之间的关系及其规则安排。

四、理论视角与实践启示

本书运用具有特色的制度演化论为分析框架，同时，根据当代中国纵向政治制度的实践发展经验，提出关键行动者在推动制度变迁过程中所发挥的关键性作用，外部环境也必须通过改变行动者的观念才能发挥作用，进而推动制度变迁。为此，本书进一步修正了制度演化论，并提出危机环境—观念—行动的分析框架。

（一）制度变迁的演化理论

演化（或进化），这一现象广泛存在于自然界当中，但在社会科学研究领域，将生物界与社会的演化统一在一个框架下的尝试也由来已久。"作为演化理论在社会科学领域的一般化，世界被描述为一个'复杂种群系统'，生物界与人类社会都遵循变异—选择—遗传的演化规律。当复杂种群系统中的不同实体（包括种群和个体）面临局部的资源稀缺和生存问题时，它们会通过'变异'改变生物特性（或行为方式）来求得生存。然而变异并不总是成功的，选择机制遵循'适者生存'的原则，只有更加适应环境的变异才能被保留下来。通过遗传机制，成功的变异得以传递给后代。"①目前，已经有学者开始使用生物和人类社会演化的核心机理，即"变异—选择—遗传"来分析制度变迁，试图发展出一个解释制度变迁的广义理论。②广义进化论为解释制度变迁提供了系统性的分析框架，整合了制度变迁相关的各种理论。

---

① 马德勇：《观念、权力与制度变迁：铁道部体制的社会演化论分析》，《政治学研究》2015年第5期。

② 唐世平：《制度变迁的广义理论》，沈文松译，北京大学出版社，2016年，第60页。

　　根据生物演化论，物种的产生是"变异"的结果，这种变异可能是基因突变的结果，也可能是适应环境变化的结果。制度演化论是生物演化论在社会科学领域的运用，该理论认为，制度创设或再造也源于适应环境的需要。[1]同时，人类先进的认知能力，以及想法、设计和交流的使用塑造了制度演化的特殊本质。制度的变异包括制度设计、制度模仿、制度创新、制度调试等多种机制，人类可以通过不断地试错学习来进行选择，正如在生物界中，突变会在环境中反复测试。这也造就了各国制度发展多样性和复杂性的特征。

　　选择，即物竞天择、适者生存的丛林法则。"通过选择机制，新的变异会在真实世界中接受检验，一些变异将会生存下去而另一些则会消失，复杂种群系统内的生物体将逐渐与环境因素所要求的标准相适应。选择意味着能够较好适应特定环境的物种将生存下去，但选择的结果并不一定意味着经济学最优和改进的实现，演化的结果仍然可能是低效率甚至是系统性错误的。"[2]在制度演化过程中，制度也要接受外部经济社会环境的检验，基于创新、模仿而来的"变异"并不会全部生存下来，只有适应特定经济社会环境的制度才能延续下去。制度生存和延续的诉求仍然可以被视为选择的动力源。与生物演化所不同的是，人类先进的认知能力和决策能力也是关键的制度选择机制。

　　制度演化论继承了社会学制度主义的观点，把制度视为代代相传的规则。在遗传环节，被选择的性状才得以保存下来并传递给后代。

---

　　[1] Lewis, Orion A., and Sven Steinmo, How Institutions Evolve: Evolutionary Theory and Institutional Change. *Polity*, Vol. 44, No. 3, 2012, pp. 314 - 339.

　　[2] 马德勇：《观念、权力与制度变迁：铁道部体制的社会演化论分析》，《政治学研究》2015年第5期。

在制度演化中，这是一个制度复制和创新的环节。但随着时间的推移，作为规则的制度并不会被完美复制，因为个体对规则的内容和实施的观念有所不同，由此导致了有选择地复制和制度创新。可见，和生物的基因无法有意识地复制、创新和突变不同，制度演化是由有意识的战略行动驱动的。

通过制度演化的不同环节能够分析制度的起源、变化和延续的过程。并且，制度演化论提供了一个外部环境、行动者、制度互动的分析框架，弥补了单一变量在解释制度变迁时的不足之处，有助于把握制度变迁的动态过程，同时有助于解释制度的稳定和变化。虽然理性选择制度主义也能够同时解释制度的稳定和变迁，但其对于理性人的假定在分析政治制度变迁时并不完全合适，它否定了人的认知和选择的多样性。同时，制度变迁中的均衡与非均衡状态也往往难以清晰地界定，而制度演化论恰好能帮助我们解决这些问题。在制度的演化过程中，并不存在一种被"锁定"的稳定状态，而是不断被选择进而实现生存目标的过程，这是历史制度主义在解释制度变迁时所忽视的部分。制度演化论在解释制度变迁方面的优势并不意味着它提供了足够充分的解释，仍需已有的制度变迁理论提供辅助。

（二）制度变迁实践的启示：顶层设计与制度的稳定性

不同的国家在纵向政治制度设计上存在很大的差异，虽然可以简单地划分为单一制和联邦制，但是各国在纵向权力配置上却表现出个性化差异。为了避免国家再度陷入新中国成立前期军阀混战、生灵涂炭的局面，作为制度缔造者的中国共产党在新中国成立之初就建立起了单一制的纵向政治制度。事实上，在中国集体领导和民主集中的决策体制下，核心政治领导人在制度选择中发挥着关键行动者的作用。

事实上，在当代中国纵向制度的演化过程中，每一个阶段的变化都渗透着核心政治领导人的战略目标和策略选择，即顶层设计。我们不禁要进一步追问，是什么因素导致关键行动者的战略目标和策略选择（观念）发生转变的呢？制度演化论中环境、结构和行动者三者互动的分析框架提供了理论上的启发。

首先，危机环境会使作为关键行动者的政治领导人原有的观念受到冲击，进而在危机的倒逼之下推动纵向政治制度变革。这种危机环境既包括内源性的，例如制度在运行的过程中产生的意外后果引发的生存危机。这会使关键行为者意识到已有的制度经验并不完全正确，或者并不完全适应当前的政治生态，而在危机倒逼下推动制度变革。例如，在中国的纵向政治制度演化中，虽然单一制的制度设计本身就包含着稳定的内在结构，其稳定性是建立在国家掌握所有国家治理权的基础之上的，但基于高度中央集权的纵向政治制度在运作过程中导致的制度僵化，中央又不得不将一部分治理权授予地方政府，以达到因地制宜的治理效果。而拥有一定自主权的地方政府常常利用其掌握的权力去实现自身的利益和效用目标，偏离国家的整体利益和总体性目标，进而威胁到已有制度稳定。这种在制度的运作过程中所产生的生存危机也会导致关键行动者观念的变化，进而去推动制度变革。

其次，在开放的外部环境中，当制度的生存状况、制度绩效等指标被关注并用来进行比较时，会使政治领导人即制度中的关键行动者感受到来自外部环境的压力，发展的欲望很容易被激发出来。在竞争和发展的压力之下，关键行动者会主动对制度进行适应性调整以适应外部环境的变化。例如，在党的第一代中央领导集体主政时期，纵向权力分配格局的设计就受到苏联斯大林模式的影响，政治领导希望通过学习和模仿苏联的制度经验，从而使中国也能像苏联那样快速从战后的危机中恢复过来，建立起强大的工业基础，以在世界舞台上站稳脚跟。在党的第二代中央领导集体主政时期，中央领导集体出国访问的经历却让他们看到发达国家所取得的经济绩效，外部环境的刺激使他们的观念发生了很大的转变，并激励着他们主动进行制度变革来加快中国的发展速度。随着国家的发展壮大，外部环境的影响事实上在逐步减弱。因为从制度演化的长期过程来看，通过学习和模仿而实现的制度变迁并不一定能够很好地与其他制度子系统相匹配，从而制约制度功能的有效释放。

最后，制度变革并非关键行动者自由意志的产物，其观念会受到已有制度的制约。在当代中国纵向政治制度的演化中，制度改革始终没有脱离单一制的制度框架，始终坚持发挥中央和地方两个积极性这一根本原则。从党的第一代中央领导集体开始，顶层出于发展的需要进行过放权的改革尝试，这些试验有的成功了，有的失败了，但是制度依然能够保持稳定，并没有因大规模的放权而导致国家陷入四分五裂的局面。这也充分表明，单一制内部蕴含的稳定的制度内核产生了强大的正反馈效应，并制约着关键行动者的行为选择。由此而导致的制度变迁过程是一个渐进性的制度调试过程。但如果仅仅把制度的延续看作一种正反馈效应产生的结果，那么我们将会错过制度演化过程中非常重要且有趣的部分，那就是制度内部所发生的细微的调整，例如权力运作方式的调整以及为实现制度匹配而进行的增量改革。这些细微的调整使已有的制度得到局部修正或功能性再修复。因此，在当代中国纵向政治制度的变迁过程中，制度存续不仅仅依赖于其所产生的正反馈效应，而且还取决于制度对其所处的外部环境和制度系统的适应，这可以通过协调机制的运作来实现。在调试的过程中，制度也在以微妙但非常重要的方式发生渐进性的变迁。

综上，当代中国纵向政治制度的演化过程是关键政治领导人在已有的制度框架下对制度进行不断协调的"选择"过程。由于人的认知具有局限性，制度演化并不会朝着某一预设的目标前进，而是要经过一个不断选择和适应的过程，包括行动者所在组织的选择、同制度系统中其他具体制度的磨合。例如，在中国纵向政治制度的变迁中，顶层设计者的改革方案也要得到地方的支持和配合，同时纵向政治制度还要与其他子系统相协调，才能释放出制度的正向功能，如纵向政治制度要与经济制度相匹配，才能充分调动地方的活力，促进经济的发展。显然在计划经济体制下，纵向分权的制度变革也无法充分调动地方的积极性。

五、框架结构

本书以中国纵向政治制度为研究对象，借助制度演化论的"变异—选择—遗传（延续）"演化逻辑，从总体上把握当代中国纵向制度的变迁。制度的演化不同于生物的演化，其演化的各个环节都渗透着行动者的主观能动性。在中国民主集中制的决策体制下，顶层设计，尤其是核心领导人的战略目标和策略选择在制度变迁中发挥了决定性的作用。因此，本书以关键性政治领导人物的更替作为时间节点，分五个阶段来分析当代纵向制度的演化过程。在每一个阶段，以环境、制度、行动者三者互动的模式来分析纵向政治制度的变迁，进而揭示这一制度变迁的逻辑和内在机制。

第一章导论分为六节。第一节说明本书的研究目的与研究问题，指出本书的研究目的在于从总体上把握当代中国纵向政治制度变迁的过程和一般性特征，提出研究问题。第二节为文献综述，总结学者的研究视角和理论框架，并找出制度变迁的解释变量。通过分析已有文献研究中存在的不足之处，为本书找到新的理论突破口。第三节为基本概念，即对本书的核心概念纵向政治制度进行界定，区分不同的制度类型及其核心的制度特征。第四节为理论视角和研究假设。提出本书的理论视角——制度演化理论，并根据当代中国纵向政治制度发展的实践经验进行理论的适用性分析和修正。第五节为研究思路与章节安排。第六节为本书的研究方法。

第二章追溯了1949—1977年纵向政治制度的确立和演化过程。在纵向制度政治制度创立的过程中，国内政治力量对比的变化和核心领导人的认知经验决定了制度的类型选择，即在中国建立起单一制的纵向政治制度。但国家成立之初经济凋敝，当时的政治领导人并没有社会主义国家建设的经验，且国内尚未完全统一。迫于生存的危机，中央领导人在纵向权力分配体制上借鉴了苏联的制度经验，建立起高度集权的政治经济体制。这一制度在新中国成立初期表现出良好的制度绩效，迅速完成了国家整合和经济复苏的目标。但是随着国内经济的全面复苏，高度集权的体制越来越难以维持，主要表现为其对地方生产活力的抑制。这也说明，经过学习和模仿而来的制度并不一定会延续下去，还需要接受多层次的选择过程。在社会主义生产、建设的内在驱动之下，中央进而转向通过主动的制度变革来对制度进行适应性调整，并进行了两次放权的试验。但由于纵向分权的权力分配体制与中央高度集权的计划经济体制之间存在冲突，使纵向权力调整陷入"一统就死、一放就乱"的恶性循环之中，工农业大生产的目标始终没能通过主动的制度变革得以实现。

第三章追溯了1978—1993年中国纵向政治制度的演化过程。在这一阶段中，作为关键行动者的核心领导人的战略目标和策略选择决定了制度变革的方向。1978年邓小平主政时，国民经济濒临崩溃，而欧洲国家的经济正高速发展。国家的生存危机和国内外环境的鲜明对比刺激了政治领导人观念的转变，由此产生的发展压力是其推动制度变迁的内在动力。为此，邓小平在继承已有的制度结构和制度经验的同时，展开了以发展为目标导向的放权让利改革，以调动各层级地方政府的积极性，并辅之以市场经济体制的增量改革以实现制度匹配，维持整个制度系统的协调运转。但制度变迁并不总能与改革者的预期完全一致，也产生了一些意外性的制度后果，还需要经历一个适应性调整的过程。这一时期，中央主要采取了宏观调控的政策，同时调整了纵向权力的运行方式，通过组织、利益、责任三重协调机制的柔性运作来保持纵向政治制度的稳定，同时又给予地方较大的利益和自主性空间。

第四章追溯了1994—2002年中国纵向政治制度的演化过程。第二代中央领导集体主政时期放权让利的改革取得了良好的经济绩效，这一制度经验被新时期的政治领导人很好地吸收了。但是改革过程中大规模的权力和利益下放也导致了地方政府不断扩张其自主性空间，引发了经济过热的危机；而中央财政汲取能力的削弱也使其难以进行有效的宏观调控，纵向政府制度难以协调有序运转。在危机的倒逼下，这一时期，中央领导人通过选择性再集权的方式加强了中央宏观调控的权力，以实现国民经济的"软着陆"；同时，辅之以纵向政府间组织、利益、责任三重协调机制"刚柔并济"的弹性运作，既维护了地方政府的既得利益和自主性空间，保持了地方的发展活力，又有效实现了国家整合。

　　第五章追溯了2003—2013年中国纵向政治制度的演化过程。由于前期的纵向政治制度改革在稳定和发展两个目标向度上都表现出良好的制度绩效，因此这一时期最主要的任务就是继承和发展。首先是通过继续加强中央的宏观调控和组织、利益、目标协调机制的科学化运作来对制度运作过程中产生的问题进行功能性修复，使纵向权力的运作更加规范。其次是继续实现现代化建设在第三阶段的发展目标，并根据前期发展中所产生的问题和政治生态的变化对纵向权力分配体制进行适应性调整，以减小国际金融危机对我国经济的冲击，同时避免国家陷入"中等收入陷阱"。

　　第六章分析了新时代中国纵向政治制度的演化过程。纵向协调机制的弹性运作在维持纵向政治制度稳定的同时，也给地方留下一定的自主性空间，使地方可以凭借其掌握的自主权实现自身的效用目标，但也产生了腐败问题和社会矛盾，引发政府信任危机。为此，以习近平同志为核心的党中央进一步加强了其宏观调控、统筹协调的权力，同时强化了对地方的监督和制约，辅之以组织、利益、目标协调机制的制度化运作来加强对地方官员的考核与问责。但在经济新常态下，中央仍面临诸多发展任务。为此，中央在加强对地方官员行为约束的同时，也通过进一步向省级以下地方政府和社会放权以调动地方和社会的发展活力。

　　第七章是结论和理论升华部分，通过追踪当代中国纵向政治制度的演化过程，揭示这一制度的演化逻辑和内在机制。

六、研究方法

　　本书从当代中国纵向政治制度的宪法表述和实践经验的张力出发，在制度演化论的视角下归纳和总结出当代中国纵向政治制度变迁的特点、动力和内在机制。具体研究方法主要包括制度演化分析法、历史比较分析法和运行机制分析法。

一是制度演化分析法。本书在制度演化的视角下，按照"变异—选择—遗传"的演化规律，分析当代中国纵向政治制度的产生、变革和延续的历程。考虑到制度演化与生物演化和社会演化的差异，本书对生物界和社会演化过程中环境、行动者、结构三者互动的理论分析框架进行了必要的修正，并根据当代中国纵向政治制度演化的经验进一步归纳出危机（环境）、观念和行动的分析框架，以此来分析不同时期纵向政治制度的演化过程，揭示制度变迁的内在机理，回答何种环境影响及如何影响关键行动者的行为选择，由此导致纵向政治制度发生了何种变化。

二是运行机制研究法。中国纵向政治制度的变迁一方面需要研究纵向权力结构发生了哪些调整，另一方面也需要研究为什么在同一制度框架下不同时期产生了不同的制度绩效。这就需要我们在研究纵向权力结构变化的同时，进一步分析权力纵向运行机制的变化，这是纵向政治制度变迁中常常容易被忽视但十分重要的内容，也是制度中最具有弹性和活力的部分，因此也是本书的主要研究内容。纵向权力运行机制的研究与权力分配体制研究有所不同，需要进行更细致的描述性分析。本书根据单一制下纵向政府间的权力隶属关系及中央掌握的核心治理权，包括人事权、激励分配权、目标设定权，提出组织、利益、目标三重协调机制，并对每一阶段上协调机制运作方式的变化进行了描述性分析。这是介于制度主义和行为主义之间的研究方法。

三是历史比较分析法。由于关键行动者在纵向政治制度变迁中发挥了重要的作用，因此本书将纵向政治制度的变迁划分为五个历史阶段，通过长时期的历史追踪，分阶段考察当代中国纵向政治制度的演化过程，分析不同阶段上影响该制度变迁的动力、制度变迁的具体内容及意外后果，总结每一阶段制度变迁的一般性特点和规律，揭示制度变迁的内在机制，阐明不同历史阶段产生不同制度绩效的原因。

第二章

1949—1977年纵向政治制度的演化

新中国成立之后，作为制度建设关键行动者的中央领导人基于已有的认知经验创立了单一制的纵向政治制度。在这种纵向政治制度设计中，中央掌握了人民一揽子授予的国家治理权，地方政府的权力来自中央的再授予，地方政府与中央政府之间具有行政隶属关系，有利于实现国家的统一和各民族的团结。

制度创立起来，便进入了延续和发展阶段。由于当时政治领导人并没有多少社会主义建设的经验，并且受苏联的影响很深，他们希望中国能像苏联那样迅速恢复战争的创伤，并建立起强大的工业基础，进而在世界舞台上立足。于是在制度设计上效仿苏联，在我国建立起中央高度集中的政治经济体制。但当时国内尚未完全统一，还面临反动势力的威胁，因此在地方建制上仍实行大区制，以因地制宜地对尚未解放的地区进行管理。这一制度设计具有过渡性质，其在运作上与高度集权的政治经济体制相冲突，有碍于社会主义国家的建设事业。当时的政治领导人也感觉到纵向政府间难以协调一致运转，威胁到国家的统一与制度的稳定，遂将大区制撤销，地方行政建制恢复到省一市—县—乡四级结构。

在高度集权的体制下，中央通过意识形态、国家计划、行政命令等刚性手段来保持纵向政府间的高度一致性，导致制度僵化，地方的活力被压制。而苏联斯大林模式中的错误也被揭示出来，这些都引起了政治领导人观念的转变，进而提出了发挥中央与地方"两个积极性"这一处理纵向政府间关系的基本原则，并在此基础上进行了两次放权的试验，以调动地方的生产活力。但是权力下放导致地方政府的自主性行为不受控制，使纵向政治制度改革陷入"一统就死、一放就乱"的恶性循环。

本章的第一节追溯了当代中国纵向政治制度的创立过程，解释其稳定的制度内核。本章的第二节和第三节考察了纵向政治制度的"选择"过程。在这一过程中，"生存"的危机和"生产"的压力是引起政治领导人转变观念推动制度变迁的主要动力。纵向政治制度的演化过程是一个随着政治领导人观念的演化而发生的纵向权力分配体制调整和纵向协调机制刚性运作的过程。

第一节　单一制确立及其稳定的制度内核

一、观念与权力：单一制的确立

在制度演化论中，制度变迁是观念演化与权力斗争的产物。"制度变迁可能是因为出现了新的观念，或出现了新的权力从而能够变革既有制度安排，并缔造或推行新的制度安排。"①而当代中国纵向政治制度的创立也与关键行动者的观念转变和权力对比的变化有关。

（一）关键行动者观念的转变

中国共产党成立之初，当时中国处于军阀割据、混战的情境当中，早期共产党人像当时许多青年一样，受到了近代西方各种社会思潮的影响。毛泽东后来在陕北时曾向美国记者斯诺承认了这一点。他说："当时头脑中还只是一个大杂烩，模糊地景仰十九世纪的民主主义、乌托邦主义和旧式的自由主义，并且倾向于社会主义、无政府主义。"②在纵向政治制度上，他也一度倡导过学习西方实行"地方自治"和"联省自治"，以调和军阀之间的矛盾。毛泽东曾在给他的老师李锦熙先生的书信中说："弟于吾湘将来究竟应该怎样改革，本不明白。并且湖南是中国里面的一省，除非将来改变局势，地位变成美之'州'或德之'邦'，是不容易有独立创设的。又从中国现下全般局势而论，稍有觉悟的人，应该就从如先生所说的'根本解决'下手，目前状况的为善为恶，尽可置之不闻不问，听他们去自生自灭。这样支支节节的向老虎口里讨碎肉，就使坐定一个'可以办到'，论益处，是始终没有多大数量的。——不过，这一回我们已经骑在老虎背上，连这一着'次货'——在中国现状内实在是'上货'——都不做，便觉太不好意思了。"③由此可见，毛泽东曾是认同美国和德国的联邦制的，并认为应该在湖南发起自治运动，像美国的州和德国的邦那样争取独立的创

---

① 唐世平：《制度变迁的广义理论》，http://www.sirpa.fudan.sh.cn/_upload/article/0f/45/7264b2b54ee0bb429e1577179fda/92594d7e-7827-415f-9e40-39eb7756c397.pdf。

② 杨奎松：《青年毛泽东的思想嬗变》，新浪网，http://history.sina.com.cn/his/zl/2015-05-15/1758120123.shtml, 2015-05-15。

③《毛泽东早期文稿》，湖南出版社，1990年，第470页。

设权。这可以视为毛泽东推动"联省自治"的初步方案。

　　1920年，毛泽东回到湖南，便积极投入到湖南联省自治运动的推进工作之中了。1920年9月3日，他在《大公报》上发表了《湖南建设的根本问题——湖南共和国》一文并提出建立"湖南共和国的主张"，"九年假共和大战乱的经验迫人不得不觉醒，知道全国的总建设在一个时期内完全无望。最好的办法，是索性不谋总建设，索性分裂，去谋各省的分建设，实行'各省人民自决主义'。二十二行省三特区两藩地，合共二十七个地方，最好为二十七国。湖南人没有别的法子，唯一的法子是湖南人自决自治，是湖南人在湖南地域建设一个'湖南共和国'。我曾着实想过救湖南、救中国，图与全世界解放的民族携手，均非这样不行。湖南人没有把湖南自建为国的决心和勇气，湖南终究是没有办法。"[1]此后，他还发表了一系列文章来呼吁湖南人发起自治运动，建立湖南共和国，并积极组织各界代表联席会议筹备自治运动。不仅是湖南，全国众多省份都发起了"联省自治"运动，并在社会上掀起了一股要求"自治"和"自决"的风潮。

　　各地的军阀也打起了"地方自治"的大旗，但在关于谁来主导自治和自决、人民究竟应该享有何种权利方面，各派又僵持不下。例如在湖南，谭廷闿召集了省政府和省议会派人组成"湖南自治会"牢牢控制着制宪权，还否定了毛泽东等人起草的《请愿书》，甚至有意加害运动领导人毛泽东。这一事件后，毛泽东的观念发生了一些变化，他逐渐认识到地方自治是不可能实现的，反而迎合了军阀的要求，最终走向"军治"。

---

　　[1] 郑永福、吕美颐：《湖南自治运动中毛泽东的地方自治思想》，《中州学刊》1998年第6期。

（二）权力对比的变化

但在国共合作期间，共产党人仍然主张实行联邦制。即使到1945年，国民党与共产党组建联合政府，中共仍然在党章中表达了建立联邦制的设想。"中国共产党目前阶段的任务是：对内，组织与团结中国的工人、农民、小资产阶级、知识界和一切反帝反封建人们以及国内各少数民族同自己一道；对外，联合全世界无产阶级、被压迫人民及一切以平等待我之民族，为解除外国帝国主义对于中国民族的侵略，为肃清本国封建主义对于中国人民大众的压迫，为建立独立、自由、民主、统一与富强的各革命组织联盟与各民族自由联合的新民主主义联邦共和国而奋斗，为实现世界的和平与进步而奋斗。"[1]因为在联邦制下，联邦政府和地方政府的权力均由宪法规定，联邦政府不得任意干涉地方政府的权力，这就保护了地方的自治权。在军事上，国民党可以将其军队统编成国防军，共产党的军队就在其所在的地方编成地方军。这样，国共之间各司其职、各掌其权、和平共处。这种主张实质上是共产党的一种妥协，让国民党继续保有其中央的权力和权威，使得中央不妨害地方，地方也不越权侵害中央。但国民党拒不承认解放区政府，最终导致内战全面爆发。

从1947年底到1949年，中国共产党先后用了两年时间从夺取东北到逐步控制全国。解放战争后，共产党夺取了国家政权，而国民党败逃后，国内政治力量对比发生了显著的变化。由此，中共果断建立起单一制的纵向政治制度，试图通过中央集权来实现国家整合。

---

[1]《中国共产党党章》(1945年6月11日七大通过)，共产党员网，https://fuwu.12371.cn/2014/12/24/ARTI1419387009014124.shtml。

二、单一制下的纵向权力关系及其运作机制

在单一制的纵向政治制度下，人民将国家治理权一揽子授予中央政府，地方政府的权力来自中央政府的再授予，前者隶属于后者并对其负责。这就使中央集中掌握了对权力的分配和控制权，有助于维持国家统一和稳定。首先是组织上的控制权，纵向权力机构设置上遵循"上下对口"的原则，由中央国家机关及其各部门与地方党委对地方机关和企事业单位实行双重领导。其中，双重领导又分为两种方式：一种是以中央管理为主，地方负责监督（如铁路、邮电系统）；一种是以地方管理为主，由中央负责监督（如法院、文教系统）。与此相对应的，地方各级干部的考核、任免、调动都由上一级党委组织部和本地党委决定。如正、副省长由中央组织部与省委协商，再上报中央委员会，得到中共中央的原则同意后再进入省人大的法律程序。总体来看，中央通过各级党委、党组控制下级干部。其次是目标设定权，是指作为组织内部委托方的中央政府为下属设定目标任务的控制权。目标设定的过程可能是委托方单方面制定、以自上而下的科层制度推行实施，也可能以委托方和管理方协商的方式产生。①同时，下级政府有义务就目标完成情况向上级政府报告并对其负责。如若其中某一层级政府没有做好，上级政府要承担起相应的责任。最后是激励分配权，这主要是基于中央政府所掌握的在权威价值物分配方面的控制权，如制税权，其作用在于调动地方完成中央设定的目标任务的积极性。

新中国成立初期，为了保持国家不受地方势力和少数民族反动派

---

① 周雪光：《中国国家治理的制度逻辑：一个组织学研究》，生活·读书·新知三联书店，2017年，第99页。

的威胁，建立起了高度中央集权的纵向政治制度。这主要表现为纵向
政府间在组织、利益、目标上的高度一致性，任何在组织、利益和责
任方面偏离中央的地方行为都将受到严厉的处罚。中央为强化组织层
面的控制权，在地方按行政区划建立各级党委及工作机构，统一领导
本地党政军民各项工作，对地方干部和地方政府的政策执行情况进行
管理。并将地方建制延伸到乡镇一级。"乡镇干部列入政府的正式编
制，由上级政府任命。"①此外，中央还建立起严格的报告制度，以加
强党中央对地方的集中统一领导。"由于各级政府、各部门领导成员中
均有一些非党人士，所以政府工作中一些重大问题，需要通过党组系
统向中央请示报告；中共中央有关政府工作的指示和决定，也需要经
由政府内设置的党组统一认识，然后具体贯彻执行。"②在目标设定
上，由中央政府制定国民经济和社会发展的目标、规划，地方政府的
职能就是执行中央的计划。在激励分配方面，由中央集中掌握财政权
和计划分配权，不允许地方有独立于国家利益之外的利益。虽然中央
的高度集权容易导致制度的僵化，但这也是新中国成立之初国家保持
统一与稳定的核心要件。

第二节　生存压力与纵向权力分配体制变革

　　单一制的纵向政治制度建立起来后，便进入到制度的延续和发展
阶段。在这一阶段，国家的生存压力迫使政治领导人主动进行制度调

---

① 周黎安：《转型中的地方政府：官员激励与治理》，格致出版社，2008年，第73页。
② 王瑞芳：《新中国成立初期的政治制度及其初步调整》，《党史博览》2012年第3期。

整，来实现国家生存的基本目标。其中，首要目标是解决人民的温饱问题，即为人民提供基本的生活资料；其次要维护国家的统一与稳定，免于再次陷入国家四分五裂、生灵涂炭的情境中去。

一、经济危机与生存的压力

新中国成立初期，连年战争导致国内经济凋敝、通货膨胀、民不聊生。抗日战争和国内解放战争摧毁了大部分工厂，生产建设处于停顿状态，导致众多工人失业，只能靠补贴维持生计，人民生活水平普遍较低。而工厂停工又造成生活必需品的短缺，进而引发通货膨胀，1949年夏季逢特大洪水，导致农业减产，粮食供应不足，使原本就很困难的局面雪上加霜。而资本家当时也有"三怕"，即"一怕清算，二怕共产党只管工人利益，三怕以后工人管不住无法生产"[1]。因此，他们中的大部分人盼望共产党接管他们的企业，因为这样可能有利于他们惨淡的生意起死回生；[2]还有一部分人偷偷跑去香港。据天津市的统计，当时私营企业开工的不足30%，其他城市的状况也都很糟糕。由此可见，在新中国成立的最初几年，国家面临着严峻的挑战。其中，恢复经济是当时的第一要务，这是关系新生政权能否维持和巩固的根本问题。当时的政治领导人毛泽东对此有清醒的认识，他曾这样说过："如果我们在生产工作上无知，不能很快地学会生产工作，不能使生产事业尽可能迅速地恢复和发展，获得确实的成绩，首先使工人生活有所改善，并使一般人民的生活有所改善，那我们就不能维持政权，我

---

① 《若干重大决策与事件的回顾》(上卷)，中共中央党校出版社，1991年，第51页。
② [美]李侃如：《治理中国：从革命到改革》，胡国成、赵梅译，中国社会科学出版社，2010年，第97页。

们就会站不住脚，我们就会要失败。"①因此，如何迅速恢复衰败的国民经济是中央领导人面临的最大的压力。

二、苏联模式的影响与高度集中的纵向政治制度建立

在向社会主义过渡时期，党中央并没有多少经验。毛泽东后来曾指出，三年恢复时期，对搞建设，我们是懵懵懂懂的，接着搞"第一个五年计划"，对建设还是懵懵懂懂的；只能基本上照抄苏联的办法。②在纵向权力分配体制的设计上，借鉴了权力高度集中的斯大林模式。这主要是因为二战后苏联发明了利用国家控制来快速建立工业基础的方法，这种发展作为榜样对于同属于社会主义阵营的中国产生了巨大的震动，当时中国的领导人也急切地想学会并做到这一点，试图将中国建成和苏联一样的社会主义国家。"他非常清楚，斯大林主义这种社会政治体制意味着由共产党对社会进行严格的中央集权、等级森严的控制；意味着对党的领袖进行无限的、全民族的崇拜；意味着安全机构对公民的政治生活和精神生活进行无所不包的控制；还意味着私人财产的国有化、严格的中央计划、重工业的优先发展和庞大的国防开支。在这种情况下，他依然试图将斯大林主义移植到他的国家。"③同时，中苏正式结盟，斯大林极力敦促其盟友尽可能严格遵循苏联的治理模式，并给中国提供了经济上的援助。根据1950年2月签署的中苏协议，苏联向中国提供三亿美元的贷款援助，五年内还

①《毛泽东选集》(第四卷)，人民出版社，1991年，第1428页。

② 吴冷西:《我亲身经历的若干重大历史事件片段》，http://www.360doc.com/content/08/1016/15/62503_1773772.shtml，2008-10-16。

③ [俄]亚历山大·潘佐夫:《毛泽东传》，卿文辉等译，中国人民大学出版社，2015年，第550页。

清，年利率很优惠，仅为百分之一。①

新中国成立后，党中央模仿苏联建立起高度集权的政治、军事制度。首先是党的一元化领导制度。"中国共产党在中央人民政府内部设立了中国共产党委员会，并在其各部门设立了由担任负责工作的共产党员组成的党组，实行党的一元化领导。这种领导方式具有两个特点：一是党的中央局和地方党委为各地最高领导机关，统一领导各地党政军民工作；二是中央局及各地方党委的决议、决定、指示，同级政府的党组、军队的军政委员会和民众团体的党员，均需无条件执行。在地方，各行政区保留中国共产党的中央局建制，并按行政区划建立各级党委，中央局及各级党委处于当地最高领导地位，统一领导本地各项工作。各级党委则采用分口领导的方式，把政府工作按性质划分为若干口，如工交口、财贸口、文教口、政法口等，由同级党委的常委分别负责领导。除了政治权力的集中外，中央还建立了统一的军队建制。1949年9月通过的《中国人民政治协商会议共同纲领》中有明确规定："中华人民共和国建立统一的军队，即人民解放军和人民公安部队，受中央人民政府人民革命军事委员会统率，实行统一指挥，统一的制度，统一的编制，统一的法律。"②

在财政管理方面，第一代领导集体也学习了苏联模式，建立起高度中央集权财政体制。他们提出的口号是"统一财经、统一收支、

---

① ［俄］亚历山大·潘佐夫：《毛泽东传》，卿文辉等译，中国人民大学出版社，2015年，第594页。

② 《建国以来重要文献选编》（第一册），中央文献出版社，1992年，第6页。

统一领导"。①为此，中央采取了一系列"统一财经"的措施，改变战争年代地方分级管理的财政体制，由中央统一管理财政收支、资源调配、物资分配等。1950年3月3日，政务院颁布了《关于统一国家财政经济工作的决定》，"由中央集中掌握了全国主要财政收入，主要农业税、关税、盐税、货物税、工商税和国有企业的收入等都归财政部调度使用。在财政支出方面，由中央保证军队和地方政府的开支和恢复经济所必需的投资。地方财政收入只有房地产税、契税、使用牌照税、屠宰税、特种消费行为税等小笔税收收入。地方的财政收支项目、程序、税收制度、供给标准、行政人员编制等均由中央统一制定。在物资调配方面，由财经委员会统一掌握、使用、调度全国重要物资"②。此外，该决定还规定中国人民银行是国家现金调度的总机构，统一管理现金和货币发行。到1950年底，财政经济统一工作基本完成，全国的财政和经济管理权全部集中到了中央政府手中。

中央对经济活动的管理也采取了中央部委的直接计划管理模式。中央劝告资本家把工厂交给国家，国家保留资本家的财产，为资本家分配工作，保障他们的生活。中央通过这种方式将大部分私人工厂不费力地收归为国家经营。从20世纪50年代初开始，中央对经济

① 毛泽东在1950年6月6日的中共七届三中全会上发表了《为争取国家财政经济状况的基本好转而斗争》的讲话，他明确指出："目前我们国家的情况是：中华人民共和国中央人民政府及各级地方人民政府已经成立。……人民政府在最近几个月内实现了全国的财政经济工作的统一领导……巩固财政经济工作的统一管理和统一领导，巩固财政收支的平稳和物价的稳定。"

②《政务院关于统一国家财政经济工作的决定》，http://blog.sina.com.cn/s/blog_a65b3e150101bnye.html。

活动的管理采取"部委垂直管理"①的形式，全国大型国营企业均由中央专门部门直接领导，主要物资的分配权和定价权、劳动力配置和工资水平的决定权也由中央集中控制，以保证社会主义建设所需要的人力、物力和财力能实现跨区域流动。在广大农村地区，中央为了加强对农村社会资源的动员能力和汲取能力，将行政建制从县一级延伸到乡镇，以向下汲取资源，同时动员农民参与到社会主义工业化建设中去。

对于新成立的国家政权而言，中央集权固然重要。一是因为它可以集中力量办大事，这是克服新中国成立后恶性通货膨胀、失业率飙升、物资奇缺的一个重要手段。同时，它也是经济复苏后中国顺利完成社会主义改造、有计划地组织社会主义工业化建设的重要手段。二是因为它有助于实现国家整合。新中国成立初期，全国尚未完全解放，旧社会的反动残余势力依然在很多地方负隅顽抗。而通过中央集权建立一个强大的中央政府能够调动一切力量来粉碎国民党和其他反动势力妄图进行复辟的阴谋，这对于中共巩固新生的中华人民共和国政权十分重要。因此，高度中央集权的纵向政治制度在当时的情况下发挥了不可替代的作用。

另外，中央高度集权的政治制度改变了过去各个解放区自主管理财政收支、自己掌握各项治理权的局面。麦克法夸尔、费正清曾对大区所享有的自主权做过这样的描述："在1949年到1952年期间，大区行政机构的权力一直相当大。从严格的法律意义上说，这个情况并不

_____

① 值得注意的是，当时中央垂直部门在地方的分支机构仍然在人事和财政上由地方政府支配,中央垂直部门并没有独立的执行机构,其编制、人事和财务都要受地方政府的控制,这也使得中央要做任何事都要得到地方的配合。这也是改革开放之前分权改革之所以陷入"一统就死、一放就乱"的恶性循环的主要原因。

明显，因为它们被直接置于北京政务院的领导之下，没有自己的自主权。但事实上由于缺乏经验的政府机构刚刚立稳，只有初步的计划和统计能力，大部分事情必须交给大区去做。此外，由于地区之间的情况和问题不大相同，中央领导人对赋予大区多大的权力心中并没有概念，于是容许相当程度的地方试验。总的格局是，中央以相当全面的形式制定政策，而把贯彻政策的步伐和方式等问题交给大区。例如，在1950年中期通过了土地改革法，但是显然没有设立任何中央的监察机构，贯彻的进程由在各大区政府中设立的土地改革委员会负责。"①而在中央的统一计划、统一管理下，地方被束缚了手脚，只能按国家的指标和计划行事。这些问题中央也不是没有预计到。正如《若干重大问题的决策和事件回顾》中所指出的："从大局考虑，当时亟待解决的首先是把财经统一起来，如果顾虑太多，就什么事也办不成了。陈云同志也说：'世界上从来不会有十全十美的办法，能做到九全九美就不错了，其实，九全九美的办法也并不多，大抵一件事利大于弊就不错了。'"②

三、制度僵化与纵向权力分配体制的调整

制度运作远远比制度设计要复杂，体制因而也常常发生出人意料的后果。统一财经后不久，高度集权的弊端就开始暴露出来。1951年，在湖南工作的黄克诚给毛泽东和中央财经委写信，反映高度集权体制对地方积极性的束缚。据记载："他批评了中南地区出现的随意上收企业，限制地方经济发展的做法，提出了应当发挥地方办工业的积

---

① [美]麦克法夸尔、费正清：《剑桥中华人民共和国史（1949—1965年）》，中国社会科学出版社，1990年，第83页。
② 《若干重大决策与事件的回顾》（上卷），中共中央党校出版社，1991年，第85页。

极性的问题。毛泽东也认为黄克诚的意见是对的，并指示中央财经委加以解决。"[1]

在党中央的指示下，中央财经委员会于1951年调整了纵向财政和经济管理权力配置，将一部分权力下放给了地方。当年的5月4日，政务院通过了中央财经委员会提出的《1951年度财政收支系统划分的规定》和《划分中央与地方在财政经济工作管理职权上的决定》。这两个文件都指出要在继续保证国家财政经济工作统一领导、计划和管理的原则下，把财政经济工作中的一部分适宜于由地方政府管理的职权交给地方政府。这是既有利于地方政府因地制宜，又有利于国家财政经济工作统一领导的方针。按照这样的原则，这两个文件制定了以下具体措施：一是把一部分国营企业、一部分财经业务划归地方管理；地方的工业、财政、贸易、交通等经济事业，除保证政策、方针、重要计划和重要制度的全国统一外，经营管理工作和政治工作都由地方负责；对地方工业，要采取积极发展的方针，鼓励和支持各级政府办工业的积极性。二是分散在各地的由中央财经部门管理的企业单位，其一切政治工作归大行政区人民政府指导的划归地方当局指导，这些企业在执行上级交付的任务上，必须受地方当局的监督、指导和协助。三是在财政体制上，实行统一领导下的中央、大区和省市三级分级管理的体制；除已经规定的地方税外，货物税、工商税等一部分税种和烟酒专卖利润实行中央和地方按比例留成的制度，依率计征的农业税超过部分也实行分成；地方工业利润在一定时期解除上缴国库的任务，用来发展地方工业；地方按年度向国家缴纳的折旧费，也可酌情作为国家对地方工业的投资。这表明，发挥地方积极性对于恢复和发展国

---

[1] 辛向阳：《大国诸侯：中国中央与地方关系之结》，中国社会出版社，2008年，第246页。

民经济具有极其重要的意义，因此也受到了中央领导层的高度重视。从中央所下放的权力来看，主要是一部分财政权和企业管理权，其目的是调动地方办企业的积极性，使国家尽快从经济困境中恢复过来。

四、大区制撤销

大区制是党中央在新中国成立初期对纵向行政管理制度的一种探索。之所以采取这种制度，是由当时的国内环境决定的。新中国成立初期，全国尚未完全统一，刚解放的地区还不稳定，情况各异。当时中央政府尚不具备直接管理省及以下地方的条件，中央领导人所制定的全国性战略只能暂时交由地方各军区的首长来执行实施，因此党中央参照军队建制建立起政府行政体制。按照中国人民解放军总部、野战军、军、师、团的设置，在政府体系内实行中央、大区、省、地（市）、县的行政体制。

1949年起，中央在全国先后设置了东北、西北、华北、华东、中南、西南六个行政大区，并设置大区政府和军政委员会。在大区之下，设立省—地—县—乡四个层级地方政府，接受大区的领导。这也不可避免地分散了中央权力。根据《大行政区人民政府委员会组织通则》①，大行政区所拥有的职权包括：一是一定的立法权。根据《通则》，大区在职权范围内颁布决议和命令，拟定与地方政务有关的暂行法令条例。二是人事任免权。政府正、副秘书长，正、副部长及其他同级人员；大区直属市长、副市长、委员，省人民政府主席、副主席和委员，由大区提经政务院转请中央人民政府批准任免。大区政府、

---

① 中央人民政府法制委员会：《中央人民政府法令汇编》(1949—1950年)，人民出版社，1982年，第117~120页。

省级政府及中央直属市的厅、局、处长与其副职及其他与以上各职同级人员，大区直属市政府秘书长、副秘书长、局长、副局长及其他与以上各职同级人员，省直属市市长、副市长、委员，专区专员、副专员、县长、副县长、委员，由大区提请政务院任免或批准任免。以上所规定以外的大区及所属省（市）县的重要行政人员由大区政府任免或批准任免。三是预算编制权。大区政府可以在国家预算或概算规定的范围内，编制该大区的预算或概算报请中央核准，并审核所属各省市县的预算、决算转报中央核准。由此可见，大区政府具有相当大的自主权。这在具体的事务上也有表现。如中央经营的邮电、铁路、银行、海关等企业、国营文化企业不仅要接受中央的直接领导，还需要接受大区政府的业务指导。[1]

1952年，随着国民经济恢复工作的基本完成，中央决定加强集中统一领导，为社会主义经济建设做准备。当年11月，国家计划委员会成立，与政务院平行，全面主持经济计划的编制及实施，从组织上推动计划经济体制的建立和经济权力的高度集中。随后，周恩来在中央人民政府委员会第十九次会议中提出改变大区政府和军政委的机构设置和任务。其中，"大行政区人民政府一律改为行政委员会"[2]，作为中央人民政府的代表机构，而不再作为一级政权机关。《中央人民政府关于改变大区政府机构与任务的决定》指出："为了适应1953年即将开始的全国大规模的有计划的经济建设与文化建设的新形势和新任务……中央人民政府机构应该大大地加强；同时，省、市级人民政府的组织也应加强，以加重省、市级领导的责任，因而大行政区人民政府（军政委员会）

---

① 李治安:《中国五千年中央与地方关系》,人民出版社,2010年,第1189页。
②《中央人民政府关于改变大区政府(军政委员会)机构与任务的决定》,《人民日报》1952年11月17日。

的机构与任务应予以改变。"①改变后的大区，不再是行政层级的大区，而变为中央政府的派出机构。大区性质的改变，一方面有助于加强中央政府对省级政府的管理，另一方面也为完全取消大区制做了准备。可以看出，中央政府会回应环境的需求而对现有的制度进行适应性调整。在大区制的改革中，中央调整了大区的性质，使其所发挥的功能适应的管理需要，但是制度本身并没有发生质的变化。

1955年6月，中央人民政府委员会作出了撤销大区行政委员会的决定。可以说，"高饶事件"是中央撤销大区制的催化剂，它使中央在处理与地方政府之间关系时，加重了保证党中央的领导权力、避免地方分散主义的考虑，逐步在全国范围内建立起高度集权的纵向权力分配体制。它的主要特征是：一是执政党集中控制了国家专断性权力，二是中央政府控制了全国所有地区的人、财、物的管理和分配权。

第三节　生产压力与纵向权力分配体制变革

中央高度集权的纵向政治制度在举全国人力、物力、财力，集中力量办大事方面展现出独特的制度优势，使中国经济在较短的时间内全面复苏。但在经济平稳运行后，制度的弊端很快就显现出来了。事实上，早在1951年，以毛泽东为核心的党中央就注意到中央过度集权的弊端，尤其是对地方生产自主性和积极性的制约。

---

① 《中央人民政府关于改变大区政府（军政委员会）机构与任务的决定》，《人民日报》1952年11月17日。

一、中央集权体制对地方活力的抑制

1955年，党的全国代表大会召开之后，毛泽东开始到各地视察工作。在此期间，各省市的主要负责人都普遍反映了中央的高度集权抑制了地方的生产积极性："中央对经济活动统得过死，束缚了地方和企业的手脚。"如安徽时任省委书记反映："淮南两万多人的大煤矿，矿领导在财政支出上仅有200元以下的批准权，无增加一个工人的权力，怎么能办好事情呢？同时他还反映说，中央有的部限制地方发展工业，竟以安徽工业落后为理由，说省里没有资格办工厂，不能把合肥变成'人为'的工业城市。"广东时任省委书记陶铸也反映了地方不能办工厂、不能发展地方工业的问题："过去总说广东是前线，不能办工厂，群众的就业问题由中央管，而国家预算里又不给钱，包袱还得省里背，这不是长久之计。天津市委的同志反映：建国后的5年中，中央只给天津地方工业安排了20万元基建投资，建什么都要报中央有关部门批准，甚至连市里设多少电影队、每队配备多少人，也都要报经中央主管部门同意。……许多部都强调垂直领导，甚至管到企业的处、室，使企业很难办。"①毛泽东对这些地方反映的情况很重视，由此更加注意地方政府自主权的问题。1955年11月，他在中央召开的各省、自治区及大中城市党委负责同志参加的会议上指出："经济工作要统一，但要分级管理，要在统一计划下由各省负责。"②这就强调了要给予地方政府一定的自主性空间。

此后，毛泽东还听取了国家34个部委的工作汇报。在这些汇报

---

① 《若干重大决策与事件回顾》(上卷)，中共中央党校出版社，1991年，第782页。
② 李治安：《中国五千年中央与地方关系》，人民出版社，2010年，第1204页。

中，他们普遍谈到了中央与地方关系的问题，以及国家对经济和其他事业的管理体制问题。其中，重工业几个部的负责人向毛主席汇报时说："地方同志对中央集权有太多的不满意，他们是块块，你们是条条，你们无数条条往下灌，而且规格不一，也不通知他们，他们要求的你们也不批准，约束了他们。"①

首先，中央对地方经济管得太死，压抑了地方办工厂的积极性。计委汇报说："现在各省市自治区普遍要求办工厂。上海、天津要求发展较高级的产品，两广要求发展糖和纸，四川要求办甘蔗厂，云南、贵州要求发展食品工业、亚热带作物加工厂，另一些边远地区要求办畜牧产品加工厂。地方不但有兴趣搞轻工业，而且也有兴趣搞重工业，如小煤矿、小电站、小化肥厂、生产和修理农具的小机械厂等。但他们有两个顾虑：一怕中央不准他们搞；二怕等工厂搞得像样子后，被中央收走。今后轻工业发展规模很大，想由中央三、两部包办，无论如何是包不下来的，因此要发挥各方面的积极性：既要发挥中央部门的积极性，也要发挥地方的积极性；既要发挥内地各省自治区的积极性，也要发挥沿海各省市的积极性；既要发挥先进地区的积极性，也要发挥后进地区的积极性。"②

在财政管理方面，中央对地方的财政收支和各项工作指标管得过多、过细，束缚了地方增收节支的积极性。"财政部每年都要向地方下达预算指标，中央各主管部门也同时下达自己的指标和要求，并且收支科目列得很细。虽然允许地方做类别和款项之间的调剂，但调进者举手欢迎，调出者多方抵制，最后还得请示上级。地方的调剂权受财

①《若干重大决策与事件回顾》(上卷)，中共中央党校出版社，1991年，第783页。
②《若干重大决策与事件回顾》(上卷)，中共中央党校出版社，1991年，第480页。

政收入的束缚，事实上也很有限。当时省一级的财政收入只有5%的农业附加税、3%的总预备费和自筹部分资金。因此，省级政府在财政上的自主权仅此三项，而且三项收入的数额都不大。省级财政除了这三项外，与中央级的预算单位没有什么区别。县和乡几乎没有什么财权。这就形成了县要钱向省里要，省要钱向中央要。因此，地方的同志说，现在名义上是中央—省—县—乡四级财政，实际上是一级半，只有中央一级是完整的，省财政只是半级财政。这不利于调动地方组织财政收入的积极性。虽然1953年全国财经会议提出地方结余不上缴，以鼓励地方增收节支，多办一些事情。但是由于地方实际上很难行使调剂权，遇到调剂项目时，就请示中央主管部门，等主管部门答复下来却为时已晚，该花的钱年内花不出去，只好作为年终结余，上缴中央。中央就将这笔结余列入下年度预算，冲抵下年度的拨款。1953年以来，年终结余越滚越大，到1955年累计已达到30亿。这同地方实际上没有调剂权有很大的关系。"[1]

中央集权不仅体现在财经上，还体现在事权的集中。当时各个省委和市委的汇报，从人、财、物各个方面列举了大量事例来说明中央集权对地方积极性的束缚。例如，天津市委在汇报中说："中央一些主管部门的干部，一直管到车间一级。1954年，天津市教育部门发挥积极性，想要多招收一些适龄小学生，中央主管部门不同意，经市委一再交涉，主管部门才批准同意。商业部对商品价格的管理，原规定部管51种，总公司管208种，实际上总公司管了509种，把本应由地方管理的300来种商品也管了起来，使地方无法进行工贸平衡。"[2]地方

---

① 李治安:《中国五千年中央与地方关系》,人民出版社,2010年,第1205页。

② 李治安:《中国五千年中央与地方关系》,人民出版社,2010年,第1205页。

的汇报使党中央开始进一步思考如何调动地方积极性的问题。

二、对斯大林的批判与党中央领导人观念的转变

1956年，斯大林体制在苏联的失败更使中央领导人清醒地意识到高度集中的纵向权力分配体制的弊端。在苏联共产党第二十次代表大会的秘密会议上，赫鲁晓夫做了一场报告，报告批判了对斯大林的个人崇拜，斯大林被指责犯下许多罪行。赫鲁晓夫声称，斯大林在伟大的卫国战争初期犯了重大错误，违背了集体领导的原则，建立了个人专制。

毛泽东在后来的回忆中说："对斯大林的批判，我们一方面感到高兴，但另一方面又很焦虑。"①让他高兴的是，可以在越来越大程度上摆脱对苏联的依赖。如果说1955—1956年初在推行斯大林式的集体化政策的时候，敢于做的充其量只是以比苏联更快的速度进行集体化，那么现在的党中央已经完全可以放手探索本国的发展道路。另一方面，他也为如何建设社会主义、如何实现本国的发展感到焦虑。

本国生存的危机和外部环境的变化都潜移默化地影响着政治领导人的认知和观念。毛泽东开始从中国的国情出发，去解决纵向政治制度运作中存在的问题。1956年3月至4月间，毛泽东在中央部门和国务院部委召开了34次专门汇报会，和各部长进行讨论，考虑了十项基本关系，其中包括合理划分中央与地方的权限，在社会主义经济建设中同时发挥中央和地方两个积极性，避免苏联权力过于集中的弊病，而不是令其解体。

---

① [英]迪克·威尔逊：《毛泽东传》，国际文化出版公司，中共中央文献研究室国外研究毛泽东思想资料选辑编辑组译，2011年，第258页。

　　1956年4月底召开的中央政治局扩大会议上，毛泽东做了题为"论十大关系"的报告，其中如何处理好中央与地方的关系是其中最重要的一条。从这份报告中，可以明显感觉到党内也正在形成一种解放思想的新气氛。首先，他明确表达了要突破高度集权的纵向权力分配体制的想法："我们不能像苏联那样，把什么都集中到中央，把地方卡得死死的，一点机动权都没有，这是没有好处的。"他甚至还提到要客观地看待欧美国家的制度，在具体分析他们国家的制度的基础上，肯定其中可供我们借鉴的部分。在纵向政治制度的设计上，毛泽东对美国联邦和州的关系十分称道："我国立法权集中在全国人大，地方没有立法权，这一条是学苏联的。但美国不是这样，美国的州可以立法，州的立法甚至可以和联邦宪法打架……似乎在财政和税收方面，州和州的立法都不统一。美国这个国家发展很快，它只有一百多年就发展起来了，这个问题很值得注意……它的政治制度是可以研究的。"①

　　其次，他提出了处理中央与地方关系时，发挥两个积极性，扩大地方权力的思想。他说："应当在巩固中央统一领导的前提下，扩大一点地方的权力，给地方更多的独立性，让地方办更多的事情……有中央和地方两个积极性，比只有一个积极性好得多。……中央要发展工业，地方也要发展工业。就是中央直属的工业，也还是要靠地方协助。至于农业和商业，更需要依靠地方。……中央要巩固，就要注意地方的利益。"②从后来的实践看，两个积极性还可以进一步延伸为"中央为主导、地方为主体"。所谓中央为主导，是指中央对地方的领导、指

----

　　① 邢德永：《析建国初毛泽东的中央与地方关系思想(1949—1956)》，华中科技大学硕士学位论文，2012年，第29页。

　　②《毛泽东文集》(第七卷)，人民出版社，1999年，第31页。

导和引导；所谓地方为主体，是指地方是中央决策的实施主体，对地方事务负总责。这就构成了中央与地方政府的连带式发展机制。这一方面有助于实现全国的"大一统"，避免了国家一盘散沙、四分五裂的局面，做到"统而不死"；另一方面又有助于调动地方的活力，让地方发挥自主性、积极性、创新性，做到"活而不乱"。可以说，毛泽东在《论十大关系》中关于"发挥中央与地方两个积极性"的全面阐述是我国开始突破中央高度集权的纵向政治制度，探索适合我国国情的纵向权力关系的起点。

三、基于"两个积极性"的纵向权力分配体制调整

观念的转变推动党中央进一步采取向地方放权的行动。关于权力的具体分配，我们可以从刘少奇同志在党的八大上做的政治报告中找到答案。他说："不可能设想，在我们这样大的国家中，中央能够把国家的各类事务都包揽起来，而且样样办好。把一部分行政管理职权分给地方，是完全必要的。"①因此，党的八大决定根据统一领导、分级管理、因地制宜、因事制宜的原则，改进国家的纵向权力分配体制，给予各省、市、自治区一定范围的计划、财政、企业管理等方面的自主权，为缓解地方发展缺乏活力的状况，动员一切力量建设社会主义国家，实现高速工业发展和根本性社会变革的双重目标。

（一）第一次行政权下放的探索

1957年初，党中央成立了经济工作小组来领导经济管理体制改革工作。当时，作为中央经济工作小组组长的陈云对中央集权下的地方

---

① 刘少奇：《在中国共产党第八次全国代表大会上的政治报告》(1956年9月15日)，《建国以来重要文献选编》(第9册)，中央文献出版社，1994年，第89页。

分权的各种弊端有着清醒和深刻的认识。他在1957年党的八届三中全会上指出："扩大地方的职权是完全必要的，一般来说，当地的事情，地方比中央看得清楚一些。体制改变以后，地方更可以因地制宜办事。但是必须加强全国的平衡工作。因为经济单位是分散的，没有全局、整体的平衡，就不是有计划的经济。过去中央各部可能忽视地方，但是职权下放以后，地方也可能发生不顾全局的倾向。因此，一定要有适当的分权，同时又要加强综合。"[1]经过陈云的阐发，毛泽东关于调动中央和地方两个积极性的想法落实到中央的改革方案中就变成纵向权力分配体制的调整，调整的基本思路是："在保证国家计划的前提下，给地方一定的财政权和事务权，具体来看，主要包括计划指标权、财权，以及企业的生产计划、人事、财务、劳动力等方面的管理权限。"[2]其后，中央开展了第一次改革高度集权的纵向权力分配体制的行动。1957年11月，国务院制定并出台了关于改革财政管理体制和改进工、商业管理体制等多项规定，以扩大地方政府（这里主要是指省级地方）的财权和经济事务管理权。国务院将中央直接管理的大部分企业下放给省、自治区、直辖市管理，[3]同时增加了地方政府尤其是省级政府的计划管理、物资分配、基础设施建设审批和企业人事管理

---

① 《若干重大决策与事件的回顾》(下卷)，中共中央党校出版社，1993年，第794页。

② 周黎安：《转型中的地方政府：官员激励与治理》，格致出版社，2008年，第124页。

③ 根据国务院发出的《关于企业、事业单位和技术力量下放的规定》，提出了下放的具体办法。轻工业部门所属单位，除4个特殊纸厂和1个铜网厂外，全部下放；重工业部门所属单位大部分下放；铁道部所属工程局、管理局，实行中央和地方双重领导；邮电部，除了保留北京通信枢纽、北京通往各省的长途通信干线和邮政干线的管理权外，其他单位全部下放；交通部所属公路的设计施工单位，除保留必要的援外单位外，全部下放；交通部所属公路的设计施工单位，除保留必要援外单位外，全部下放；农垦部，除了3个直属的国营农场外，其他都交给地方管理；粮食、商业部门所属的加工企业，全部下放。

权，并将企业利润的20%留给地方。①

到1958年，第一个五年计划任务顺利完成，这给党中央以极大的鼓舞，并激励其进一步推行放权改革。毛泽东在当年党中央举行的春节团拜会上说："中央集权太多了，是束缚生产力的。这就是上层建筑与经济基础的关系问题。我是历来主张'虚君共和'的，中央要办一些事，但是不要办多了，大批的事放在省、市里去办，他们比我们办得好，要相信他们。……一个工业、一个农业、一个财、一个商、一个文教，都往下放。地方只要有原材料就可以开厂；有铁矿、有煤矿，就可以搞小型钢铁厂。化学肥料厂、机械厂，各省都可以搞。而且地方又有地方，它有专区，比较大的市镇，有县的工业。所以，有中央的工业，有省的工业，有专区的工业，有县的工业。这样就手脚多，大家的积极性多。"②由此可见，到1958年，全国各地都卷入生产"大跃进"运动中。为了配合中央的总体经济战略，1957年计划的、较为保守的经济管理体制改革，很快演变成一次放权运动。

首先是中央直属企业及管理权的下放。1958年4月11日，中央为加快我国社会主义事业的发展速度，提早实现工业化，发布了《关于工业企业下放的几项规定》，进一步改革工业管理体制，将大量中央直属的企业下放给地方管理。文件中明确提出："国务院各主管工业部门，无论轻工业还是重工业部门，以及部分非工业部门所管理的企业，除开一些主要的、特殊的以及'试验田'性质的企业仍归中央继续管理以外，其余企业，原则上一律下放，归地方管理。"③随后，中央直

①《国务院关于改进工业管理体制的规定》，中国人大网，http://www.npc.gov.cn/wxzl/gongbao/2000-12/10/content_5004324.htm。
②《若干重大决策与事件的回顾》（下卷），中共中央党校出版社，1993年，第797页。
③《若干重大决策与事件的回顾》（下卷），中共中央党校出版社，1993年，第797~798页。

属企业开始大规模下放。"与1957年的9300多个中央直属企业相比，1958年中央直属企业只剩下1200多个，下放了88%，其工业产值占工业总产值的比重下降到13.8%。"①同时，各企业的经营自主权和管理权也迅速增加。国家对企业管理的指令性指标由原来的12个减少为4个，企业的财权和人事权也迅速扩大。

其次是企事业单位的批量下放。同年6月2日，中共中央又做出《关于企业、事业单位和技术力量下放的规定》，将企业、事业单位和技术力量更快更多地下放给地方。"轻工业部门所属各企业、事业单位除四个特殊纸厂和一个钢网厂外全部下放。下放的单位约占全部的百分之六十至七十。各工业部门下放的单位和产值，除军工外，均占全部的百分之八十左右。……下放企业、事业单位和技术力量的交接工作，应该于6月15日完成。按照上述要求，中央将直接管理的1165个企事业单位，下放885个，下放比例为76%。其中，下放比例最高的是纺织部，全部下放；轻工业部次之，达96.2%；再次是化工部，达91%；机械部民用部分为81.7%；冶金部为77.7%；煤炭部为74.1%；水利电力部为72.5%；其他部都在60%以上。"②截至1958年，中央各部所属的国有企业数减少到1075家，比1957年减少了88.4%，中央实属企业的工业产值占整个工业产值的比重，从1957年的39.7%下降为13.8%。③

其后，为进一步调动地方的积极性，中央改革了财政体制、扩大了地方的财政收入及支出的自主权。地方的财政收入从"以支定收，一年一变"的体制变为"一定五年不变"的体制；同时，地方的收入

---

① 《当代中国的经济体制改革》，中国社会科学出版社，1984年。
② 《若干重大决策与事件的回顾》（下卷），中共中央党校出版社，1993年，第798页。
③ 吴敬琏：《当代中国经济改革：战略与实施》，上海远东出版社，1999年，第61~63页。

基数和支出权限也迅速增加。根据1957年公布的《国务院关于改进财政管理体制的规定》："在财政收入上，除了少数仍由中央直接管理的企业的收入和不便于按地区划分的收入之外，所有其他各种收入，全部划给所在省、自治区、直辖市作为地方收入，而不再划分地方固定收入、企业分成收入和调剂分成收入。在财政支出上，除了保证中央各部直接办理的少部分经济建设支出、中央级行政和文教支出、国防支出、援外和债务支出以外，所有其他各种支出，包括各项基建投资和企业需要增加的定额流动资金在内，全部划给省、自治区、直辖市作为地方的财政支出，不再区别地方正常支出和中央专案拨款支出。"[1]这就意味着地方有一定的机动财力来安排自己特殊的支出。到1958年底，中央支配的财力仅占全部预算的20%。[2]

伴随着经济的"大跃进"，中央又进一步将经济计划与管理权、基本项目建设审批权、投资管理权、劳动管理权、物资分配权等下放给地方。1958年2月，在党中央转发毛泽东的《工作方法六十条（草案）》中，提出"生产计划两本账"的要求，与这种体制相配套，建立企业"块块为主、条块结合"的计划体制，规定各省市自治区可以对本地区的工农业生产指标进行调整，可以安排本地区的建设投资和人力、财力、物力以及公共事业项目。在这种形势下，"二五"时期国家的工业生产计划中只剩下产品产量指标，"一五"计划中的其他五种指标[3]都被取消了。基建计划中也只管当年的投资和主要建设内容。工业产品中，国家计委统一管理的产品种类也大幅减少。中央直接征

---

① 《国务院公布关于改进财政管理体制的规定》，《江西财报》1957年第21期。
② 刘国光：《中国经济发展战略研究》，上海人民出版社，1984年，第490页。
③ 其他五种指标是总产值、商品产值、主要产品产量、主要经济技术指标、新产品试制和生产大修。

收的财政收入比重1959年下降到只占财政总收入的20%。在生产的其他方面，如基建审批权、物资分配权也都全面下放。"地方基本可以自主进行基建投资。中央统配和部管物资从1957年532种减为1958年429种，到1959年更减少为285种。"①这就意味着地方可以对工农业生产指标进行调整和自主安排，可以对限额内的项目自行审批，可以对本地区的物资自行支配使用或调剂使用，可以对本辖区的建设项目、建设规模、投资使用等方面进行统筹安排。

（二）经济失衡与中央重新集权

由于权力下放过快过猛，获得权力的地方政府盲目地"铺摊子""上项目"，为创造政绩层层加码，提高计划指标，造成资源的严重浪费和低水平重复建设等问题。此外，由于地方不断扩大企业生产规模，增加企业职工人数，平调国营企业的原材料和设备，致使企业之间原有的生产协作关系被打乱、计划失控，工业生产陷入一片混乱之中。我国当时的经济条件并不足以支持如此大规模的重复建设，最终造成国民经济比例的严重失调。并且，在计划经济体制下，政府掌握着物资的生产、分配和消费，缺乏市场的调节机制，实际上造成了地区分割、地方政府各自为政的局面。由此可见，没有约束的权力就仿佛"一匹脱缰的野马"，最终导致地方政府的自主性行为不受控制，甚至出现了严重的地方分散主义的倾向。

1962年，刘少奇曾在"七千人大会"上谈到过上述问题，他在大会的报告中指出："中央虽然建立了严格的报告制度，但在地方政府和各部门出现了不向中央和上级报告的现象，并在国家计划之外另立计

---

① 中国物资经济学会编：《中国社会主义物资管理体系史略》，物资出版社，1983年，第91~92页。

划，层层加码，甚至把他们自己的计划置于国家计划之上，冲击国家计划。并且，有些地方和部门在重大的决策问题上，在重大的生产技术措施问题上，不请示、不报告，自作主张。同时，放权之前的高度一致利益连带关系被打破，出现了许多各自为政的'小天地'，只顾局部利益、不顾整体利益，只顾眼前利益，不顾长远利益的，不坚决执行中央的统一政策，不严格执行国家的统一计划。此外，地方政府在基本建设、物资分配、招收职工、资金使用等具体事务方面，都有许多分散主义的表现。"①这一现象危及纵向政府间连带机制的协调有效运转，也就危及了制度乃至整个国家的稳定。并且，由于中央与地方无法实现有效的分级管理，最终导致国民经济严重失衡，加剧了制度的生存危机。

为了扭转经济混乱的局面，中央只能通过一揽子集权的方式，将下放给地方的经济管理权陆续上收。从1959年开始，中央陆续出台了《关于企业隶属关系的通知》《关于调整管理体制的若干暂行规定》《关于当前工业问题的指示》等文件，将下放的企业管理、财政、信贷权等悉数上收，由中央对全国的人力、物力、财力进行统一安排。其中，收权的主要内容包括以下三项："经济管理权集中到中央、中央局和省（市、自治区）三级；1958年以来各省、市、自治区和中央各部下放给区、县、公社、企业的人权、财权、商权和工权，放得不适当的，一律收回；中央各部直属企业的行政管理、生产、指挥、物资调度、干部安排的权力，统归中央主管部门。"②在财政方面，上收了地方的财权与财力，中央与地方开始实行"总额分成"的体制。这种体制的

---

① 中央文献编辑委员会：《刘少奇选集》（下卷），人民出版社，1985年，第377~382页。
②《建国以来重要文献选编》（第14卷），中央文献出版社，1992年，第102~105页。

特点是不再划分中央与地方的固定收入，而是各省份将自己所有的预算收入减掉预算支出后，按照余额占预算收入的比重与中央进行总额分成，且总额分成的比例每年一变，按照上一年收入与支出的差额重新计算。因此，地方收入增长越快，下一年向中央上解的比例越高。这也就意味着地方政府可自主支配的财政比例较"分类分成"体制有所减少。中央通过一系列收权措施改变了前期财权、经济管理权分散而导致的管理混乱局面。

从1960年开始的重新集权不是将权力收归到中央政府及其所辖部门，而是收归党的系统。[1]各政府部门在反对官僚主义运动中，逐渐将职权转由政府各部门的党组来实行。此外，中央还恢复了1954年被撤销的东北、华北、华东、中南、西南和西北六个中央局，以加强对战略性地区各项工作的领导，同时加强了党的组织建设。[2]而各自为政的地方政府负责人也因为在组织、利益或责任上存在与中央相脱离的倾向而纷纷落马。中央通过上述措施实现了对地方的有效控制，从而维持了制度的稳定。但是如何在稳定中求生存的问题并没有得到妥善解决，随着国民经济的恢复，中央"一统就死"的弊病再一次出现，这也使得中央领导人不得不重新思考中央与地方权限划分的问题。

（三）第二次权力下放的探索

党中央领导人的观念在逐渐演化的同时，也有一以贯之的制度认知。在重新集权这期间也并未放弃地方分权的想法。据史料记载，

---

[1] 郑谦、庞松：《当代中国政治体制发展概要》，中央党史资料出版社，1988年，第131页。

[2] 樊天顺、赵博：《中国共产党组织工作大事记》，中国国际广播出版社，1991年，第141页。

1960年，毛泽东在阅读苏联政治经济学教科书时曾经提出要改革生产关系，将全民所有制企业下放，同时要让企业具有独立性，充分发挥中央、地方、企业的积极性，全面调动社会生产力的发展。"都是全民所有制的企业，实行不实行中央和地方分权，哪些企业由谁去管，这些都是有关建设的重大问题。中央不能只靠自己的积极性，还必须同时依靠地方的积极性。过去中央有些部门，把地方办的事业不当作自己的，只把直属的企业看成自己的，这种看法妨碍了充分发挥地方的积极性。"[1]因此，在他看来，收权仅仅是解决问题的权宜之计。一旦国民经济状况有所好转，他将继续把分权的想法付诸实践。1966年3月，毛泽东在杭州政治局会议上甚至提出了"虚君共和"[2]的设想，试图把经济实权下放到地方去，而中央只发挥象征性的作用。他批评中央部门收权收过了头，并指示将收回的权力重新归还地方。因此，中央又展开了第二次放权改革的行动。1968年，第一轻工业部将一批烟草企业和化工企业下放给地方，拉开了第二轮放权试验的序幕。随后，1969年2月，中央各部又在全国计划座谈会上进一步提出了改革财政管理体制、企业管理体制和物资管理体制的改革方案，进一步将财政、企业管理和物资管理权下放给了地方。[3]从这些权力的属性我们可以看出，都属于经济管理方面的发展性权力，而权力下放的目的正是调动地方发展的活力。因此，到1970年，中央部属工业、企业由1965年的10553个减少为只剩1674个，中央直属企业在工业总产值中

---

[1]《毛泽东文集》（第8卷），人民出版社，1999年，第126~127页。

[2] 即中央只管虚，只管方针政策，不管实，或少管点实。凡适宜于地方管理的企业，都下放给地方管理。

[3] 辛向阳：《大国诸侯：中国中央与地方关系之结》，中国社会出版社，2008年，第267~268页。

的比重则由42.2%下降到6%。^①除铁道部、水电部保留了较多企业外，其他部门所留企业甚少。这一阶段，除民用工业企业外，中央还进一步将"小三线"的军工企业下放给了地方。伴随着企业的下放及"蜂窝状"经济的形成，中央又进一步将财政税收、物资管理、基本建设投资等管理权限下放给地方。

1. 财政收支"大包干"

1971年3月1日，财政部发出《关于实行财政收支包干的通知》，"规定自1971年起，国家对省、市、自治区实行'定收定支、收支包干、保证上缴（或差额补贴）、节余留用、一年一定'的财政收支体制"^②。这一财政体制体现了划分中央地方财政收支，严格区分两级财政权限的尝试。包干之后，中央、地方各司其职，互不干预。但是在传统的计划体制时期，这一财政体制仍未脱离按企业隶属关系划分中央与地方财政收入的窠臼，企业仍隶属于各级政府，并成为各级政府须臾不可或离的重要财源。因此，即使权力下放到了地方，企业的自主权仍无法落实，在地方政府的行政干预下，企业的自主权反而被削弱了。此外，包干制只按历史基数核定财政收支，忽视了发展生产过程中不断出现的新变化，且截留比例随机性甚大，透明度极弱，因此导致地方和中央关系陷入无休止地讨价还价的过程之中。由于各地区情况各异，财政包干制实行后，有的省盈余较多，有些地区则入不敷出。

中央在1972年对财政管理体制作了较大修补，并实行了"因地制宜"的财政包干制度。根据1972年3月31日财政部发出的《关于改进

① 胡鞍钢等：《中国国家治理现代化》，中国人民大学出版社，2014年，第176页。
② 《1971年3月1日》，中华人民共和国史网，www.hprc.org.cn。

财政收支包干办法的通知》，对原有的财政包干体制做出如下改进：
"各省、市、自治区对地、市、县不宜实行层层包干，但可采取收入分成或者其他办法；各省、市、自治区年度财政超收部分，凡超收不满1亿元的全部归地方使用，超收1亿元以上的，其超过1亿元部分上缴中央财政50%。地方财政收支要坚持收支平衡原则，超收和节余支出应主要用于发展工农业生产。"①同年9月，财政部又制定了《试行财政收入固定比例留成的办法》，并提出："收入按固定比例留成，超收另定分成比例，支出按指标包干的办法，1973年在华北、东北地区和江苏省试行。"其主要内容有："地方负责组织的财政收入，按固定比例给地方留成，留成比例各省（市、自治区）不一样，全国平均为2.3%，留成比例固定3年不变；地方财政收入的超收部分另定分成比例，这个比例控制在30%的幅度以内；地方的财政支出，按中央核定的指标包干，即除了基本建设拨款和城市人口下乡安置费以外，地方财政和其他各项支出，由地方在指标总额内包干使用；地方年终结余，留归地方财政使用；如有超额，也由地方自行弥补。"②这就相应提高了地方财政的上缴比例，从而提高了中央的财政汲取能力。另外，各省、市、自治区也改变了之前对地、市、县的财政包干制度，采取按比例分成的办法，扩大了省级地方的财力。

2. 物资分配"大包干"

这一时期，物资管理体制也进行了较大的改革，开始试行物资分配大包干制度，重点是扩大地方的物资管理权限，由中央下放给地方

---

① 辛向阳：《大国诸侯：中国中央与地方关系之结》，中国社会出版社，2008年，第271页。

② 辛向阳：《大国诸侯：中国中央与地方关系之结》，中国社会出版社，2008年，第271~272页。

管理的企业的物资分配和供应也交给地方政府负责。1971年4月19日，国家计委向国务院提出《关于改革物资管理体制的报告》："在全国统一计划下，实行'地区平衡，差额调拨，品种调剂，保证上缴'的包干办法，扩大地方的物资管理权，并先在华北区和江苏省进行试点。"①试点单位在保证完成国家调出计划的前提下，按照先中央后地方的原则，对本地区中央和地方需要的物资进行统筹安排，调出调入量为"一年一定"，在全国范围内逐步实行物资分配大包干。到1972年，国家统配和部管物资从1966年的579种减少到217种。同时，企业的物资分配和供应权限也下放给地方。

3. 基建投资大包干

在基本建设投资方面，地方的投资管理权也不断扩大。1970年，国家在拟定《"四五"计划纲要（草案）》时，为了支持地方加快发展，提出"实行基本建设投资大包干"。1970年5月30日，国务院转批国家计委等《关于加强基本建设管理的几项意见》，供各地试行。其中包括积极进行基本建设投资大包干的试点，并对"大包干"作了解释，即"国家计划规定的建设任务和建设项目，经审查确定以后，将所需的投资和相应的材料、设备，交由地方按计划包干建设"。为了保证地方基本建设基金的需要，1970年7月25日，财政部决定："将原来上缴财政的折旧基金，全部下放给地方，其中一部分留给企业，一部分由地方调剂，用于技术改造和综合利用方面。为了支持'五小'工业的发展，今后五年内拟安排几十亿元（后确定为80亿元），作为专项资金，由省、市、自治区统一掌握，重点使

---

① 辛向阳：《大国诸侯：中国中央与地方关系之结》，中国社会出版社，2008年，第268页。

用。新建县办企业在两三年内，所得利润可留 60% 给县。这些措施自 1971 年起实行，当年决定除水电部、第二机械部的基本折旧基金仍上缴 60% 外，其余的基本折旧基金全部下放地方。"1974 年国家进一步改革，采取"四三三"的投资分配办法将一部分投资权下放给地方，即"投资的 40% 由中央主管部门直接安排，30% 由中央部商同地方安排，30% 由地方统筹安排"[①]。

经过第二轮连续多年的放权改革，到 1994 年底，地方政府已经获得了一定的财政权、企业和物资管理权、基本建设投资权，这些权力都属于发展性权力，其主要目标是发挥地方政府在管理企业和地方投资建设方面的积极性。但值得我们注意的是，国家的各项税收制度（包括税法、税种）由中央规定，地方只有权规定各项税收的具体征收办法。并且，在物资分配方面，仍然由中央统一分配原材料和设备，国家计委同主管部门负责编制调入调出计划。虽然中央将一部分物资管理权下放给地方，但由国家计委和国务院各部委分配的物资总类仍占多数。[②]我们由此可以看出，制度变迁也受制度经验的约束，中央在权力下放的同时，仍保持了其制税的权力和资源统筹分配的权力，并没有使纵向权力的调整超出单一制的制度框架。

（四）分权体制与计划经济体制的冲突

中央分权改革的目的是调动中央与地方两个积极性，来实现发展的目标。然后改革后的体制与外部的经济环境和经济制度并不匹配，

---

① 辛向阳：《大国诸侯：中国中央与地方关系之结》，中国社会出版社，2008 年，第 273 页。

② 其中，由国家计委分配的物资有 48 种，由国务院各部委分配的物资 169 种，而各省、市、自治区分配的物资只占 92 种。

制度改革无法适应环境的需求释放其应有的制度功能。在计划经济体制下，虽然中央通过放权改革将一部分企事业单位下放给地方管理，并给予地方政府一定的财权和基础投资权，使地方取代中央成为新的经济管理者，调动了地方政府兴办企业、积极进行投资建设、大上各种基建项目的积极性，同时也因为保护地方企业和资源，产生了地方保护主义和地区封锁的问题。"从地方政府来说，投资权、物资分配权的下放就如同得到'免费'的午餐，上工程和项目的利益（如利润、就业）由地方享用，而不必对它们最终的经济效益负责，如果经营亏损，最后财政和银行会为之埋单。这种预算软约束的现象导致地方和企业的投资饥渴症，面对'负盈不负亏'的买卖，只要有投资机会，地方政府和企业就会毫不犹豫地投入使用。而人为的价格体系（如加工产品价格高、基础产品价格低）制造了许多政策'租金'，鼓励各地纷纷投入加工业，以获得差价和利润。生产资源产品的省区也不愿意把资源产品以计划调拨的形式运给外地，而想留下来自己加工生产，由此造成地区封锁和地方保护主义。"①因此，在计划经济的体制框架没有触动的情况下，地方政府的积极性就变成了为完成国家计划而展开的"大跃进"，大量地上项目、办企业，自力更生，最后造成大量的重复建设、资源浪费，最终导致计划失控、生产混乱、通货膨胀乃至整个国民经济比例严重失调。由于企业过多过快地下放给地方，企业之间原有的生产协作关系被打乱。地方政府出于对本地企业的保护，甚至实行经济封锁。"地方政府都希望把原材料和产品留在本地区，用于本地区的经济扩张，而不愿交货给其他地区，地区间的协作关系被

---

① 周黎安：《转型中的地方政府：官员激励与治理》，格致出版社，2008年，第216~217页。

打破了。"①

国有企业和劳动者的积极性也没有很好地调动起来。这主要是因为在计划经济体制下，国有企业完全没有自主经营权，也无需自负盈亏，企业的生产、销售都处于政府部门的控制之下。并且政府掌握着企业的人事任免权，如果企业偏离政府的计划，将受到相应的行政处罚。可以说，在计划经济体制下，是行政权力支撑着整个经济体制的运转。因此，国有企业只需要按照政府制定的计划进行生产，而不考虑市场的供求、产品的质量、企业的效益，等等。而国有企业中的劳动者也是由劳动人事机构安排工作，固定在其工作岗位上进行配额生产，难以自由流动。劳动者的生活必需品凭票供应，住房由单位提供，子女上学、就业也由企业和不同行政主管机构包办。可以说，在这种经济体制下，劳动者并没有发挥其主动性和创造性的内在动力。企业和劳动者的积极性都没有调动起来，本身也是不利于经济发展的。

由于纵向的权力分配体制和当时的计划经济体制相冲突，导致纵向分权改革的功能无法有效释放。1976年，中央不得不再次对全国的经济秩序进行重新整顿，将大批骨干企业再次上收，重新集中下放的投资和企业管理权，以及与之相伴随的财权和事权。中央和各省又恢复了1959—1970年间实行的"总额分成"的财政体制，并在组织上加强了党的组织建设及其对地方政府的领导。然而中央的高度集权和纵向政府间三重连带机制的刚性运作却使国家一度陷入"一统就死，一死就放；一放就乱，一乱就收"的恶性循环当中。

事实上，虽然在社会主义建设的压力之下，党中央领导人试图

---

① 周黎安：《转型中的地方政府：官员激励与治理》，格致出版社，2008年，第265页。

通过放权来调动各方面的积极性，但有些观念依然深受其已有的制度认知和制度结构的影响。当时我国是社会主义国家，所以思想界认为，社会主义就是同商品经济、市场经济不相容的。在这样的观念影响下，当时的领导集体只能在计划经济体制下调动地方生产、建设的积极性。但由于纵向权力分配体制和计划经济体制相冲突，从而使相关的两个制度子系统无法有机协调运转，从而使分权的功能无法有效释放出来。

小　结

伴随着政治领导人观念的演化和国内政治力量对比的变化，我国在新中国成立初期确立起单一制的纵向政治制度。但在这一时期，生存的危机和社会主义建设的危机（即生产的危机），都对政治领导人的观念产生了或多或少的冲击和影响，进而引发了纵向权力分配体制和权力运行机制方面的调整。新中国成立后，国内经济凋敝、民不聊生，使政治领导人面临很大的国家生存危机。而作为中国盟友的苏联在二战后迅速恢复了经济，并建立了强大的工业基础。受苏联模式的影响，党中央在没有社会主义建设经验的情况下想通过学习和效仿苏联的政治经济体制，以迅速恢复经济、巩固新生的政权。

1952年国民经济全面恢复之后，中央高度集权的纵向政治制度在运作中陷入僵化状态，压制了地方的活力。同时，斯大林模式的问题在苏联也被揭露出来，从而加大了政治领导人进行社会主义建设，发展工农业生产的压力。党中央领导人意识到通过学习、模仿而来的制度或制度经验无法实现可持续发展。因此，党中央领导人开始从中国的国情出发，提出发挥中央和地方"两个积极性"的原则，并进行过两次放权的试验，以调动地方的活力。但由于其观念受已有制度结构和传统观念一以贯之的影响，即社会主义与商品经济、市场经济不相容。这就导致纵向权力分配体制与计划经济体制相冲突，地方的活力并没有被充分释放出来，由于权力过快、过猛地下放，反而导致国民经济的混乱与失衡。这之后，政治领导人该如何解决纵向政治制度改革中"一统就死、一放就乱"的困境呢？我们将开启下一章的论述。

1978—1993年纵向政治制度的演化

　　本章探讨纵向政治制度从1978—1993年这一段时期的演化过程。上一章分析了当代中国纵向制度稳定的制度内核，及其在国家整合中所发挥的积极作用，但工农业大生产的目标依然没能通过自主性变革得以实现。20世纪80年代，作为制度总设计师的邓小平在吸收前任领导人改革经验的基础上，进一步对纵向权力分配体制和权力运行机制做出了适应性调整，推动了制度变迁和制度功能的有效释放。

　　改革开放初期，国民经济严重失衡，大量农民不得温饱；城市失业率猛增，居民生活必需品供不应求。濒临崩溃的国民经济使第二代中央领导集体面临很大的发展压力，在国家财政入不敷出的情况下，他们继承了前任领导人改革的经验，通过向地方放权来提高地方政府的支出责任，减轻中央的财政负担。但改革开放后，中国的领导人走出国门，关注国外的发展状况。西方发达国家经济的高速增长及其与中国的强烈对比，不仅增加了中国领导人发展的压力，也潜移默化地影响着他们的观念和行为选择。

在发展压力的驱动下，党中央在改革开放之后推动了放权让利的改革，试图通过纵向权力分配体制的调整，辅之以市场经济体制的改革，调动地方和企业各方面的积极性。但受到已有制度结构的影响，这一时期，中央在将财权、立法权和各种行政权授予地方时，仍牢牢地掌握着立法和人事控制权以及行政否决权。改革开放之后的纵向权力调整并没有超出单一制的制度框架，中央只是通过授予地方一定程度的自主权以调动地方的活力，释放"发展"的制度功能。

改革后的纵向政治制度凭借其在调动地方活力方面的优势生存了下来，较好地实现了改革者的战略目标。但制度演化并不会完全朝着改革者所预期的方向发展，还要经过一个不断选择的过程。在放权让利的背景下，地方政府获得了相对独立于中央的自主权，形成了相对独立的利益结构和效用目标，在地方利益和绩效目标的双重激励下，地方政府不断扩张其自主性行为，造成地方经济过热，影响国民经济的平衡和可持续发展，偏离了国家的整体利益。

针对放权改革所产生的意外后果及由此引发的危机，作为关键行动者的政治领导人不得不再次对制度进行调试。但这一时期，中央领导人反对沿用过去一揽子集权的办法，主张通过加强宏观调控来维护中央的权威，并辅之以权力运作机制的调整来维护地方政府的既得利益和自主性空间，以在稳定中实现发展的战略目标。

本章的第一节分析了改革开放初期生存和发展的危机和已有制度结构和制度经验对政治领导人观念的影响及其改革策略的形成，第二节分析了由政治领导人观念和策略转变而引发的纵向权力分配体制调整，第三节将论述改革的制度绩效及意外后果，第四节是核心政治领导人在危机倒逼下进一步对纵向权力运行机制进行调整的过程。

第一节　危机驱动与改革策略的形成

虽然"文化大革命"之后，中央通过组织国民经济的"新跃进"，使经济暂时脱离了崩溃的危险，但仍然暗含着危机。因此，第二代中央领导集体一上任就承受着很大的发展压力，也面临很多的挑战。

一、生存的危机对领导人改革策略的影响

首先，农业严重落后和农民的普遍贫困使国家依然面临生存的危机。陈云曾在1978年3月21日中央召开的政治局会议中指出了改革初期国家面临的危机，尤其是国民经济比例失调而带来的农业生产落后和农民贫困问题。"1978年国内人均粮食占有量大体停留在1957年的水平，人均棉、油占有量低于1957年的水平。1978年，进口粮、棉、油、糖花了21亿美元，占进口总额的五分之一。农民1965年从集体分得收入为52.3元，1976年为62.8元。全国至少有两亿多人生活在贫困线以下，温饱难以保障。"[1]经济学家吴敬琏也指出了同样的问题，根据他的研究统计："1976年全国农村每个社员从集体那里分得的收入只有63.3元，人均口粮比1957年还减少了4斤；当年全国有139万个生产队（占总数的29.5%）的人均收入在50元以下；到1978年，全国还有2.5亿绝对贫困人口。"[2]

其次，城市失业率猛增，居民生活水平低下。"改革开放前，

---

[1] 陈炎兵、何五星:《中国为何如此成功:引领中国走向成功的高层重大决策纪实》，中信出版社，2008年，第57页。

[2] 何理:《中华人民共和国史》，中国档案出版社，1989年，第368页。

2000万城镇青年失业，失业率高达19%左右，居民的日常食品消费占总体支出的比重高达56.66%。"①陈云也指出："城市职工平均工资有所下降，住房紧张，就业形势严峻，许多夫妻长期两地分居。"②经济学家安格斯·麦迪森的研究还表明："从1952年到1978年，中国国内生产总值的实际增长率只有4.7%。大多数发展和生活指标排在世界170位以后，处于世界银行和联合国有关部门所划定的贫困线之下。"③这也导致我国的国民经济总量和人均国内生产总值水平在世界各国的排名不断下降，与许多国家的差距越来越大。有学者的研究表明："1952年，中国国内生产总值总量占世界国内生产总值的比例为5.2%，1978年，这一比例却下降为5.0%。人均国内生产总值水平即使按当时官方的汇率计算，也只有224.9美元。1948年，中国的人均国内生产总值还可以排到世界的第40位，可到了1978年，中国的人均国内生产总值却排到了倒数第2位，仅是印度人均国内生产总值的2/3。"④

最后，国家的财政状况日益恶化，出现了严重的经济短缺，国家财政入不敷出（见图3-1）。"1978年中央的财政收入只有1121.2亿元，这笔费用要维持一支500万人的军队和一支3000万人左右的国

---

① 周天勇：《30年前我们为什么要选择改革开放》，http://theory.people.com.cn/GB/49157/49163/7727765.html。

② 陈炎兵、何五星：《中国为何如此成功：引领中国走向成功的高层重大决策纪实》，中信出版社，2008年，第57页。

③ [英]安格斯·麦迪森：《中国经济的长期表现》伍晓鹰、马德斌译，上海人民出版社，2008年，第56页。

④ 何理：《中华人民共和国史》，中国档案出版社，1989年，第368页。转引自周天勇：《30年前我们为什么要选择改革开放》，http://theory.people.com.cn/GB/49157/49163/7727765.html。

家干部队伍，财政捉襟见肘。"①为了恢复国民经济，中央决定引进新的工厂和基础建设项目，因为当时的日本和"新兴工业经济体"正是采用了西方的技术建设了新设施，取得了世界上最快的经济增长率，所以当时中央也想效仿，并得到邓小平的支持。于是，1977年底，中国开启了一轮新的"洋跃进"运动。但是引进西方先进的技术需要大量的资金投入，超出了国家财政的承受能力。"1978年底，中国只有40亿美元的外汇储备，而且出口赚取的大多数外汇收入已经被预付，却签订了超过70亿美元的购买外国设备的合同。"②这就进一步加剧了中央的财政负担。陈云还指出："国民经济的'洋跃进'造成基本建设投资规模过大，战线过程过长，投资效果差，浪费惊人。另外，由于体制性障碍和结构性的矛盾，造成设备利用率低，产品库存多，资金效果差。有许多产品一方面需要大量进口，一方面库存不断增加。"③

虽然1977—1978年国民经济出现了恢复性的增长，但基础不稳，经济发展中蕴藏着生存的危机。为了解决上述问题，以邓小平为核心的第二代中央领导集体改革的逻辑起点都指向了权力下放。通过放权让利的纵向权力分配体制改革，承认地方政府的自主权，尤其是地方财政收支的自主权，这一方面有助于调动地方创收的积极性，另一方面可以适当增加地方政府的支出责任，有助于减轻中央政府的财政压力。此外，中央还提高了地方企业的留利水平，以更好地满足社会的

---

① 辛向阳：《大国诸侯：中央与地方关系之结》，中国社会出版社，2008年，第412页。

② 转引自：[美]傅高义：《邓小平时代》，冯克利译，生活·读书·新知三联书店，2013年，第417页。

③ 陈炎兵、何五星：《中国为何如此成功：引领中国走向成功的高层重大决策纪实》，中信出版社，2008年，第58页。

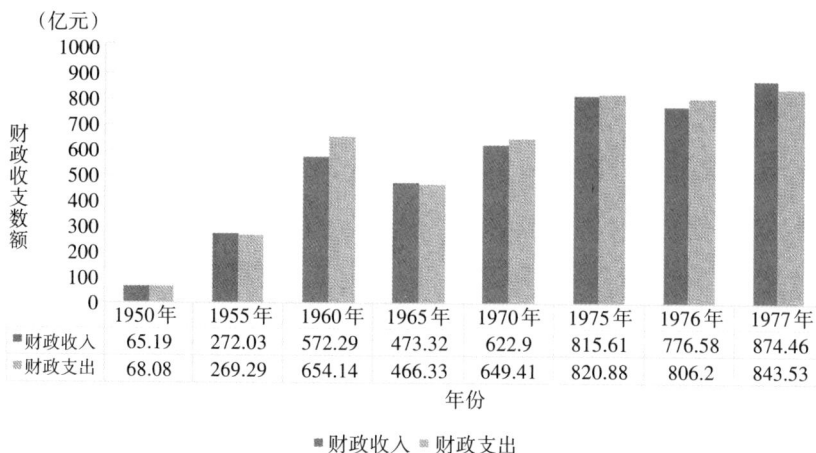

图3-1　改革开放前中国的财政收支状况

数据来源：财政部综合计划司编：《中国财政统计（1950—1988）》，中国财政经济出版社，1989年，第11~12页。

物质需求。

二、发展的危机对领导人改革策略的影响

正如在日本推动国家走上现代化道路的历史转折点是"岩仓使团"。在中国，虽然开放的外部环境并不一定会对制度变迁产生决定性的影响，但它会对改革者的观念产生很大的冲击，从而潜移默化地影响制度变迁的方向。1975年，邓小平率团开创性地对法国进行5天考察经历使他大开眼界，并开始认识到全球范围内经济高速增长的基础正是内涵式的发展。也就是说，到20世纪70年代末，经济增长更多是来自新的生产技术，而不仅仅是来自提高生产力。西方发达国家与中国的强烈反差使党中央产生了这样一种观念，即中国想要繁荣与富强，就必须创造一个有技术创新能力和有经济发展效率的社会。这也是党中央在其后改变发展策略的一个重要因素。他开始认识到中国早先建

立起来的苏联式体制在产生新技术和提高实际生产能力方面都表现欠佳。邓小平在1978年底总结出国考察的作用时说："最近我们的同志去国外看了看，看得越多，就越知道自己多么落后。"①在他看来，这种对落后的认识是使改革获得支持的关键因素。有学者考证，1978年12月2日，邓小平曾告诉那些为他起草《启动改革开放政策》讲稿的人，"改革的基本要点是，必须承认自己落后，我们的很多做法都不对头，需要加以改变"②。

为了先在体制内部凝聚共识，他鼓励中国的官员组成考察团出国访问。1978年，13名副总理级的干部出国访问的次数多达20次，共访问50个国家。③数百名部长、省长、第一书记及其部下也加入了出国考察的行列。出国访问的经历使很多高层干部更加认同：中国必须改弦易辙。其中对纵向权力调整影响最深的三次考察经历当属对香港一地和欧洲多地的考察。

国家计委和对外经贸部的干部于1978年4月至5月赴香港考察，评估了它在金融、工业和管理方式领域帮助中国发展的潜力。他们探讨了在临近香港的广东宝安县建立出口加工区的可能性，这些加工区从国外运进原料，用内地的劳动力进行加工后重新出口，既无关税也不受任何限制。没过几个月，国务院就正式批准建立这个加工区，这就是后来的深圳经济特区。

---

① 林重庚：《序言：中国改革开放过程中的对外思想开放》，吴敬琏：《中国经济50人看30年：回顾与反思》，中国经济出版社，2008年。

② 李向前、韩钢：《新发现邓小平与胡耀邦的三次谈话记录》，杨天石主编：《邓小平写真》，上海辞书出版社，2005年，第192页。

③《李先念传（1949—1992）》（下册），中央文献出版社，2009年，第1049页；Nina P. Halpern. Learning from Abroad: Chinese Views of the East European Economic Experience, January 1977–June 1981. *Modern China*, Vol.11, No.1（Jan 1985），pp.77–109.

1978年5月2日到6月6日，谷牧率领的代表团先后访问了欧洲五国——法国、瑞士、德国、丹麦、比利时。他回忆说，临行前邓小平在接见他时指示说："要广泛接触，详细调查，深入研究问题……也看看他们的经济工作是怎么管的。资本主义国家先进的经验，好的经验，我们应当把它学回来。"①为此，中央特派包括水电部部长、农业部副部长在内的6名部级干部及广东省委书记等20人赴欧洲考察，希望这些官员回国后领导不同的经济部门。②当时，中国刚开始走出冷战的思维模式，国内的大多数工厂及其内部设施都是保密的，甚至对国人也不开放，但是欧洲人愿意让他们参观工厂、办公楼、商店和几乎所有其他设施，他们无不感到诧异。时任广东省委书记在总结考察印象时说："这一个多月的考察让人大开眼界。……所见所闻使我们每个人都感到吃惊。我们受到了极大的刺激……原来以为资本主义国家是落后腐朽的，走出国门一看，才知道完全不是那么回事。"③在访问中，他们惊奇地看到，欧洲国家允许地方政府自主管理财政和税收，并对当地事务做出决策。相比较而言，中国的财政过于集中，没有给地方领导人留出足够的工作空间。

谷牧代表团回国后，立刻向政治局会议汇报了出访情况。随后，国务院立即召开了"四化建设务虚会"。与会者得以提出将在未来20年不断被讨论的所有重大问题，包括市场、放权、价格、外贸、微观和宏观管理等等。其中最紧迫的问题之一是："如何既能调动个

---

① 谷牧：《小平同志领导我们抓改革开放》，中共中央文献研究室编：《回忆邓小平》，中央文献出版社，1998年，第155~156页。

② 徐瑗：《不看不知道：访原国家轻工部部长杨波》，宋晓明、刘蔚编：《追寻1978：中国改革开放纪元访谈录》，福建教育出版社，1998年，第539页。

③ 崔荣慧：《改革开放，先行一步：访原广东省委书记王全国》，宋晓明、刘蔚编：《追寻1978：中国改革开放纪元访谈录》，福建教育出版社，1998年，第558页。

人、地方和外国人的积极性，又能保持对全国计划经济体制的全面控制。"①由此可见，扩大地方的积极性是中央第二代领导集体的一个重要思想。邓小平在党的十一届三中全会前召开的中央工作会议上，也突出强调了经济民主，即在经济领域放权的重要性。他说："现在我国的经济管理体制权力过于集中，应该有计划地大胆下放，否则不利于充分发挥国家、地方、企业、劳动者个人四个方面的积极性，也不利于实行现代化的经济管理和提高劳动生产率。"②可以看出，党中央已深刻认识到中央的过度集权扼杀了地方和社会的活力，而要提高效率就必须在全国范围内下放权力。1980年，邓小平又在《党和国家领导体制的改革》一文中针对权力过分集中的问题提出："要调整中央与地方的关系，实行权力下放，扩大地方的自主权。权力过分集中是我国现行政治体制的主要弊端之一，我们历史上多次过分强调党的集中统一，过分强调反对分散主义、闹独立性，很少强调必要的分权和自主权，很少反对个人过分集权。权力过分集中，造成地方缺乏自主性，基层没有积极性。为了提高地方和基层的积极性，必须下放权力。"③此外，他在1987年6月又反复强调："要调动积极性，权力下放是最主要的内容。"④这一时期，党中央已经把权力下放上升到了中国体制改革的基本着眼点的战略高度，认为这是解决既有制度弊端的一个重要突破口。

---

① 另一个问题是：中国如何在不失控的前提下，扩大外贸和外国人的作用。

②《邓小平文选》（第二卷），人民出版社，1994年，第145页。

③《邓小平文选》（第二卷），人民出版社，1994年，第329页。

④《邓小平文选》（第二卷），人民出版社，1994年，第242页。

三、政治领导人观念的遗传与演化

改革开放后，中央领导人选择将放权让利的改革作为发展的一大战略，但也受到毛泽东处理中央与地方关系的经验影响。这也充分表明已有的制度经验经过遗传会约束行动者的行为选择。这一时期的各项改革措施更像是对上一时期的一种修正。新的领导人脱离了原来的计划经济体制，在引领发展的过程中把重点放在了市场的作用上。但是实际上，从当代中国政治制度、经济制度的演化来看，改革是持续性的工程。过去的经验和历史上形成的政治经济制度都会对领导人的观念产生影响，并制约他们的战略选择。"在领导人心中，下放经济决策权已经成为一种规范，即要解决经济困难，经济决策权必须下放给地方政府。"①并且，对改革派的领导人来说，在党内建立一种关于放权的共识，是很容易的。因此，在促进国家经济发展方面，改革开放后依然采取的是这种策略，将财政权和经济决策权下放给地方，而这一策略毛泽东早在邓小平之前就用过。

制度的正反馈效应也有助于观念的遗传。新中国成立以来，中国确立了单一制的纵向政治制度。国家的治理权由中央掌握。由于纵向权力隶属关系的存在及中央对组织人事、利益分配、目标设定等方面的控制权的掌握，为国家的整合和制度的稳定提供了稳定的制度内核。虽然中央出于治理的需要，会将一部分权力授予地方，使地方拥有相对独立于中央的自主决策权，但中央仍可以及时收回下放的权力，避免因放权让利而导致国家陷入四分五裂的局面。改革开放前，毛泽东

---

①郑永年：《中国的"行为联邦制"：中央—地方关系的变革与动力》，东方出版社，2013年，第74页。

先后进行过两次放权的试验，虽然没有实现发展的目标，但是仍然维持了国家的统一与稳定，并没有出现国家四分五裂和地方割据的局面。这也使第二代中央领导集体意识到纵向政治制度的改革不能偏离单一制的制度框架。

邓小平作为老一辈中央领导干部也深谙体制的弊病。改革前两次放权试验的失败及其引发的危机都迫使他思考前任政治领导人改革中存在的问题，并在此基础上进行回应性的调整。"改革开放前我国一直在计划经济体制的模式内做改革、调整的文章，只是围绕'放权'和'收权'打圈子，而'放权'也主要是放给地方，并未放给企业。因为在计划经济体制下，企业不是进入市场的独立商品生产者，而是隶属于中央部门或地方行政指挥和管理下的主要按指令性计划生产的单位"[1]。党中央在总结过去经验教训的基础上，提出了改革开放，并利用计划和市场两种手段搞活经济的方针，使我国的经济不断增强生机和活力。

在新的战略方针指引下，中央通过制度匹配的方式逐渐摆脱计划经济体制的束缚，中央不再对地方实施统一的计划，而是鼓励地方因地制宜地发展经济。此外，更为重要的是，1986年，邓小平在谈到政治体制改革时，还强调"权力要下放，解决中央和地方的关系，同时地方各级都有一个权力下放的问题"。这也充分说明，他看出了此前分权改革主要是行政权力在中央与省级政府之间的传递，省级政府并没有把权力下放到市、县、乡级，并没有发挥好省级以下各级地方政府的自主性。为此，改革开放后，邓小平在强调中央在向省级地方放权让利的同时，也赋予地方政府特殊政策、灵活措施，使地方能够将财

---

[1]《若干重大决策与事件的回顾》(下卷)，中共中央党校出版社，1993年，第804页。

权、人事权、各种行政权进一步下放，通过权力和利益的纵向传递，来调动省、市、县、乡各个层级政府和企业、社会的积极性，进而实现在20年内完成我国经济建设的小康目标[①]。

第二节　"发展"目标导向下的放权让利改革

为推行放权让利的改革，创造出一种新机会到来的普遍感觉，以激励地方、振奋人心、赢得支持，邓小平从放松意识形态的禁锢入手，鼓励各级官员出国访问，运用"实事求是"和"实践是检验真理的唯一标准"的实用主义思想纲领来削弱"两个凡是"的影响，使各级官员深入了解国家和地方的现实情况，并针对所发现的问题提出有创造性的政策建议和改革方案，为其后总体性的改革在全国范围内的顺利推进奠定了基础。到1978年底，新一轮的放权让利改革才正式展开，中央先后将财政权、经济管理权、立法权和人事权下放到省级地方，再由省级地方下放给更低层级的地方政府，完成权力的纵向传递。

一、财政体制改革与地方财权的扩大

早在改革开放前的1977年，中央就允许江苏省因地制宜地试行"税收按固定比例分成"的财政制度。所谓固定比例分成，就是根据1976年该省财政决算总支出在总收入中的比例，确定收入上缴的比例

---

① 即在不断提高经济效益的前提下，力争使全国工农业的年总产值翻两番，由1980年的7100亿元增加到2000年的28000亿元左右，使人民生活达到小康水平。

（1977年为58%，留用比例为42%），四年不变，税收总额按固定比例
与中央分成，留用的部分由江苏省自由安排。据统计，江苏到包干期
满的1980年，其工业生产和财政收入分别比包干前的1976年增加了
80.2%和38.1%，平均增长20%和9.5%左右。①这也使中央充分认识
到：财政分权更有利于地方经济的发展。同时，地方财政支出比重的
扩大确实减轻了中央的财政压力。

（一）"分灶吃饭"的财政体制改革

1980年，国务院制定并发布了《关于实行"划分收支，分级包
干"财政管理体制的暂行规定》，开始在全国范围内推行财政体制改
革，以明确中央与地方的财政关系，事实上是赋予地方一定的收益
权，激励其发展地方经济。同时，中央也希望增强地方政府增收节
支的积极性，使之承担起地方财政平衡的一部分责任。此次改革除
北京、上海、天津三个直辖市仍继续实行"收支挂钩，总额分成，
一年一定"的体制外，其他26个省份分别实行5种财政体制。其中，
第一种是在四川、陕西、甘肃等15个省实行中央与地方"划分收支，
分级包干"；第二种是在内蒙古、新疆等8个少数民族自治地区实行
"民族自治地方财政体制"；第三种是在广东省施行"划分收支，定
额上缴"的财政体制；第四种是在福建省实施"划分收支，定额辅
助"的财政体制；最后在江苏省继续实施"比例包干，四年不变"。
（见表3-1）

---

① 辛向阳：《大国诸侯：中国中央与地方关系之结》，中国社会出版社，2008年，第413页。

表3-1 1980年"分灶吃饭"体制的五种财政划分类型

财政体制	财政体制的内容	实施地区
划分收支，分级包干	一、划分收支：按照经济体制所规定的隶属关系，明确划分中央和地方预算的收支范围。 1. 固定收入：包括中央固定收入和地方固定收入； 2. 固定比例分成收入； 3. 调剂收入：工商税； 4. 一般性开支：分中央财政支出与地方财政支出； 5. 特殊性开支：由中央掌握。 二、分级包干：先确定收支包干基数，据以实施收支包干。 1. 地方收入大于支出者，多余部分按规定比例上缴； 2. 地方支出大于收入者，不足部分由中央从工商税种确定一定比例拨给地方； 3. 将工商税全部留给地方仍收不抵支者，由中央给予定额补助； 4. 分成比例和辅助数额确定之后五年不变。	四川 陕西 甘肃 河南 湖北 湖南 安徽 江西 山东 山西 河北 辽宁 黑龙江 吉林 浙江
民族自治地区财政体制	一、依上述办法划分收支范围，确定中央补助的数额，且五年不变； 二、地方收入增长部分全部留给地方； 三、中央对各地区的补助数额在一定时期内每年递增10%。	内蒙古 新疆 西藏 宁夏 广西 云南 青海 贵州
划分收支，定额上缴	一、财政收入：除中央直属企业、事业单位的收入与关税划归中央以外，其余收入均为地方收入； 二、财政支出：除中央直属企业、事业单位的支出归中央外，其余均为地方支出； 三、以1979年财政收支决算数字为基数，确定上缴数额。	广东
划分收支，定额补助	一、财政收入：除中央直属企业、事业单位的收入与关税划归中央以外，其余收入均为地方收入； 二、财政支出：除中央直属企业、事业单位的支出归中央外，其余均为地方支出； 三、以1979年财政收支决算数字为基数，确定补助数额。	福建
比例包干，四年不变	根据江苏省历年财政支出占收入的比例，确定一定的上缴、留用的比例，一定四年不变。	江苏

资料来源：高培勇、温来成：《市场化进程中的中国财政运行机制》，中国人民大学出版社，2001年，第48~50页；贾康、闫坤：《中国财政：转归与变革》，上海远东出版社，2000年，第49~52页；辛向阳：《大国诸侯：中国中央与地方关系之结》，中国社会出版社，2008年，第546~547页。

经过1980年的财政体制改革，中央占全国财政收入的比重逐年增加，从1978年的15.5%增加到1984年的40.5%。[1]但是中央试图通过财政体制改革来扩大地方财政支出责任，以减轻中央财政压力的目标尚未达成。1978年，中央财政支出占国家财政支出的比重为47.4%，逐年增加到1981年的55%。为确保中央的财力及其对地方的财政控制，从1981年起，中央缩小了包干的范围，除广东与福建省包干比例不变外，其他省份均改为"总额分成，比例包干"的办法。[2]上述调整措施使国家财政收入与支出逐步增加，但中央财政收支之间仍然存在一定的缺口。虽然从1981年到1984年中央财政支出比重有所下降，[3]但仍占绝大多数（如图3-2）。因此，国家债务不断增加，中央还必须向地方借款。

中央将财权下放给地方，同时辅之大量经济管理权的下放和晋升激励，以提高地方政府发展经济的积极性。但这一时期的发展主要是靠地方政府的投资来拉动的。从1982年到1987年，我国经济在取得巨大成就的同时，也出现了投资规模膨胀、银行信贷失控、通货膨胀等经济过热的问题。并且，由于生产和消费总量不平衡，导致经济结构不合理，秩序混乱。据统计："1984年国民生产总值增长率达到15.2%，固定资产投资却同比增长21.8%，基本建设投资同比增长23.8%；1985年零售物价指数（RPI）和消费物价指数（CPI）分别高达8.8%和9.3%。1984年10月中旬，在少数大城市还出现了改革开放

---

① 数据来源:国家统计局,http://data.stats.gov.cn。

② 贾康、闫坤:《中国财政:转归与变革》,上海远东出版社,2000年,第53页。

③ 1984年,中央财政支出占全国财政支出的比例为52.5%。数据来源于国家统计局网站,http://data.stats.gov.cn。

以来第一次抢购风潮。"①面对这一严峻形势，1985年中央决定实行"分灶吃饭"的财政体制改革和两步利税的税制改革，重新确立中央与地方、国家与企业的分配关系。

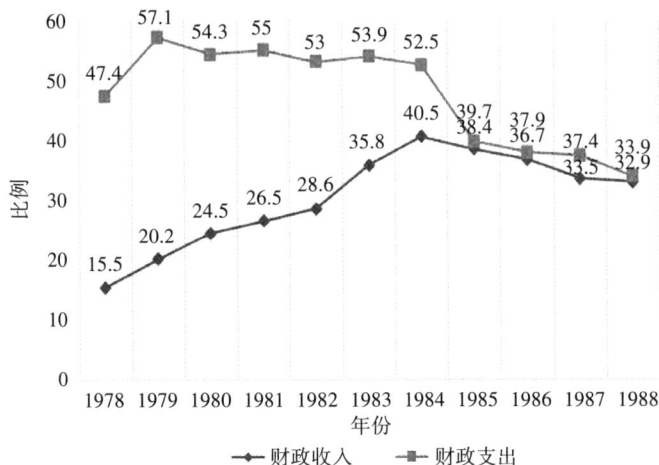

图3-2　中央占国家财政收支的比例（1978—1988年）

数据来源：国家统计局，http://data.stats.gov.cn。

（二）"划分税种，核定收支，分级包干"的财政体制

1985年，国务院进一步将"划分收支、分级包干"的财政体制改为"划分税种，核定收支，分级包干"。其原因除了"五年一定"的"划分收支，分级包干"体制到期外，也为了配合"利改税"后，国家与企业、中央与地方之间财政分配形式的变化。因为"利改税"就是将国有企业向国家和上级主管部门上缴利润的形式改为上缴国有企业所得税和收入调节税的形式。其中，大中型国有企业一律实行55%的所得税税率，对于企业间利润率的差异，再征收调节税进行调节。征税后的利

---

① 欧阳日辉：《宏观调控中的中央与地方关系》，中国财政经济出版社，2008年，第107~108页。

润全部由企业自留，不再上缴上级主管部门。这也就意味着，实行"利改税"后，政府财政收入中"企业收入"的部分会迅速减少。根据学者的统计："1980年企业收入占财政收入的40%，到1986年则迅速下降为1.9%，而税收的比重则由1980年的52.7%上升到92.5%。"[1]

基于1980年财政体制改革造成的国家财政困难，中央则试图降低财政支出比例。除广东和福建两省不变外，其他省级政府实行"划分税种，核定收支，分级包干"的财政体制。这一体制的基本内容是：划分收入，将国家财政收入分为中央固定收入、地方固定收入和中央与地方共享收入；划分支出，按行政区隶属关系划分中央与地方的支出范围，少数不宜包干的专项支出由中央专案拨款；核定基数，以1983年的决算数为基数，按照收入划分范围和利改税后的收入转移情况确定收入基数；按照1983年决算收入和原来预算体制确定的分成比例；区分分成办法，区分三种分成办法（凡地方固定收入大于地方支出者，定额（或按一定比例）上解；凡地方固定收入小于地方支出者，从共享收入中确定一个分成比例给地方；若地方固定收入和共享收入全部留给地方仍不足支出者，由中央定额补助，五年一定）。[2]

1985年的财政体制改革在降低中央财政支出方面确实取得了显著的效果。中央财政支出占全国财政支出的比重由1984年的52.5%大幅下降到1985年的39.7%，1986年则为37.9%，1987年再降至37.4%。但中央同期的财政收入比重也在缓慢下降。1984年，中央财政收入占全国财政收入的比重为38.4%，1986年降至36.7%，1987年进一步下

---

① 周飞舟、谭明智：《当代中国的中央地方关系》，中国社会科学出版社，2014年，第33页。

② 魏礼群主编：《市场经济中的中央与地方经济关系》，中国经济出版社，1994年，第4页。

降至33.5%。这也导致了全国财政收入增长放缓。1985年，全国财政收入的增长率为22%，但到1986年则大幅降至5.8%，1987年这一数值进一步降至3.6%（见图3-3）。①究其原因，主要是1985年财政收支的重新划分使财政收入较高的地区留成较少，降低了这些地区财政创收的积极性。

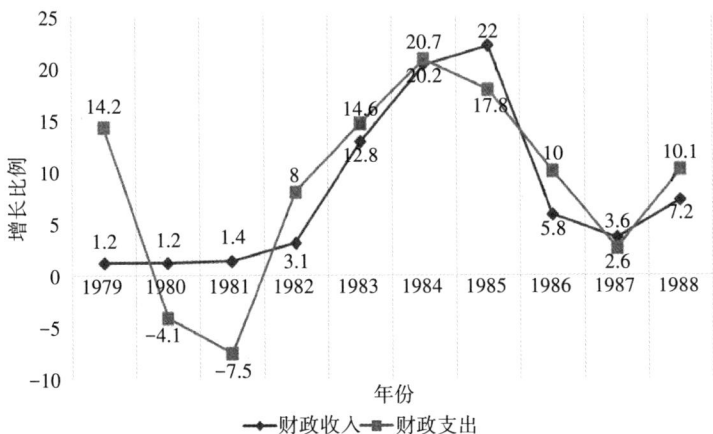

图3-3　国家财政收入增长速度（1979—1988年）

数据来源：国家统计局，http://data.stats.gov.cn。

（三）"多种形式包干"的财政体制

为缓解全国财政收入增长率下降的局面，1988年国务院发布《关于实行财政包干办法的决定》，对全国39个省、自治区、直辖市和计划单列市，实施收入递增包干、总额分成、总额分成加增长分成、上解递增包干、定额上解、定额补助6种不同形式的包干办法。其中，"实行收入递增包干体制的有北京、河北、辽宁等9个地区；实行总额分成包干的有天津、安徽、山西3个地区；实行总额分成的有天津、山西、安徽3省；实行总额分成加增长包干的有大连、青岛、武汉3个计划单列市；实行上解额递增包干体制的有广东、湖南2个地区；实

---

① 数据均来源于国家统计局网站：http://data.stats.gov.cn。

行定额上解包干体制的有山东（不包括青岛市）、上海、黑龙江（不包括哈尔滨市）3个地区；实行定额补助包干体制的有吉林等14个地区"①。（见表3-2）上述6种包干办法有三大特点：第一，财政承包制被正式纳入预算管理体制；第二，增加了财政的透明度，使地方能从财政收入增长中得到更多的好处，进而增加其创收的积极性；第三，使地方承担起财政自负盈亏的风险，增加地方政府平衡预算的压力。

表3-2　1988年"多种财政包干"体制改革

包干类型	财政包干办法	实施地区
收入递增包干	根据地方支出基数和往年收入增长情况确定收入增长率和留成、上解比例，在增长率以内的收入，按确定的留成、上解比例实行中央与地方分成。超过增长率的收入，全部留给地方；收入达不到增长率则由地方以自有财力补足。	北京、河北、辽宁、江苏、浙江、沈阳、哈尔滨、宁波、重庆
总额分成	根据各地区前两年的预算收支情况，核定收支基数，以地方支出占总收入的比重确定地方留成、上解中央的比例。	天津、安徽、山西
总额分成加增长分成	在总额分成办法的基础上，收入比上年增长部分，另加分成比例。	大连、青岛、武汉
上解递增包干	以地方1987年，上解中央的收入为基数，参照近几年地方财政收入增长情况确定。上解递增率，地方每年按确定的递增率上解中央，增加的收入全部留给地方。	广东（广州）、湖南
定额上解	原核定的收支基数中收大于支部分，地方按固定数额上解中央。	上海、山东、黑龙江
定额补助	原核定的收支基数中收大于支部分，地方按固定数额补助中央。	吉林、江西、陕西、甘肃、福建、内蒙古、新疆、西藏、宁夏、广西、云南、贵州、青海、海南

资料来源：贾康、闫坤：《中国财政：转归与变革》，上海远东出版社，2000年，第58~59页；高培勇、温来成：《市场化进程中的中国财政运行机制》，中国人民大学出版社，2001年，第78~79页；何帆：《为市场经济立宪——当代中国的财政问题》，今日中国出版社，1998年，第187页。

① 胡鞍钢等：《中国国家治理现代化》，中国人民大学出版社，2014年，第178页。

经过上述改革，全国财政收入显著增长，从改革前1986年3.6%的增长率一跃至1988年的7.2%，且常年保持在此比例之上的增长率。然而全国财政收入的贡献主要靠地方政府。钱颖一通过分析1982—1992年的数据发现："实行财政包干制后，地方政府的财政收入每增加1元，就能留成0.75元。而与此对照的是，1970—1979年地方政府的相应留成仅为0.17元。因此，1982—1992年中央地方政府的边际财政激励是很高的，它有力地驱动着地方政府想尽办法去发展当地的经济。"[①]

（四）省级以下政府间财政关系

省级以下各层级政府间财政分配通常参照中央与省的财政体制来进行安排，但具体的做法表现出地域性差异。有学者曾对某省1980年至1993年省以下财政体制的演变进行过个案研究。由于我们难以收集到各个省份省以下财政分配的具体办法，只能从个案研究中寻找一些代表性的特征。从1982年省市包干制改革开始，A省对B市实行"收支挂钩、总额分成、比例包干"的财政体制，为期4年。按照该体制规定，B市仅可保留全国财政收入的8%。为了激励地方增收的积极性，规定市财政超过上年收入部分可以保留19.7%。[②] 因此我们可以得出，市级政府的自留收入＝当年财政收入×分成比例＋（当年财政收入－上年财政收入）×分成比例。通常后一部分的增量分成比例要高于前面的总额分成比例。省市之间主要围绕这两个分成比例反复协商

---

① 钱颖一：《地方分权与财政激励：中国式的财政联邦制》，http://www.gongfa.com/qianyylianbangzhi.htm。

② 张闫龙：《财政分权与省以下政府间关系的演变——对20世纪80年代A省财政体制改革中政府间关系变迁的个案研究》，《社会学研究》2006年第3期。

谈判。在具体执行时，上级政府可能会动用一些相机权力尽量保证本级财力，而不顾下级政府的财政能力。比如，省级政府在与市核定支出范围时，相对少计入一些支出项目，以降低市政府的财政分成比例，而在核定收入基数时，省级政府又人为高估其基数。更为关键的是，一些因为中央或省级政府的规定而新增的支出项目，如部队转业干部的建房费、公检法部门新增人员的工资等，均没有相应财力支持，完全由地方政府承担支出责任。1988年之后，受中央和省级财政划分方式变化的影响，A省与B市的体制又变成"收入递增包干"制，即以1987年财政决算参与分成的收入为基数，每年递增5%；在递增率以内的收入，市级政府按照一个协商的比例（如14%）留成，超过递增率的部分则全部自留；达不到递增率的部分则由市级财政补足。总而言之，省与市之间的财政分成会随着中央与省级政府的财政分成制度的变化而发生相应的变动，并就财权和财力（如留成比例、超收分成比例）的分配问题展开新一轮的谈判与协商。市与县、县与乡的预算内财政收支制度大致参照省与市的做法，可能分成具体办法的名称不同，但做法类似，即"确定一个下级政府当年收入的基数，对这个基数按照一个协商的比例划分，实际收入超出基数部分又商定一个更高的比例进行划分"[①]。但在这一过程中，上级政府始终掌握着核定收入基数、支出项目及确定分成比例的权力。

最后，在乡镇一级，财政收入包括三个部分：一是财政预算内收入，来自农业税、特产税、生猪屠宰税等各类税收；二是预算外收入，包括各种行政事业性收费和集资，包括村提留（此项实际属于村级收入，但是由乡镇统一分配征收）、乡统筹和共同生产费用（即用于抗旱

---

① 周黎安：《转型中的地方政府：官员激励与治理》，格致出版社，2008年，第185页。

排涝和其他公益性的生产支出资金）；三是自筹资金，包括乡镇企业的利润和提成。而乡镇政府的支出包括上缴财政的资金、代有关部门收取的费用、乡镇干部职工（包括教师）的工资支出、专项支出、偿还债务利息等。值得注意的是，乡镇政府具有上缴财政资金的义务和责任，并且乡镇税务机关的人事、财政、办公经费全部由县级政府决定和控制。这就充分说明乡镇政府的财政自主权非常有限。

二、行政体制改革与地方经济管理权的拓展

十一届三中全会之后，全党的工作重心都转移到社会主义现代化建设中来了。而要搞好社会主义现代化建设，最为关键的是要实现经济的发展，正如邓小平所提出的："发展才是硬道理。"因此，在改革时期，最迫切、最现实的发展就是搞好社会主义经济建设，这也成为各级政府的工作重心。为了进一步调动地方政府发展经济的积极性，中央在改革后进一步将一部分经济管理权限梯度下放给地方政府。

（一）专项经济管理权力下放

改革开放以来，中央向地方下放了一些专项经济管理权力。主要包括以下三种权力：

一是物资调配权。1979—1987年，国家统配物资品种由规定的256种减少到26种，主要产品总量中由国家统配部分的比重也大为减少。中央对部管物资进行了清理，采用指令性计划、合同订购、产需衔接、自由购销等不同的管理形式。在此基础上，逐步取消部门管理物资的职能，将其物资供应、销售机构并入国家物资部门。

二是项目审批权。国家计委审批的生产建设项目和改造项目资金限额，能源、交通、原材料行业由1984年的1000万元提高到5000万

元以上，其他行业由1000万元以上提高到3000万元以上。非生产性建设项目，凡资金、能源、原材料设备自行解决的，原则上由各部或各省、自治区、直辖市和计划单列市自行审批。此外，还向在国家计划中实行计划单列的企业集团和国家重点支持的大型骨干企业下放了一部分投资项目审批权。

三是利用外资权。为适应对外开放的需要，利用外资建设的生产项目（包括基本建设和技术改造），在资金（包括外汇）、能源、运输、原材料以及其他生产建设条件平衡的情况下，每个项目总投资的审批权限，北京、天津、上海、广东、福建、海南、辽宁、河北、山东、江苏、浙江、广西和几个经济特区放宽到3000万美元以下，沈阳、大连、广州放宽到1000万美元以下；其他省、自治区、计划单列市和沿海开放港口城市放宽到500万美元以下。除利用国际商业贷款建设旅店等设施需报国家计委和国家旅游局审批以外，其他不需要国家综合平衡非生产性建设项目，由各部或省、自治区、直辖市、计划单列市、沿海开放港口城市自行审批。部门和地方使用自有外汇的技术引进项目审批权限，放宽到500万美元以下。①

（二）扩大地方的企业管理权

改革开放之前的行政性分权，基本停留在调整企业的隶属权、管理权上，局限于将企业下放给地方政府管理。而改革后的行政性分权则进一步将企业的产权，即占有权、处置权和收益权，完整地交给各级地方政府。此外，中央还强调要给予企业一定的自主权。改革开放后，为充分发挥地方、企业和劳动者个人的积极性，实现现代化的企

---

① 数据来源于张文寿主编：《中国行政管理体制研究——研究与思考》，当代中国出版社，1994年，第186~187、189页。

业经营管理，提高全社会的劳动生产力，中央领导人决定改革权力过于集中的经济管理体制，让地方和企业、生产队有更多的经营管理的自主权，"使每一个工厂和生产队能够千方百计地发挥主动创造精神"[①]。随后，四川、北京、天津、上海等地的6600家企业先后进行了扩大企业自主权的试点，试点企业取得了十分显著的经济效果。有研究表明："1979年与1978年相比，工业总产值增长11.6%；实现利润增长15.9%；上缴利润增长12.6%。"[②]80年代后，国有企业开始普遍推行经济责任制，以给予企业更多的自主经营权。1984年10月，十二届三中全会通过了《中共中央关于经济体制改革的决定》，指出了"传统经济体制政企职责不分、条块分割，国家对企业统得过多过死，忽视价值规律和市场作用，分配中平均主义严重"等问题，并提出："要使企业真正成为相对独立的经济实体，成为自主经营、自负盈亏的社会主义商品生产者和经营者，具有自我改造和自我发展的能力，成为具有一定权利和义务的法人。"[③]1985年5月，国务院又发布了《关于进一步扩大国营工业企业自主权的暂行规定》，从生产经营计划、产品销售、产品价格、物资选购、资金使用、资产处置、机构设置、人事劳动管理、工资奖金与联合经营十个方面扩大了企业经营管理权限，使企业逐步成为独立的商品生产者和经营者，这些举措一方面有助于减少中央和上级政府的财政负担，一方面又有助于调动企业增收节支的积极性，同时有力地推动了中国经济体制的转型。

---

① 《邓小平文选》(第二卷)，人民出版社，1994年，第146页。

② 陈雪薇：《十一届三中全会以来重大事件和决策调查》，中共中央党校出版社，1998年，第261页。

③ 杨小云：《新中国中央与地方关系沿革》，世界知识出版社，2011年，第106页。

（三）经济管理权限的梯度下放

在改革开放初期，中央吸取了由于全国各地资源禀赋和区位优势等发展条件各不相同，因此中央选择了一些区位优势好、能够快速取得改革成效的区域进行改革试点，通过先富带动后富。而要实现这一发展目标，就要打破中央高度集权的体制，授予一些地方较大的经济管理和决策权，以充分调动地方的积极性。并且，经济管理权的梯度下放能够为进一步的全面深化改革积累经验，避免全国一盘棋的改革失败所造成的损失，同时也避免了改革开放前的放权试验造成地方政府一哄而上的混乱局面。

由于沿海地区具备对外开放的天然优势，因此从1980年开始，中央先后批准在深圳、珠海、汕头、厦门、海南等沿海地区设立经济特区。这些特区不仅获得了中央的特殊优惠政策（表3-3），还比一般地方拥有更多的经济管理自主权，如计划管理、物资调配、对外贸易、财政支配、外汇收支等方面的自主性权力。

表3-3　深圳特区享有的优惠政策①

政策	具体内容
税收优惠	特区生产的产品出口免征关税； 特区进口设备、原材料和日用生活用品（除烟酒等少数几个品种外），免征关税； 特区企业只缴纳15%的企业所得税，外商投资企业经营期在10年以上的，从获利年度起，享受2年全免、3年减半征收。
土地使用优惠	特区土地使用费低廉，使用年限长。
外汇管理优惠	特区内外商投资企业出口产品外汇和经营业务外汇，允许全部保留现汇； 特区进出口业务的企业和以进养出的企业，可以保留部分现汇，结汇后的额定外汇允许使用。

---

① 许卓云：《先行一步的变革：广东市场经济发展的理论与实践》，广东人民出版社，2004年，第118页。

续表

政策	具体内容
银行信贷优惠	国家允许特区银行吸收存款用作贷款； 银行信贷资金上级不调整，各银行存款全部自留； 在信贷计划上，特区单列，由中国人民银行单独审批； 在特区可以设立外资金融机构，开放金融市场。
劳动用工优惠	外资企业的劳动用工，手续简便，费用低廉。
项目审批权	特区的项目审批权相当于省一级，有权批准3000万美元的外资项目。

此外，中央还给予特区改革试错权。中国许多改革措施都是在经济特区进行试点试验的结果，然后再推广至全国。"经济特区率先改革基本建设体制，实行工程招标和施工承包，率先进行物价改革，逐步放开商品价格；率先改革劳动用工制度和工资制度，推行合同工制和浮动工资、结构工资制等。"[1] 1984年，深圳就开始探索建立"大行业、大系统"的综合管理体系。市计委被改为经济发展委员会，统管特区的经济和社会发展规划；设立工业发展委员会，统管工业发展和企业管理工作；把交通运输系统有关各局合并为一个运输局；把工业、贸易和引进外资等有关各局合并，成立经济发展局，建立"大经贸"管理体制；把农林牧副渔等农业口各局合并，成立农业局，建立"大农业"的管理体制。这些改革与后来在全国范围内推广的"大部制"改革在思路上有许多相似之处，是行政体制最终服务于市场经济发展的必然结果。

1984年5月4日，中央又决定进一步开放天津、上海、大连、秦皇岛、烟台等14个开放城市。作为省级计划单位，这些地方享有更大的经济管理权限，尤其是对外开展经济活动的权力，并享受中央的特殊优惠政策（见表3-4）。

---

① 周黎安：《转型中的地方政府：官员激励与治理》，格致出版社，2008年，第132页。

表3-4　14个沿海开放城市享有的特殊权力和政策优惠

政策	具体内容
外资建设项目审批权	生产性项目:利用外资进行老企业技术改造和建设新厂，凡属于建设和生产条件不需要国家综合平衡，产品不要国家包销，出口不涉及配额，又能自己偿还的，天津、上海两市对每个项目总投资的审批权放宽到3000万美元以下，大连市放宽到1000万美元以下，其他进一步开放的沿海港口城市的审批权限放宽到500万美元以下； 非生产性项目：凡属主要靠利用外资、自筹和进口器材建设、不需要国家综合平衡的，不论其投资额多少，均由各市自行审批。
增加外汇使用额度和外汇贷款	今后几年，天津的外汇使用额度为每年2亿美元，上海为3亿；大连增至1亿，其他几个市也要相应地增加一定额度； 适当增加中国银行的外汇贷款。由各市按照国家有关规定，以引用先进技术，进口必需的关键设备、仪器仪表。使用中国银行的外汇资金及国际信托投资公司的外汇资金，其政策待遇与利用外资"一视同仁"。中国银行要改进服务，扩大业务，并应联合外资银行组成投资财团，支持沿海港口城市的经济建设。
支持技术改造	引进专利和专门技术（软件）的，统一按照银行公布的外汇牌价结汇； 进口国内一时不能生产或不能保证供应的关键设备、仪器仪表和技术改造必需的其他器材，不论外汇来源，1990年以前免征关税和进口商统一税； 因技术改造而新增的利润，先还账后缴利，利改税的企业先还账再缴企业所得税； 对主要是提高产品质量而生产能力不增加或增加不多的项目，经济效益虽好但缺乏创汇能力的项目，社会经济效益好而企业收益不明显的项目，各市可以在保证完成财政、外汇上缴任务的前提下，在该行业或地方财政收入中统筹还账； 对技术改造期间要影响原有生产能力和经济效益的项目，各市在不影响全市上缴任务的前提下，可以相应调整该企业的生产计划和利税上缴任务。
对"三资企业"给予若干优惠	投资在3000万美元以上、回收投资时间长的项目，报经财政部批准，企业所得税也可以按15%的税率征收。 土地使用费或土地税的收取标准，由各市在国家规定的幅度内灵活掌握。 作为投资进口的生产和管理设备、建筑器材、办公用品等，均免征关税和进口工商统一税。这类企业的产品出口（不含国家限制出口产品），免征出口关税和工业环节的工商统一税。

政策	具体内容
进料加工出口税收优惠	按照《国务院办公厅转发关于青岛纺织品联合进出口公司经营试点中几个问题的请示的通知》（国办发〔1984〕12号）规定，免征所有环节的工商统一税（增值税），对有盈利的企业征收企业所得税。
基础设施建设优惠	基础设施建设由国家提供低息长期贷款。 建设经济开发区基础设施所需进口的机器、设备和其他基建物资，不分外汇来源，1990年前一律免征关税和进口工商统一税。
改革试错权	14个沿海开放城市的进一步开放，应当同内部的改革相结合，在经济管理体制改革方面走在前头。可以参照某些特区的成功经验，逐步推行建设工程招标和承包责任制、劳动用工合同制、干部招聘制、浮动工资制、各种管理责任制等。

资料来源：薛立强：《授权体制：改革开放时期政府间纵向授权关系研究》，天津人民出版社，2010年，第140~142页。

此后，中央又批准在沿海港口城市内可以列出一定的区域，建立经济开发区。1984至1985年，中央先后批准大连、秦皇岛、天津、烟台等11个沿海开放城市建立经济技术开发区。1986年8月和1988年6月，中央先后批准在上海的闵行、虹桥和漕河泾开发区列入经济技术开发区。1990年，中央批准建立上海浦东经济开发区；1992年批准温州、昆山、营口、威海以及福建的融桥和东山经济技术开发区。开发区在金融、税收、土地管理、投资审批、技术转让、进出口等方面实行一系列类似于经济特区的优惠政策。此外，在上海、天津、大连地先后建立了15个保税区。保税区在外贸管制、金融及外汇管制等方面，实行比经济特区更特殊的开放政策，被称为"特区中的特区"。

三、立法体制改革与地方立法权的确立

改革开放之前，立法权完全集中在全国人大，地方政府不享有立法权。1954年宪法规定："全国人民代表大会是行使国家立法权的唯

一机关，有权修改宪法，制定法律；全国人大常委会有权解释法律，制定法令，撤销国务院的同宪法、法律和法令相抵触的决议和命令，改变或撤销省、自治区、直辖市国家权力机关的不适当的决议。"按照1954年宪法，一般地方均不存在地方立法权，只有民族自治地方有权制定自治条例、单行条例，同时民族自治地方同一般地方一样，仅有人大而没有人大常委会，不可能经常地、有效地行使自治条例和单行条例的制定权。从1966年起，国家法制建设被搁置一边，宪法确立的民族自治地方的立法权也不再有任何意义。1975年颁布的第二部宪法，取消了民族自治地方享有自治条例、单行条例制定权的条文。但改革开放后的1979年，全国人大二次会议通过重新修改的《中华人民共和国地方各级人民代表大会和地方各级人民政府组织法》，该法规定："省、自治区、直辖市人民代表大会及其常务委员会根据本行政区的具体情况和实际需要，在不与国家宪法、法律、政策、法令政令相抵触的前提下，可以制定和颁布地方性法规，并报全国人大常委会和国务院备案。"这也就从法律上认可了省级人大及其常委会制定地方性法规的权力，并于1982年写入宪法。该宪法就如何处理中央与地方关系的问题，明确规定中央和地方的国家机构职权划分，遵循在中央的统一领导下，充分发挥地方的主动性、积极性的原则。随后，根据1982年宪法修订的《地方组织法》还规定："省、自治区、直辖市以及省、自治区的人民政府所在地的市和经国务院批准的市的人民政府，可以根据法律和国务院的行政法规制定规章。"两次《地方组织法》的修改扩大了地方政府的立法权限，并为地方政府自主性的扩张提供了重要的法律依据。

新宪法对原来的中央一级立法体制进行了改革，确立了全国人大—国务院—省级人大及政府—省级政府所在地的市和国务院批准的计划单列市人大及政府四级立法体制，明确省、直辖市人民代表大会及其常委会，一级民族自治地方的人民代表大会的立法权。同时，新宪法扩大了地方政府的职权。新宪法和新修订的《组织法》都规定了地方各级政府的职权范围，确认了地方政府作为一级公共事务管理主体的地位，这也为地方政府的自主权提供了法理依据。

四、干部人事制度改革与人事权的下放

自上而下的人事任免是中央控制地方最重要且最有效的机制。新中国成立之后，我国在干部人事制度上形成了"下管两级"的干部分级管理体制。由上级党组织牢牢地控制着下级主要官员的任用，并以职务提升、物质奖励等作为激励机制，促使下级政府努力完成各种任务指标。1983年开始，中央按照干部分级管理"管少、管活、管好"的原则，将原先"下管两级"体制改为"下管一级"，以解决管理层次过多、任免手续烦琐、职责不清、效率低下等问题。新的干部管理体制于1984年8月1日开始正式实施，中央只管到省部级，地方政府可以根据法律规定任免、考核下一级的干部。例如，改革开放前，中央直接任命省和地厅两级的官员；改革之后，中央只负责任命省一级官员，而赋予省级官员任免辖区内地厅级干部的人事权。这就增强了地方政府在干部任用和调配上的自主权，使地方各级党政一把手获得了直接任命其下属的权力，从而极大地增强了其控制下属、执行地方行政目标的能力。正如李连江和欧博文所分析的那样："在'下管一级'的体制下，各级官员都获得了任命其下级官员的充分权力，这增强了地方领导推行地方经济发展战略和贯彻实施地方政策的能力，同时也导致乡镇干部对其顶头上司唯命是从。这样，即使地方政府的行为有所偏离中央政策的轨道，仍然可以轻而易举地贯彻到下级政府的

行为过程中去，甚至可能上升为任务指标分派给下级干部。由于下级干部的任免权掌握在其顶头上司手中，出于政治前途的考虑，他们自然也不会去矫正上级对中央政策的偏离。"①

伴随着地方分权改革的推进，地方政府拥有了相对独立的财权、事权、人事权甚至立法权，中央与地方之间的纵向权力结构随之发生改变，这就为地方政府发挥自主性提供了权力基础。例如，地方政府享有独立于中央的地方税，且税收政策有利于地方政府规划，使地方政府拥有足够的动力去发展经济；此外，大量经济决策权下放给地方政府也给地方较大的自主决策空间去实现发展性的目标。

第三节　分权改革的制度功能：
经济发展及意外后果

改革开放后，中央通过放权让利的改革确实调动了地方各层级政府的发展积极性，并实现了经济增长的目标。从1982年到1994年中国国内生产总值基本能维持8%以上的增长率（图3-4），而这个速度超过了被称为亚洲经济奇迹的"亚洲四小龙"。那么权力下放与经济增长的内在关联是怎样的呢？改革开放之前，中央也试图通过权力下放来调动地方的活力，却陷入了"一放就乱"的困境之中。但改革开放之后的改革不仅实现了经济快速增长，而且保持了纵向政治制度的稳定，本节将进一步分析其内在机理。

---

① Kevin J. O'Brien, Lianjiang Li. Selective Policy Implementation in Rural China. *Comparative Politics*, Vol.31, No.2, 1999.

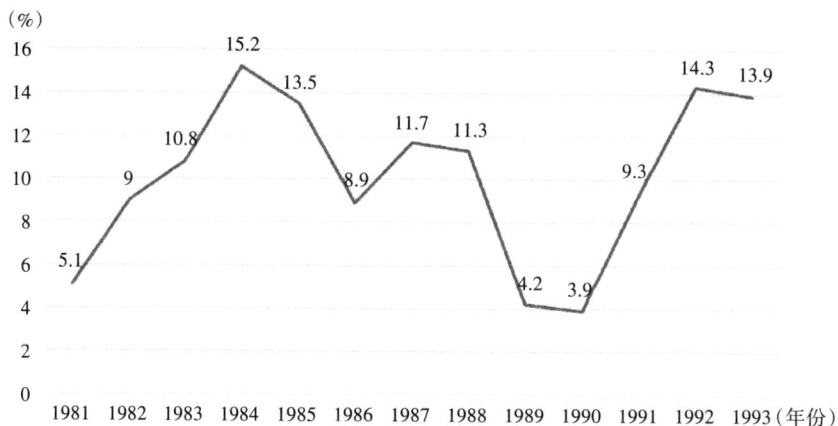

图3-4　中国国内生产总值增长率

数据来源：国家统计局网站，http://data.stats.gov.cn。

一、地方政府的积极性与经济发展

在改革开放前，中央也进行过两次放权试验来调动地方发展的积极性。但在计划经济体制下，地方政府没有自己独立的利益和效用目标，地方的活力主要是靠意识形态的动员。而改革开放后，为了使各级官员摆脱旧有观念，党中央放松了党内意识形态的禁锢，代之以"解放思想、实事求是"和"实践是检验真理的唯一标准"的实用主义思想纲领。可以说，他采取了一种物质主义的战略对地方政府进行激励，使地方政府从中央的代理人转变为具有自身利益结构和效用目标的行为主体，以调动地方政府发展经济的积极性。

首先，中央通过放权让利的改革，授予地方政府一定的自主权和收益权。20世纪80年代初期开始，中央开始将一部分行政权、人事权和经济管理权下放给省级政府，省级政府再将权力层层下放，从而形成了纵向政府层层分权的局面。在财政上，中央因地制宜地实行了多种形式的分级包干制，地方政府获得了财政收益权和支配权，外加中央不再对地方实施统一的财政政策，鼓励地方制定有利于地方发展的财政政策。这不仅承认了地方政府相对独立的利益，而且赋予了地方政府实现自身效用目标的自主性空间。其次，中央掌握了目标设定权，在自上而下的绩效考核中以经济绩效为主要评估指标，激励地方官员努力实现发展经济的目标、创造财政收入、提高地方的生产总值和人民的生活水平。由于地方各级地方政府的主考核指标具有一致性，因此上级政府一般会将具体的目标任务层层下压，在这一层面上，各层级地方政府所受到的目标激励具有一致性。

那么，地方政府又是如何利用其自主权来促进地方经济发展的呢？从改革开放初期到20世纪90年代中期，地方经济以国有企业为主体。地方的财政收入也主要来源于企业上缴的税收和利润。改革开放后，中央将企业的占有权、处置权和收益权都交给了地方政府，使地方政府可以直接对企业的生产经营活动进行干预。同时，企业上缴的利税由中央和地方按照一定的比例进行分成。这就扩大了地方利用其掌握的自主权进行投资、兴办企业以及改善企业经营绩效的积极性，提高地方的财政收入。

1987年，中央为稳定财政收入，又开始大力推行企业承包制，并赋予全民所有制企业以一定的生产计划权、产品定价权、资金使用权等[1]，虽然中央政府的意图是把这些权力下放给企业，但在实践中，由于地方经济职能部门没有相应地转变职能，这些权力大多被各级地方政府截留。地方政府由此成为微观经济领域里最重要的投资主体和直接控制者，获得了辖区内国有资产的剩余索取权和控制权，以及由

---

① 谢庆奎：《中国地方政府体制概论》，中国广播电视出版社，1998年，第67~68页。

此产生的经济收益支配权。因此，地方政府事实上与地方企业之间有很强的依赖关系，地方政府甚至成为地方企业的"总代理人"。

在经营国有企业之外，地方政府（尤其是县乡级地方基层政府）还通过发展乡镇企业创造性地开发新的财政来源。这主要是因为20世纪80年代实行"财政包干制"之后，乡镇企业上缴的税收按一定的比例与上级政府分成，而其上缴的利润和管理费用可以由乡镇自留。此外，乡镇干部的收入也和当地企业的发展息息相关，尤其是对于村干部来说，他们不属于国家正式的干部，其收入高度依赖于所在村的财政收入，尤其是村办企业的产值和利润。除了正式的收入，乡镇干部在管理企业的过程中还可以获得一部分管理费用，比如在企业中安插自己的家庭成员、集体财产"私有化"转化为个人财产等。这些都大大激励了基层政府兴办乡镇企业的积极性。"（20世纪）80年代以来，乡镇企业异军突起。从1978年至1993年，乡镇企业在全国工业产值的比重从只有9%增长到36%，即所谓'三分天下有其一'。"[1]20世纪80年代后期开始，除了乡镇企业蓬勃发展的珠三角、长三角以及浙江之外，山东、河北、辽宁及中部一些省份也开始大办乡镇企业。这些地区的乡镇企业大多由基层政府利用银行、信用社、农村合作基金会融资兴办，无论企业效益如何，都能够立竿见影地给当地政府带来地区生产总值和财政收入的迅速增长。[2]

除了经营企业之外，地方政府也通过其他基本建设投资来拉动经济的增长，例如引进和投资国家允许的项目。据统计，"从1985年到1994年，基本建设投资中，地方项目所占的比重持续上升，从1985年

---

① 周黎安：《转型中的地方政府：官员激励与治理》，格致出版社，2008年，第280页。

② 周飞舟、谭明智：《当代中国的中央地方关系》，中国社会科学出版社，2014年，第32页。

的46.5%增长至1994年的62%左右"[①]。目前，学界已经有许多学者论证了基本建设投资与经济增长之间的正相关性。[②]因此，20世纪80年代以后中国的经济增长在一定程度上是地方政府基础建设投资加强的结果。由于中央的梯度授权，在经济特区、沿海开放城市，这些地方政府所获得的财政支配权、项目审批权等自主性权力更大，因此，固定资产投资的总额更高。仅以深圳为例，1993深圳固定资产投资额为230亿，而这一数据在1979年仅仅为0.59亿。在固定资产投资的推动下，深圳市的地区生产总值也从1979年的1.96亿增长至1994年的635亿，其增长速度已经难以用百分比来计算。

综上所述，20世纪80年代以后，中央放权让利的改革调动了地方各层级政府发展的积极性，从20世纪70年代末到90年代中期，地方财政收入迅速增长，从1980年的875.48亿元到1993年的3391.44亿，将近增长了4倍，年均增长率为10.16%（图3-5）。而中国的国内生产总值总量也从1980年的4552亿增长至1994年的4.8万亿，年均增长率为10.14%。[③]

---

① 薛立强：《授权体制：改革开放时期政府间纵向关系研究》，天津人民出版社，2010年，第160页。

② 郭春丽、林莉：《基本建设投资、更新改造与经济增长关系的实证分析（1953—2001）》，《中国社会科学院研究生院学报》2001年第1期；张俊宇：《中国投资与经济增长关系的实证研究——基于基本建设投资、更新改造投资与经济增长关系的研究》，《经济与管理评论》2006年第1期。

③ 数据来源：国家统计局网站，http://data.stats.gov.cn。

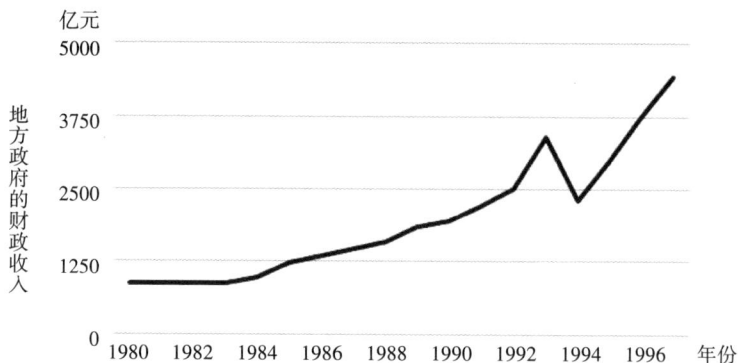

图3-5　1980—1996年地方政府财政收入变化趋势图

数据来源：国家统计局网站，http://data.stats.gov.cn。

　　一般来说，地方政府要在短期内实现"赶超式"的发展是相当困难。"实现超常规发展的机遇往往都隐含在中央政策的边界上，并在很大程度上取决于地方政府能否通过扩张自主性，有效地挖掘这种稍纵即逝的机遇。"[1]改革开放之后许多地方的经济发展都是地方政府发挥其自主性的结果。这种自主性既体现在地方政府推动地方经济发展的积极性和主动性上，也体现在地方政府创造性地利用政策的模糊空间创造经济发展的机遇。例如，安徽省在改革初期进行"包产到户"的联产承包制试验、广东省搞"经济特区"、深圳土地有偿使用制度创新，浙江省大办乡镇企业，几乎都是地方领导人在弹性的政策空间内进行创新性改革的结果，同时也为全国性的制度改革贡献了经验。有学者提出："中国改革开放的起始点和最大的成果之一，就是"对统制主义的突破和自主性的生成。……中国的改革开放正是从农民个人，到基层组织，再到地方，一步步扩大其自主权，增强其自主性

---

[1] 何显明：《市场化进程中的地方政府行为逻辑》，人民出版社，2008年，第205页。

而取得成效的。"①

二、分权改革的意外后果

改革开放以来，中央通过放权让利的改革，调动地方各个层级政府的积极性，推动了经济的迅速发展，实现了发展的总体性目标。但制度演化并不一定会完全朝着预期的目标发展，也会在选择和适应中产生一些意料之外的后果。尤其是获得中央授权的地方政府成为地方治理的主体，会基于其自身的利益和效用目标而积极作为。这主要与地方的投资冲动、盲目建设以及自主性行为异化有关，进而出现地方经济发展过热，地方保护主义、地方越权和打政策擦边球等问题。

（一）地方投资过热

1985年中央虽然通过"分灶吃饭"的财政体制改革和两步利税改革，重新确立了中央与地方的财政分配关系，并实施了货币和信贷的"双紧"政策。但当时的中国人民银行和税收依然由属地管理，受地方政府的影响很大。因此，中央宏观调控的措施并没有实现"软着陆"，地方仍然保持了高涨的投资积极性。特别是1988年财政体制实行"包干制"后，中央财政收入在整个财政收入中所占的份额继续下降，致使中央政府的宏观调控能力减弱，而地方财政收入得到增长，导致投资需求和消费需求迅猛扩张。其中，需求膨胀主要原因是预算外投资膨胀。研究显示："1987年和1988年，预算外资金支出分别为1840.75亿元和2145.27亿元，分别占当年全社会固定资产投资的50.5%和47.7%，相当于预算内总支出的81.4%和86.1%。为弥补财政赤字，货

① 徐勇：《现代国家建构中的非均衡和自主性分析》，《华中师范大学学报（人文社会科学版）》2003年第5期。

币连年超量发行。1987年和1988年分别增发货币236.1亿元和679.5亿元，分别比上年增长31.7%和49.6%。由于货币超发，引起了物价上涨，经济出现剧烈波动。1988年零售物价指数上升至18.5%，比1987年的7.3%上涨了11.2个百分点。"①由于通货膨胀导致国内物价上涨，我国出现抢购和银行挤兑现象，一时间出现生活必需品供不应求、银行储蓄率下降的情况。

（二）地方保护主义与市场分割

随着地方政府角色从地方的管理者向地方利益的代理人转变，其目标和行为模式也开始表现出明显的"经济人"或"企业家"的角色规定性，即最大限度地谋求地方的经济利益，而忽视了区域或国家的整体利益，由此形成愈演愈烈的横向竞争和地方保护主义现象。由于地方政府掌握着企业管理权和经济决策权，因此地方官员也同微观经济主体有着千丝万缕的利益关联。而且地方政府的层级越低，政府官员与微观经济主体的利益联系就越紧密。"县（市）特别是乡（镇）一级的政府官员，大多是土生土长的本地人，他们同地方的微观经济主体往往有着各种盘根错节的亲缘、血缘、地缘关系，天然地倾向于想方设法保护地方的经济利益。利益上的紧密联系，这从根本上改变了计划经济时代地方政府单纯对上级政府负责的责任约束机制和动力机制，地方利益的权衡对地方政府的行为选择发挥着越来越大的影响。"②受地方利益的驱使，各地一方面向上级政府争取投资和项目，另一方面，又与邻为壑、画地为牢，使原本应该统一的市场分割为许

---

① 汤在新、吴新林：《宏观调控：理论基础与政策分析》，广东经济出版社，2001年，第308~309页。

② 何显明：《市场化进程中的地方政府行为逻辑》，人民出版社，2008年，第199页。

许多多的"块块"。"由于下放到地方的权力与地方财政包干和地方官员的政绩考核结合起来，使地方官员在投资决策上，首先考虑的不是基础设施建设和产业结构的合理化、高级化，而是那些本小利大、周期短、见效快的项目。1985年起，各地的酒厂、烟厂、松香厂、棉纺厂、毛纺厂等，一哄而起，遍地开花，各地原料大战烽烟四起"[①]。这不仅破坏了市场的自由和公平竞争，也导致企业的竞争力不断下降。

（三）地方越权及政策的选择性执行

中央的纵向放权使省级政府获得了一定的自主权，可以在遵循中央统一领导的前提下充分发挥地方的主动性、积极性，相对独立地做出决策，管理辖区经济社会事务。相对于中央来说，地方政府不单纯是一个纵向上依附于中央的行政组织，而成为一个相对独立的地方治理主体，有其自身的利益和目标，因而会产生偏离中央利益与目标、"上有政策，下有对策"的现象。由于地方的对策多种多样，本书仅举几例来说明这一普遍性的现象。

1.地方越权出台各种优惠政策

20世纪80年代以来，国家为了吸引外商投资相继出台了一系列税收优惠政策。20世纪90年代以来，地方政府为了赢得区域竞争优势，也纷纷拿起了这一法宝，竞相越权出台税收优惠政策。但按照我国的《税法》规定，税收管理权是高度集中的。严格地讲，地方政府并没有制税权。但在税收政策的实际执行过程中，地方政府在税率、税基、减免税等税收征管方面却拥有广泛的自由裁量权。尤其是分税制改革之前，税收大部分由地方政府组织征收，地方可以支配的税收远远大于法定水平。地方政府基于加快地方经济发展的冲动，普遍性地倾向

---

① 薄贵利：《集权分权与国家兴衰》，经济科学出版社，2001年，第197页。

于在中央政府已有的优惠政策基础上给予外商企业更多的优惠待遇，有些地方政府甚至越权给外商投资企业减免税收。"根据国家审计署对十个省市工商税收减免的调查，1990年共减免流转税97亿元，占当年流转税入库数的20.7%；1991年19个省级财政越权违规减免税收额占违纪金额22.7%。"①

针对这种现象的普遍化，1993年国务院专门发出《关于加强税收管理和严格控制减免税收的通知》（国发〔1993〕51号），对一些地方和单位违反国家税法，超越权限，擅自减免税，自定税收优惠政策，延长减免期限，甚至利用非法手段偷税漏税导致国税严重流失的现象进行检查整顿。但实际效果仍然很不理想。"2004年，国务院税务总局在一次对开发区税收优惠政策的清查活动中发现，一些地方扩大税收优惠适用范围、提高优惠比例、违规减免税收等，使违规企业累计少缴纳税款4.3亿元。招商引资工作走在全国前列的江苏省，许多开发区已突破'两免两减半'的企业所得税优惠底线，'五免五减半'的政策也在一些地方暗地执行。在国家税务总局频繁减免税清查之下，地方税务部门在减免税的博弈策略也一再调整，由最初的直接减免演变为'先征后返'，再演变为间接减免而由地方财政补贴。在违规'先征后返'遭到打击之后，一些地方又将减免税作为政府财政预算支出的增项，而不是按财政收入的减项来计算，即优惠的部分由地方财政补贴。"②

2. 地方政府越权举债

20世纪90年代后，为加快城市化进程、营造区域公共基础设施的

---

① 项怀诚：《中国财政体制改革》，中国财政经济出版社，1994年，第63页。

② 《中央、地方暗中"博弈"，减免税背后分权调查》，《21世纪经济报道》2004年8月23日。

建设优势，许多地方政府都想方设法加大基础设施建设投入力度，在预算内财力无法满足支出的情况下，最大限度地扩大预算外收入就成为地方政府补充建设资金缺口的必然选择。1996年中央全面清理预算外资金后，地方政府又将目光转向举债建设。严格地讲，地方政府的举债行为是违法行为。"《中华人民共和国预算法》第二十八条规定：地方各级预算按照量入为出、收支平衡的原则编制，不列赤字；除法律和国务院另有规定外，地方政府不得发行地方政府债券。"但在现行的体制下，地方政府依然可以充分利用其行为自主性空间，以各种变通方式举债融资。由于地方政府变相举债的行为具有很强的隐蔽性，因此中央也很难掌握债务规模、债务结构和债务分布情况。据财政部部长楼继伟介绍："2015年我国地方政府债务16万亿，债务规模约占当年国内生产总值（67.67万亿）的24%。债务率为86%，虽总体风险可控，但个别地区债务风险较高。"[1]由此可见，地方政府举债融资的做法虽然加快了城市基础设施建设，但由于这种自主性行为缺乏有效控制，地方政府所积累的债务已经构成一个重大隐患。

此外，地方政府基于推动地方经济发展，解决地方财政不足的考虑，也经常向银行施压，要求银行扩大信贷规模，支持地方国有企业的发展，同时放松对本辖区的金融监管。在我国条块分割的行政体制下，许多掌握重要资源和公共权力的部门，如银行，受制于双重领导体制，纵向的上下级职能部门之间是业务指导的关系，而关键性的资源和权力如办公经费、工资福利、人事任免权等大多掌握在同级政府手中。这就在很大程度上决定了这些垂直部门必须首先服从地方政府

---

[1]《2015年中国地方政府债务限额为16万亿元人民币》，中国新闻网，http://www.chi-nanews.com/gn/2015/08-29/7496482.shtml。

的意志，甚至一些中央垂直管理的部门沦为了地方政府追求地方利益的工具。因此，对于中央政府来说，权力和责任的下放确实可以减轻管理压力，但如何有效约束地方政府的自主性行为，确保中央政府制定的政策得到有效贯彻执行，是一个亟待解决的问题。

3. 对中央政策的变通性执行

改革开放以来，中央的改革是一种摸着石头过河的试验性的改革。当时，顶层政治家并没有成熟的改革方案或者经验可以借鉴。因此，中央最高决策层一般只为改革提供指导性的原则，而不涉及具体的改革措施。在这种试验性的改革过程中，中央给予了地方政府一定的试错权，鼓励地方政府充分发挥自主性和创造性。在这样的改革过程中，地方对政策的变通性执行很大程度上会得到上级的宽容和默许。尤其是在改革初期，"变通"已经成为政策在贯彻实施过程中的一种常规方式了。只不过上级对变通的默许，与下级对变通的运用，完全出于不同的考虑。上级默许或者示意下级进行变通，是为了鼓励下级的大胆试验与探索，而下级的变通则是基于地方利益的驱动。因此，当改革出现地方主义危机，中央政府需要重塑地方权威的时候，就会发现，地方政府对中央政策变通执行的做法已经常规化和普遍化了，原来为推动改革而采取的措施，却成为地方抵抗中央政策的手段。如果运用得当，则地方政府某些违背中央政策规定和政策意图的变通性做法，反而有助于地方率先绕过传统意识形态和体制约束的种种限制，成功地推进改革的制度创新实践，为宏观制度创新积累宝贵的经验。但如果使用不当，没有把握好发挥自主性的限度，走与中央不一致的路线，损害了中央的合法性权威，或者利用手中的权力参与利益寻租，也会对地方领导人的政治前途和社会的公共利益造成损害。①

（四）地方政府自主性与社会冲突

放权改革后，地方政府成为地方利益的代言人，但地方政府的利益并不等同于地方的公共利益。地方政府追求政绩最大化的行为选择，甚至可能会给公众的利益带来了一些损害。很多学者都认识到这一问题。"随着对政府资产的拥有和处置意识的增强，地方政府的财政能力、资源分配和回报激励的能力上升，政府财政的收益链主要沿着公务系统或是与其有关联的部门延伸。对整个社会而言，这推动并加剧了体制内外利益获得机会结构的不平衡，其潜在的政治结果，是对政府代表'公共利益'的声誉造成损害。"②尤其是在以经济增长为第一发展要务的目标导向下，地方政府为实现地区生产总值增长更是不惜牺牲社会的利益。相关的研究表明："财政激励结构推动着地方政府兴办企业，招商引资、征地卖地。"③由于目前对地方政府官员行为的有效监管体制尚未建立起来，地方政府只需要完成上级下达的指标并对其负责，而不需要像民主国家一样对其辖区内选民负责。这就容易导致地方政府的自主性与社会利益之间产生分歧。例如，地方政府他们为实现快速的经济增长，普遍

---

① 何显明：《市场化进程中的地方政府行为逻辑》，人民出版社，2008年，第396页。更多案例可参见刘世定：《占有制度的三个维度及占有认定机制：以乡镇企业为例》，潘乃谷、马戎主编：《社区研究与社会发展》，天津人民出版社，1996年；孙立平、王汉生：《作为制度运作和制度变迁方式的变通》，《中国社会科学（季刊）》1997年第4期；应兴：《大河移民上访的故事》，上海三联书店，2002年；周雪光：《基层政府间的"共谋现象"——一个政府行为的制度逻辑》，《开放时代》2009年第12期。

② 张静：《政府财政与公共利益——国家政权建设视角》，周雪光、刘世定、折晓叶编：《国家建设与政府行为》，中国社会科学出版社，2012年，第217页。

③ 张永宏、李静君：《制造同意：基层政府怎样吸纳民众的抗争》，《开放时代》2012年第7期。

对增加公共基础设施建设以及大规模的招商引资感兴趣，而忽视诸如教育、卫生、食品安全、环境保护这样一些社会的公共服务需求。

第四节　宏观调控与纵向协调机制的柔性运作

权力下放不可避免地导致地方政府自主权的扩大，地方政府对权力和钱袋子的控制增强了他们追求地方利益与效用目标的积极性与主动性，但也出现了上述经济过热、各自为政，以及在政策执行中的地方主义、利己主义问题。这常常导致地方政府行为异化而产生地方利益与效用目标与中央偏离的情况，威胁纵向政治制度的稳定和协调运转。

在这种形势下，邓小平首先提出了加强中央权威的主张。他说："改革要成功，就必须要有领导有秩序地进行。党中央、国务院没有权威，局势就控制不住。"所以他反对各地搞违背中央政策的"对策"，要求中央定了措施，各地各部门要坚决执行，不但要迅速，而且要很有力。他同意陈云批评"各路诸侯太多，议而不决，决而不行，各自为政"的现象，他说："中央的话不听，国务院的话不听，这不行。"①"越是困难的时候，越要中央、国务院有权威。有了这个权威，困难时候也能做大事。"同时，要解决地区平衡问题，没有中央的权威就办不到。"沿海地区先发展起来是一个大局，内地要顾全这个大局；反过来，发展到一定时候，又要求沿海拿出更多力量来帮助内地发展，这也是一个大局，沿海要服从这个大局。如果各顾各，互相打

---

① 《邓小平文选》（第三卷），人民出版社，1993年，第319页。

架，互相拆台，就统一不起来"①。

一、以加强中央权威为目标的宏观调控

关于如何加强中央权威，邓小平并不主张沿用过去"一乱就收"的办法，而是主张在新的条件下，采取新的办法，即加强中央的宏观管理，以体现中央的权威。他说："过去我们是穷管，现在不同了，是走向小康社会的宏观管理。"也就是说，中央的宏观管理不能威胁到地方的发展。因此，在这一阶段，中央在解决治理危机上主要是加强中央的宏观管理，以实现对地方的统筹和协调，另一方面通过纵向协调机制的柔性运作给予地方政府一定的自主性空间，同时实现稳定和发展的目标。

这一阶段，当我国再度出现地方经济过热的危机，中央并没有通过一揽子中央集权的方式来约束地方的投资行为，而是采取了"双紧"的财政和货币政策，即收紧和强化财政控制，减少货币供应，来抑制地方政府过度投资的行为。1988年9月，党的十三届三中全会提出，把改革和建设的重点突出放在治理经济环境和整顿经济秩序上来，并开始探索运用现代意义的财政和货币政策进行宏观经济调控。从1988年第四季度开始，中央开始采取紧缩性的财政和货币政策，遏制经济过热的现象，同时辅之以直接的调控手段。②这些措施起到了立竿见影的效果："1989年名义投资额下降8%，实际投资规模下降25%左右，1990年上半年仍控制在较低水平。这是中央政府首次运用财政和货币政策的'双紧'组合进行宏观调控，有力地控制了投资规模和货币供应量，缓解了通胀压力，但也导致了1990年国内生产总值的增

---

① 《邓小平文选》(第三卷)，人民出版社，1993年，第319页。

② 主要是压缩投资的各种直接的行政控制手段，包括明确规定压缩幅度，停建缓建各种项目的指令性计划、向各地派出固定资产投资检查小组等。

长率猛降至3.8%。"①

考虑到地方政府的自主性行为在发展经济的前提下就具有相当的盲目性，1988年和1989年，中央组织部先后颁布了《县（市、区）党政干部年度考核方案》《地方政府工作部门领导干部年度工作考核方案》，明确制定了干部绩效考核的量化指标体系，考核的内容涉及18项量化指标。②目标管理责任制的推行，使控制着下级官员政治前途的上级领导拥有了更为有力的杠杆来保证自己下达的责任状会得到认真执行。在这样的背景下，虽然地方官员被要求完成所有的任务指标，但是他们往往拥有选择性地执行政策的自主性空间。对于那些在考核中占据重要位置的"一票否决"性指标，如经济发展、社会治安等，地方官员会动用一切力量和手段以确保任务的完成。这实际上建构了对地方政府的双重控制机制，即中央通过奖励与惩罚的双重机制来约束地方政府的自主性行为。

二、纵向协调机制的柔性运作

虽然中央通过采取宏观调控的措施抑制了经济过热，并约束了地方政府的自主性行为，但是国民经济的"硬着陆"也导致我国经济出现下行的趋势。而在邓小平的观念中，落后就要挨打。他在南方谈话时曾对时任深圳书记李灏说："中国过去受到外国帝国主义的欺负，那时代已经过去了，但落后就要挨打啊，我们已经穷了上千年，不

① 欧阳日辉：《宏观调控中的中央与地方关系》，中国财政经济出版社，2008年，第110~111页。

② 主要包括：国民生产总值，工业生产总值、农业生产总值、乡镇企业生产总值、人均国民收入、农村人均收入、上缴利税、财政收入、国营和集体企业的劳动生产率，农副产品收购、商业零售总额、基础设施投资、人口自然增长率、粮食产量、地方预算收入、地方预算支出、育林面积以及九年义务教育完成率。

能再穷下去，如果不重视科学技术和教育，还要挨打。"①此外，他在与其他中央领导的谈话中也表达了类似的观点。1989年邓小平曾对江泽民、杨尚昆和李鹏说："人民现在为什么拥护我们？就是这十年有发展……假设我们五年不发展，或者低速发展，例如百分之四、百分之五、甚至百分之二、百分之三，会产生什么影响？这不只是经济问题，实际上是个政治问题。"②"不加快国家的发展，共产党的统治就会陷入危境，只有加快发展和开放才能维持民众的拥护，使国家得以生存下去。"③这也就决定了中央在进行纵向政治制度改革时，不能走回头路，也不能偏离发展这一主要目标。为此，中央在维护既有权力分配体制的基础上，对权力的运行机制进行了适应性调整，以释放出发展性的制度功能。

中国纵向政治制度的制度设计中本身就蕴含着保持制度稳定的内在机制，这是实现国家整合，保持制度稳定的重要制度因素。但在改革开放前，中央主要是通过权力的刚性运作来保持制度的稳定，即中央通过意识形态、行政命令、国家计划等保持地方在组织、利益、责任上与中央的高度一致，从而抑制了地方政府的自主性空间，没有实现发展的目标。改革开放后，中央通过放权让利的改革有效地调动了地方的活力，实现了经济增长的目标。此外，中央在纵向权力运行机制上也保护了地方的利益和自主性空间，在这一时期，组织、利益、目标责任三重纵向协调机制也呈现柔性运作的特征，一方面维持国家的

---

① [美]傅高义：《邓小平时代》，冯克利译，生活·读书·新知三联书店，2013年，第623页。

② [美]傅高义：《邓小平时代》，冯克利译，生活·读书·新知三联书店，2013年，第617~618页。

③ [美]傅高义：《邓小平时代》，冯克利译，生活·读书·新知三联书店，2013年，第616页。

统一与制度的稳定，另一方面，也保持了地方的活力，使纵向政治制度在运作中同时释放出稳定与发展的制度功能。

（一）协商说服

由于中央掌握着组织上的人事控制权，面对地方主义危机，中央可以运用其人事任免权更换省级领导人。"从1982年以来，中共中央更换省委书记的次数非常频繁，到2002年的21年时间里，中央共更换了142位省委书记，平均每年约更换7位。在这142位被更换的省委书记中，有86位（60.56%）并非在换届选举年更换，只有56位（39.44%）是在换届中被更换的，且这56位并非全是在换届选举时上任的。可以看到，虽然中央将人事管理权从"下管两级"调整为"下管一级"，但中央可以通过频繁地调动来掌控省委书记与省长。并且，"中央所指派的省长与省委书记人选均能获得省人大及党代会同意任命，而地方既无力在中央决策过程中予以反对，也不会在省代会或省人大的同意选举中加以反对，以免伤害地方利益"[①]。这首先是因为，《选举法》有利于中央规划的候选人当选。根据《中国共产党章程》规定，省委书记的任期是五年，其产生方式分成两个步骤：第一，由省级党的代表大会选出省的委员会；第二，由省级委员会先选出常务委员会再选出书记、副书记。其中常委会委员通过差额选举的方式产生，而书记与副书记则未有此项规定，这就使得党中央所规划的候选人均能够顺利当选。[②]其次，通过改选、改组或中央指派等方式调整"党委会"，也

---

① 王嘉州：《理性选择与制度变迁：中国大陆中央与地方财经关系类型分析》，台湾政治大学博士学位论文，2003年，第124页。

② 林尚立：《党内民主——中国共产党的理论与实践》，上海社会科学院出版社，2002年，第167页。

是中央规划的人选能在换届选举中顺利当选的原因。这种纵向政府间的组织强连带保持了中央与地方之间的协调与一致性，能有效实现国家整合。

除了国防、外交、安全、人事等政治领域外，中央在对全国性的经济社会问题进行决策时，都会尽可能地征询和听取地方政府及其职能部门主要负责人的意见，并且对于不同的意见进行反复的协商讨论。地方政府如果对中央即将进行的决策提出反对意见的话，中央政府一般会很重视，而如果同时有多个地方政府反对的话，很可能使中央的决策流产。即使勉强做出决策，最终的政策在贯彻实施时也会遭遇"中间梗阻"。比如，在1987年，当时的国务院副总理姚依林就发出了进行分税制改革的动议，但由于改革触及了地方的利益，立即遭到几个省的强烈反对，所以改革的尝试并没有成功。①直到1993年分税制改革之前，中央财政薄冰将透，中央都没有采取强制性的手段将地方的财权悉数上收，而是总理亲自带队与各省领导进行反复协商，在充分听取了各省意见后，努力说服地方理解和支持中央的决策，重新确定分税比例，才确保了后来分税制改革能顺利推行。

这种协商说服运用的范围很广，涉及人事安排、资金、商品和市场的获得，或有关一个项目或政策本身的具体问题。例如20世纪90年代初修建长江三峡大坝的计划就是这种例证。这座大坝将为下游省份特别是湖南和湖北省提供急需电力。它也会增强这些省的防洪能力，一旦气候条件使长江和汉水同时暴发洪水，这些省将严重受灾。但三峡大坝要迁移住在坝址上游的100多万人（主要是重庆市），并且重庆和四川的居民只能得到很少的电力，而且不会获得防洪的收益。大坝

---

① 周振超：《当代中国政府"条块关系"研究》，天津人民出版社，2008年，第62页。

还可能造成长江主航道航运的混乱。为了使各省达成筑坝的共识，前水利部（其主要任务是防洪）作为三峡大坝计划的关键推动者，牵头与各省协商，说服它们支持大坝建设，并给予它们一些特许，最终达成如下协议条件：最重要的大坝高度保持在175米而不是原计划的200多米。这个降低了的高度说服了重庆市。在175米的高度上，大坝后面的水库将以重庆港为终点，这样就会使该市成为四川省与华中富裕省份之间的重要贸易中心。大坝的高度再高就会淹没重庆；再低则会使规模较小、政治影响力较弱的万县成为主要贸易港口。为了满足前交通部的利益，大坝使用一艘精心制造的昂贵的起重船来建造。重庆市从中央政府获得了特别投资基金，以弥补库区移民的安置费用。通过达成上述共识型协议，筑坝工程最终赢得了各省的支持，或至少削弱了它们的反对。①

这种协商说服的柔性协调方式是大多数中国政治经济决策的基础。在促进区域经济发展方面，中央也反复运用了协商说服的柔性协调方式。20世纪90年代初，中央为发展区域经济，在全国各地设立经济合作区，并委派省委一把手领导经济区办公室工作，说服周边各省领导人在有共同兴趣、共同利益的领域加强合作，但收效甚微。1992年，时任国务院副总理邹家华，带领中央11个部委的主要领导考察广西壮族自治区，并会见了五省区的领导人，通过协商的方式说服他们加入华南和西南地区的经济合作区，以实现华南帮助西南，先进带动后进，加快发展速度。随后，四川、贵州、云南、广西、广东、海南六省达成了"合作意向书"，同意加入经济共同发展的区域计划。②

① See Lieberthal, Kenneth, and Michel Oksenberg. *Policy making in China: Leaders, Structures and Process*. Princeton: Princeton University Press, 1988.

② 谢庆奎：《中国政府的府际关系研究》，《北京大学学报（哲学社会科学版）》2000年第1期。

（二）利益诱导

在经济过热的情况下，中央为加强宏观调控的需要，会采取紧缩性的财政和货币政策来约束地方政府的投资行为。但是邓小平却坚持认为："如果中国的经济增长不够快，经济停滞就会变成政治问题。只有加快发展和开放才能维持民众的拥护，使国家得以生存下去。"[①]为了保持经济的持续增长，在经济平稳增长，回到适度的增长区间后，中央又会适当增加固定资产投资的举措，放松紧缩性政策力度。为了保持地方政府的积极性，1992年，邓小平通过到南方考察，发表了一系列重要讲话，中心思想是鼓励地方干部要抓住机遇，加快发展。他鼓励地方进一步扩大对外开放水平，建立更多的中外合资企业，同时他特别强调地方改革的胆子要更大一点，建设的步子更快一点，要敢于进行改革试验，敢于冒险，不要怕犯错误，有错改了就好，以此来进一步推动经济发展。对于束缚地方政府思想和手脚的意识形态问题，邓小平提出"要警惕右，但主要是防止'左'；计划经济不等于社会主义，资本主义也有计划，市场经济不等于资本主义，社会主义也有市场，计划和市场都是手段"的著名论断。为全面落实邓小平南方谈话的精神，江泽民将经济增长目标由第八个"五年计划"中的6%提高到9%至10%，并鼓励地方大胆学习资本主义国家的先进经验，没必要讨论姓"资"姓"社"的问题，果断建立起社会主义市场经济体制，进一步把企业推向市场。[②]这也就打破了地方政府发展私营经济的思想禁锢。其后，在邓小平南方谈话精神鼓舞和中央的推动、部署下，一大批外资企业和乡镇企业如雨后春笋般涌现出来，启动了新一轮地方投资、发展的热潮。

---

① [美]傅高义：《邓小平时代》，冯克利译，生活·读书·新知三联书店，2013年，第623页。
② 《十三大以来重要文献选编》（下册），人民出版社，1991年，第2055页。

（三）弹性问责

中央权力下放本身就伴随着责任的下沉，给地方政府留下了很大的自主空间。为了使地方政府的行为不偏离中央的总体性目标，同时有效地落实上级政府的工作部署，中央设计了"目标责任制"进行自上而下的层层问责。上级政府根据各地的情况和实际能力将具体工作指标和任务层层分解，并与下级政府签订相关的"责任书"，根据量化的指标进行自上而下的考评和问责。

在目标考核制下，下级政府的行为受到上级目标的约束，但其在实现目标的过程和方式上，依然有很大的自主空间。"几乎可以说，在大的政策环境允许的前提下，基层政府无论怎样做，只要能够成功地实现目标，就很有可能被上级默许乃至认可和鼓励，这无疑为基层政府的制度创新或变通创造了巨大的空间和机遇。具体方式主要体现于不同地区在设置责任目标体系、项目权重、项目变换、考核方式和奖惩机制等方面所具有高度的自主性与权力空间。"[1]同时，上级考核的量化指标比较单一，主要以地区生产总值及其增长率和财政收入等"硬指标"为主，其余指标相对而言是"软约束"。考评的方法不够科学，政治绩效的考察依赖于经济绩效的表现，至于具体绩效指标的完成办法及其后果，上级政府一般并不会追究。

虽然1988年中央为配合宏观调控的需要，加强了对地方官员的问责，但制度在运作的过程中依然具有一定的弹性。首先是纵向政府间由于信息的不对称，上级政府对下级政府的考核和监督面临着一系列难以逾越的障碍。其次，上级政府对下级政府的目标责任考核依旧

---

① 王汉生、王一鸽：《目标管理责任制：农村基层政权的实践逻辑》，《社会学研究》2009年第2期。

以地方生产总值和财政收入增长为核心考核指标，并将其与地方官员的政绩直接挂钩。但地方官员在履行责任、完成目标的过程和方式上，依然有很大的自主空间。同时，上级考核的手段也较为粗疏。只要下级政府能够如期或超额完成上级政府制定的指标任务，至于完成办法及其后果，上级政府一般并不会深究。因此，地方政府的自主性行为在发展经济的前提下就具有相当的随意性、短期性和变通性。

综上，改革开放以来，为了避免纵向协调机制的刚性运作所导致的制度僵化及其对地方活力的抑制，中央对权力运作方式进行了适应性调整，主要表现为中央减少行政手段的使用，更多地使用协商说服、利益诱导、弹性问责的柔性协调方式，保护地方的利益和自主性空间，使得制度同时释放出稳定与发展的功能。

小　结

本章主要阐述了1978—1993年中国纵向政治制度的演化过程。这一时期新的政治领导人既继承了以毛泽东同志为核心的第一代中央领导集体处理中央与地方关系的经验，又根据新时期政治生态的变化，以及纵向政治制度在运行中产生的危机对制度进行了试错性的调整。一方面，邓小平坚持在处理中央与地方关系时发挥"两个积极性"的原则，并且在改革的同时保证纵向权力分配体制不偏离单一制的制度框架，以保持国家的统一与稳定。但另一方面，邓小平也认识到原有纵向权力分配体制中存在的问题。因此，这一时期他开创了社会主义市场经济体制下的放权让利改革。在此基础上，中央通过有组织、有计划地纵向权力传递，有效地调动了各级地方发展经济的主动性与积极性，从而改变了权力过度集中的情况。此外，中央还鼓励地方把权力进一步下放给企业，并把企业推向市场，调动了企业和社会的发展积极性，从而塑造了纵向权力分配的新体制，这也是本书之所以使用纵向政治制度这一概念，而不使用中央与地方关系及纵向政府间关系的主要原因。

制度在延续和发展的过程中，也并不会完全按照顶层设计好的路径来运行，往往也会产生一些意料之外的后果。在这一时期，地方政府在权力和利益的激励下，也产生了投资过热、各自为政等现象，甚至为了实现自身的利益，不惜牺牲国家的整体利益和社会公共利益。为了避免改革开放前"一放就乱，一乱就收"而导致的制度僵化，邓小平主张通过中央宏观调控的方式来加强中央的权威，辅之以协商说服、利益诱导、弹性问责等纵向协调机制的柔性运作，一方面保持纵向政治制度的稳定与协调运转，另一方面保护地方政府的既得利益和自主性空间，进而实现持续发展的目标。概言之，这一阶段的制度变迁过程是一个不断进行适应性调整的选择过程。

在指出上述成就的同时，我们也应当在这一时期纵向制度改革损益表的损失项上加上重要的两笔：一是，地方的分权改革加剧并未改善中国的地区差距，同时，国家汲取能力的减弱使中央难以进行有效的宏观调控和再分配；二是，协调机制的柔性运作保护了地方政府的既得利益和自主性空间，但在权力和利益的强刺激下，地方政府依然有扩张其自主性来逐利的内在冲动。针对这一时期纵向政治制度变迁产生的这些问题，此后将如何进行调整则是下一章需要继续探讨的问题。

第
四
章

1994—2002 年纵向政治制度的演化

　　本章梳理了 1994—2002 年纵向政治制度的演化过程。改革开放后，中央通过放权让利的改革来实现了中国的跨越式发展。1992 年，邓小平的南方谈话及其后社会主义市场经济体制的建立又开启了新一轮的发展热潮，拥有一定自主权的地方政府在中央的政策激励下加大了投资力度，但也引发了经济过热的危机。由于在市场经济条件下，地方政府掌握着微观经济的管理权限。为了实现经济增长，地方政府常常使用其所掌握的自主权来实现地方的利益和效用目标，从而导致地方主义的兴起。尤其是享有国家倾斜授权和特殊优惠政策的沿海城市，甚至出现地方主义泛滥的现象。并且，享有中央倾斜授权的东部沿海地区的快速发展也导致地区的差距不断扩大，而中央财政汲取能力的减弱又难以进行收入再分配。

　　由国内经济过热而引起的一系列危机导致政治领导人的观念发生转变，并在环境压力倒逼下进行变革。但是在已有制度结构和制度经验的约束下，中央已经不能采用旧的办法将下放的权力再收回。因此，时任总理朱镕基通过在财政、银行、企业等领域推行一揽子改革来加强中央宏观调控的权力。

　　除了经济过热引发的危机之外，政治领导人在开放的国际环境中仍然面临着很大的发展危机。这一时期，全国人民的温饱问题尚未完全解决。因此，在纵向政治制度设计上党中央一方面吸取了前任领导人发挥"两个积极性"的经验，但另一方面鉴于放权而导致地方经济过热的问题，党中央更加主张在中央的统一指导下，兼顾地方的灵活性。在这一时期，没有再进一步向地方放权，而是在加强中央宏观调控的基础之上，通过利益协调将土地出让收入划给地方，保留了地方政府的既得利益，并给予其一定的自主性空间，从而调动了各层级政府在发展民营经济、招商引资、经营土地等方面的积极性，实现了经济的持续发展。

　　本章的第一节阐述了这一时期纵向政治制度所处的内部与外部环境，以及在危机环境驱动下政治领导人观念的演化，第二节和第三节详细地描述了由关键领导人观念演化而导致的纵向政治制度变迁，这一时期主要是在加强中央宏观调控权力的基础上对纵向协调机制的运作方式进行了调整。第四节分析了改革后的制度绩效及制度在运作的过程中出现的意外后果。

第一节　经济过热的危机与中央战略目标的转变

　　1978—1993年，中央通过放权让利的改革调动了地方发展的积极性，同时通过纵向协调机制的柔性运作给予地方政府很大的自主空间。然而地方政府掌握了一定的自主权，拥有了相对独立的利益结构之后，在努力促进地方经济发展的同时也出现盲目、激进的自主行为，甚至出现偏离国家整体利益的现象，导致地方主义势力崛起。此外，中央的倾斜授权还加剧了中国的地区差距。但中央财政汲取能力减弱，又难以进行有效的宏观调控和再分配。这些问题的积累导致纵向政府间难以协调一致运作，进而影响到制度的稳定。

一、国内经济过热

改革开放以来，党中央通过放权让利的改革实现了经济的高速增长，但仍存在经济过热的问题。在第八个五年计划期间（1991—1995年），我国的经济保持了年均11.8%的高增长率。但这种增长主要是依靠地方政府扩大投资规模，尤其是通过扩大固定资产投资规模来带动的。在财政包干制下，企业税收占到地方财政收入的90%以上。因此，各地政府都通过兴办企业来提高地方的财政收入。在农村，许多地方政府要求做到"村村冒烟、户户上班"，大办特办地方企业。1990年全国固定资产投资4451亿，但是到1993年，这一数值猛增至11829亿，1994年竟高达16000亿。①其中，地方政府用于投资的资金来源主要是银行贷款。尤其是1992年建立起社会主义市场经济体制后，"国家全面放开了对过去发放票证、限额供应的商品限制，允许其以溢价形式，根据市场供求关系自由定价"。而计划经济时期由国家统一定价和指导价格的几乎所有商品，都根据成本和市场需求形势重新定了价格。为了弥补差价，提高职工的价格补贴标准和工资水平，同时帮助企业争上项目、外出投资、动用有限的外汇储备大量购进各种机械设备和高档商品，中央一再地扩大了银行信贷规模。据统计："1993年和1994年，银行贷款用于固定资产投资的增长率分别达到68%和

---

① 数据来源：国家统计局网站，http://data.stats.gov.cn/。

39%。"①同时，经济过热，项目虚增使许多生产资料价格全面上涨。为了维持正常经营，许多企业，包括集体、私营企业，都不得不靠借贷来维持局面。高投资也伴随着高消费。"在1980年，民众每天购买600台洗衣机，而到1993年他们每天吸纳大约4万台。1980年每天销售的电视机约1万台，1993年则为7万台。……在固定资产投资增幅46%的推动下，1993年消费指数也攀升了15%。"②至此，社会的投资需求和消费需求被充分释放。到1993年，中国开始出现高通货膨胀。

国内生产总值平减指数③、商品零售价格和居民消费价格是学界用来测量通货膨胀程度的基本指标，据测算："在1991—1995年期间，这三个基本指标的平均上涨分别为12.3%、11.4%、12.9%，其中能够较全面地反映价格水平变动的国内生产总值平减指数，还可以大体上反映总需求的扩张程度。从已经实现的总供求关系看，这意味着总需求已经超过总供给，并且差额的增长率超过实际国内生产总值的增长率0.5%。而反映投资需求扩张程度的生产资料出厂价格和固定资产投资价格，在'八五'期间的年平均上涨率分别为15.8%和13.6%。"④这就充分说明了投资需求超过供给的幅度更大。由此带来的通货膨胀、价格上涨对国民经济的有序运行和有效增长是巨大的冲击，而商品零售价格和居民消费价格的增长给居民的生活、经济的发展和社会的稳定带来了消极的影响。令人恐慌的通货膨胀失控对新的国家领导人来

---

① 周飞舟、谭明智：《当代中国的中央地方关系》，中国社会科学出版社，2014年，第43页。

② [美]罗伯特·劳伦斯·库恩：《他改变了中国：江泽民传》，谈峥、于海江译，上海译文出版社，2005年，第195页。

③ 又称国内生产总值缩减指数，是指没有剔除物价变动前的国内生产总值增长与剔除了物价变动后的国内生产总值增长之商。

④ 翁杰明、张西明等编：《与总书记谈心》，中国社会科学出版社，1996年，第43~44页。

说是一个重大的挑战。"1993年对江主席来说是关键的一年",负责编辑整理高层领导人文件及国家和党的重要档案的中央文献研究室副主任冷溶解释道:"经济过热不仅对改革而且对社会稳定都造成了相当大的威胁,江主席必须引导中国经历步入市场经济后的第一次宏观调控。在计划经济体制下没有必要使用这种手段。如果出现通货膨胀,只要命令工厂停产或者改变其产量就可以了。现在中国正在试验一种新的体制。"①因此,在市场经济体制下,只能通过中央进行有效的宏观调控,引导地方政府控制投资扩张速度、控制货币投放量,从外延式经济增长向内涵式经济增长转变。

二、地方主义泛滥

社会主义市场经济体制建立起来之后,摆脱国家计划的地方政府在实现国家的利益和总体性目标的同时,也能够充分利用其自主权来实现地方的利益和效用目标。尤其是在以"地区生产总值"为主考核指标的晋升激励下,地方政府事实上是处于一种相互竞争状态中的,各地都希望尽可能地集中优势资源来实现本地经济的发展,以凸显地方的政绩。这不仅带来了经济过热的问题,也产生了地方各自为政,甚至地方保护主义的离心倾向。为了自身利益,地方政府可以通过操纵税收部门而"藏富于企业",地方政府除了允许企业享受税前还贷的特权外,还大量使用减免税和税收优惠政策,甚至帮助企业偷税漏税。在福建、广东等沿海省份,这些地方除拥有中央授予的一般性权力之外,还拥有计划权、自由贸易权、原材料和资源的供应、分配权

---

① [美]罗伯特·劳伦斯·库恩:《他改变了中国:江泽民传》,谈峥、于海江译,上海译文出版社,2005年,第196页。

等，①因而具备了超过市场的吸纳能力。中央允许在这些地区设立经济特区，授予其特殊的优惠政策，并允许其实施各自灵活的地方政策。这就导致地方尤其是一些享受中央倾斜授权和特殊政策的省份贯彻执行中央的政策不力，出现"上有政策、下有对策"的现象。甚至在地方政府促进经济发展过程中，常常利用其特殊权力和灵活政策一并谋求自身的利益。例如，在广东省，很多官办企业都是省级领导人设立的，这些官办企业借助与政府的密切联系，以计划内价格购买市场需求量很大的商品（如钢铁、煤炭和燃油），获得低息贷款和免税，影响了市场的公平竞争。"经济改革中的经济放权，产生了各自为政的'诸侯经济'，层层小而全，大而全，自成体系，形成地区封锁，设置贸易壁垒，阻碍独立企业和统一市场的建立。'诸侯经济'将会导致政治衰退，中央权威和权力不断流失，其后果令人十分忧虑。"②

三、地区差距扩大

中央的梯度放权政策，在调动享有中央给予的特殊权力及优惠政策的东部沿海地区的发展积极性同时，也导致了地区差距逐步扩大。所谓地区差距扩大，是指各省人均国内生产总值的差距和前一年的数值相比呈现扩大的趋势，导致区域发展不平衡。在东部沿海各省，如广东、浙江、江苏和山东等地方，国家授予它们更多自主权力和优惠政策，且这些地区非国有经济比较发达，为地方政府带来了大量财政收入，导致这些地区在发展方面表现出强劲的先发优势。而在中西部各省，即没有中央的倾斜授权，也没有区位优势，发展的速度自然更

---

① 郑永年：《中国的行为联邦制：中央—地方关系变革的动力》，东方出版社，2013年，第208~209页。

② 王绍光、胡鞍钢：《中国国家能力报告》，辽宁人民出版社，1993年，第45页。

慢。在财政体制上，各地也采取不同的分税比例，而且对地方收支的核定长期采用基数法。这些纵向权力分配体制上的规定，造成地区之间的绝对差异和相对差异都呈扩大的趋势。

学界在衡量各地区的差距时，一般以人均国内生产总值为指标，采取两种方法进行比较："第一种是测量绝对差距，即两地人均国内生产总值的差距；第二种是测量相对差距，即两地人均国内生产总值的比率。"①在绝对差距的衡量上，本书采用"全距"和"标准差"②两种方式。通过"全距"我们可以看出中国最富有的省市（上海）与最贫穷的省市（贵州）之间差距的变化。而标准差可以看出各省市之间差距的变化。在相对差距的测量上，则采用"差距倍数"和"相对差异系数"③两个指标。其中，"差距倍数"可以用于观察最富有省份与最贫穷省市之间差距的变化。"相对差异系数"则反映的是各省市之间差距的变化。以上列出的四项指标，若其值越大，代表地区差距越大；反之则越小。本书通过表4-1来呈现1982—1997年中国各省市人均国内生产总值差距的变化。从1982年开始，虽然各地区之间的绝对差距一直在扩大，但相对差距在缩小。但从1992年开始，各地区之间的绝对差距与相对差距都在扩大。

---

① 王绍光、胡鞍钢：《中国：不平衡发展的政治经济学》，中国计划出版社，1999年，第47页。

② 标准差：各数值与平均数之差的平方和除以全部样本数后取平方根。标准差值可以通过spss软件进行计算。

③ 相对差异系数=标准差/平均值。

表4-1 中国各省市1982—1994年人均国内生产总值差距的变化

年份	最小值	最大值	全距	标准差	平均值	差距倍数	差距系数
1982	278	2877	2599	522	648	10.35	80.50
1983	302	2963	2661	550	708	9.81	77.74
1984	371	3259	2888	615	829	8.78	74.20
1985	420	3855	3435	723	988	9.18	73.15
1986	467	4008	3541	764	1084	8.58	70.45
1987	546	4396	3850	842	1246	8.05	67.58
1988	683	5161	4478	995	1535	7.56	64.84
1989	750	5489	4739	1060	1703	7.32	62.25
1990	810	5910	5100	1125	1871	7.30	60.13
1991	896	6955	6059	1341	2115	7.76	63.40
1992	1034	8652	7618	1657	2555	8.37	64.87
1993	1255	11700	10445	2216	3307	9.32	67.02
1994	1553	15204	13651	2881	4297	9.79	67.05

数据来源：王嘉州：《理性选择与制度变迁：中国大陆中央与地方财经关系类型分析》，台湾政治大学博士学位论文，2009年，第149页。

到20世纪90年代中期，地区差距扩大导致的区域发展不平衡已成为中国在发展过程中出现的一个主要问题。贫困地区的官员呼吁再集权，并要求中央政府给予更多的关注，他们担心贫富差距的进一步扩大将导致社会动荡。根据学者的调查研究："1994年，84%的政府官员认为，地区之间的收入差异将造成社会不稳定，16%的官员抱怨说，这将会导致国家的分裂，尤其是在少数民族地区。"①地方官员反映的情况给中央领导人施加了压力，让他们感觉到一种潜在的危机，迫使其加强宏观调控来平衡地区之间的差距。

① 胡鞍钢：《省级干部严重的东西部差距》，《战略与管理》1994年第5期。

四、中央财政汲取能力减弱

加强中央对经济的宏观调控需要有财力的保障，才能集中力量办大事。而20世纪90年代初中央向地方分权让利的改革却削弱了其进行宏观调控的能力。主要表现在两个方面：一是中央财政收入在国民生产总值中所占的比率持续下降。"1978年中央财政收入在国民生产总值中的比重为31.2%，1980年下降为23.3%，1986年下降为18%，1992年更进一步下降为14.7%，1993年下降为13.9%，平均每年下降一个百分点。"[1]与中央财政收入增长的速度相比，财政支出增长的速度反而更快（图4-1）。这种状况导致财政赤字连年发生。"到1995年底为止，国家累计的'硬赤字'（不包括债务收入在内）就达到2714.4亿元；如按国际上可比的财政赤字口径计（即包括债务收入），则累计赤字超过6000亿。改革18年来财政收支除一年略有盈余，其余17年全为赤字，而且几乎每年都在增长。"[2]以至于中央在履行必要职责时缺乏必要的资金支持，难以承担提供全国性公共物品和服务的重任，无力抚养国防军，无力在全国范围内进行收入再分配。二是中央财政收支占总财政收支的比重过小。从1984年开始，中央财政收支占总财政收支的比重开始下降，1984年这两项数据分别为40.5%和52.5%，1993年又分别下降为22%和28.3%[3]（图4-1），这远远低于世界发展中国家的水平，国际上这一比重一般在50%左右。

20世纪80年代以来的纵向权力体制调整事实上削弱了中央的财政汲取能力，这不利于中央发挥其在宏观调控中的积极作用，而不断出

---

[1] 辛向阳：《大国诸侯：中国中央与地方关系之结》，中国社会出版社，2008年，第436页。

[2] 翁杰明、张西明等编：《与总书记谈心》，中国社会科学出版社，1996年，第166~167页。

[3] 数据来源于国家统计局网站：http://data.stats.gov.cn/index.htm。

现的财政赤字又给社会带来了通货膨胀的问题，从长期来看，这是非常有可能危及国家整合与稳定的。王韶光和胡鞍钢两位学者也指出："'全国财政收入占国内生产总值的比重'和'中央政府占全国财政收入的比重'这两个比值的下降，将导致'经济周期波动''投资、消费急剧膨胀''连年财政赤字''中央宏观调控经济能力下降'，'形成各自为政的'诸侯经济'"等严重后果，最终将导致国家走向四分五裂。南斯拉夫正是因为中央财力下降、财政瘫痪，导致政府无力在地区相对差距不断扩大的情况下实行财政转移支付制度，富裕地区不愿多缴税，而贫困地区又认为中央政府不公平，不仅激化了中央与地方的矛盾，而且也激化了地区之间的矛盾。因此，在外部拒绝向南斯拉夫欠发达地区提供援助资金时，南斯拉夫走向了解体，内战开始大规模爆发。[1]两位学者的报告给中央带来了很大的启示。中央领导也感到了全国财政收入占国内生产总值比重的逐年下降的压力。时任财政部副部长项怀诚认为："中央财政收入占全国财政收入比重不断下降，已经削弱了中央政府对经济的控制能力。"[2]时任总理朱镕基曾表示："要进一步推进财政体制改革，目标是将中央收入提高到60%，以帮助穷的省份。"[3]

---

[1] 王绍光、胡鞍钢：《中国国家能力报告》，牛津大学出版社，1994年。

[2] 董辅礽：《集权与分权——中央与地方关系的建构》，经济科学出版社，1996年，第12页。

[3] 辛向阳：《大国诸侯：中国中央与地方关系之结》，中国社会出版社，2008年，第558页。

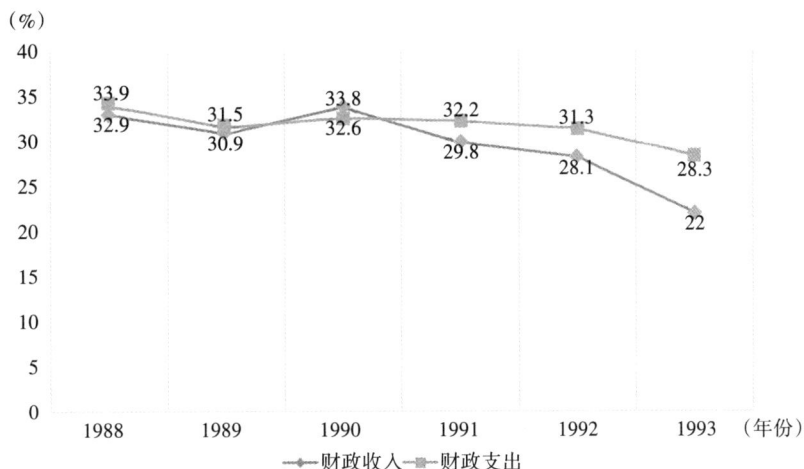

图4-1　中央占全国财政收支的比例（1988—1993年）

数据来源：国家统计局网站，http://data.stats.gov.cn/。

五、党中央战略目标的转变

对于经济过热引发通货膨胀的问题在20世纪90年代初期也引起了中央高层的关注。1993年，时任总理朱镕基就对媒体大方地承认了这个事实："事实上，某些地区和某些行业出现了过热的迹象。在沿海地区，在开发区建设、房地产业以及证券发行方面都出现了一定程度的过热。在部分地区，当地政府甚至在尚未确定能否吸引到足够国外投资的情况下，就把大片土地划为新的开发区。有些地方还建造了许多豪华别墅和旅游景观。这种大规模扩建显然超出了实际需要。此外，几乎每个省份都想通过发行有价证券来为自身的发展筹集资金，但是，我们还不具备相应的经验和必要的法律措施来保护公众的利益。"[1]此外，作为央行行长，他注意到货币的投放量在成倍增长。"1991年，

_____

[1]《朱镕基答记者问》，人民出版社，2009年，第67~68页。

我们一共投放了590亿元人民币；而1992年的货币投放量为1200亿，较上年翻了一番。"同时，固定资产投资规模增长40%左右，贷款规模、货币发行量都增加很猛，这都是历史上没有过的。这预示着经济过热的潜在危险。到1993年，前6个月的货币投放增长甚至超过55亿元，因此危险已经相当明显。如果上半年的这种趋势延续下去，1993年全年的货币投放量将超过2000亿元，较1992年再翻一番。[1]

关于进一步改革的战略和策略，以江泽民同志为核心的第三代中央领导集体吸取了前任的经验，认识到不能够走回头路，沿用过去一揽子集权的办法，而是要在新的条件下采取新的办法，即加强中央的宏观调控。事实上，在邓小平时期，中央在1987年就开始运用财政和货币政策加强中央宏观调控来解决经济过热的问题。但当时，中央采用了财政和货币的"双紧"政策，辅之以压缩投资的各种直接的行政控制手段。[2]这些宏观调控的措施事实上在当年起到了立竿见影的效果，但是也导致经济增长率下降过猛，影响到国民经济的可持续发展。因此，这一时期朱镕基吸取了当年的经验，主张采取适度从紧的财政政策和货币政策来加强中央的宏观调控，避免投资和消费全面紧缩而导致经济发展大起大落，同时辅之以财政、税收、银行、外汇、投资体制的一揽子改革，在地方上有选择地植入中央制度，使国家权力重新渗透到地方。1993年5月，朱镕基在答记者问时说："我们即将采取的第一个步骤其实是许多国家所广泛采用的，就是通过提高存款和贷款利率来鼓励储蓄，抑制投资增长。我们很快就会采取这项措施。至于证券市场的发展，我们将尝试更多措施，尽管这些措施都比较温和，

---

[1]《朱镕基答记者问》，人民出版社，2009年，第80页。
[2] 包括明确规定压缩幅度、停建缓建各种项目的指令性计划、向各地派出固定资产投资检查小组等。

我们不希望进行得太快。我们将主要依靠吸收存款来为国家发展筹措资金。当然，我们也会采取直接筹款或融资，但这不会是首要方式。进行金融改革、建立和发展证券市场的目标将保持不变，但我们不想进行得过快。"①

为了配合中央的宏观调控政策，1994年，中央在财政、银行、企业这三个领域进行了改革，②其中财政改革，主要是为了调整中央政府和地方政府的财税分配，将更多的财税集中到中央，这样才有助于中央宏观调控的实施，以及利益的再分配。银行业改革的目的在于建立一个独立的银行业系统，免于地方分行受到地方政府的影响而导致中央银行的宏观政策难以执行。改革的第三个领域是企业改革，以调节政府和企业之间的关系。其中，财政和银行体制改革主要是为了配合中央适度从紧的宏观调控政策，而之所以还选择对企业进行改革是因为党中央认为，地方主义的崛起主要是政府和企业结盟，阻碍了中央政策的贯彻实施以及市场的公平竞争。此外，为了配合中央宏观调控一揽子改革的需要，中央还对外汇和投资体制进行了改革。其中，在外汇体制改革方面，实现人民币在经常项目的可兑换性和以市场为基础的浮动汇率制度。在投资体制改革方面，一方面中央通过有选择地缩紧基本建设项目，控制社会投资规模；另一方面采取从紧的货币政策，通过调整利率和再贷款规模强化对投资需求的间接调控。

---

① 《朱镕基答记者问》，人民出版社，2009年，第68页。

② 《朱镕基答记者问》，人民出版社，2009年，第76页。

第二节　宏观调控与选择性再集权

20世纪90年代中期以来，为有效缓解放权让利而引发的制度危机，中央在加强宏观调控的同时对纵向权力分配体制进行了改革。其中，中央采取适度从紧的宏观调控政策是要通过适度控制货币供应量，来抑制地方政府投资过热，保持物价稳定，同时又不影响国民经济的增长率。1993年6月24日，党中央、国务院联合下发《关于当前经济情况和加强宏观调控的意见》，提出了16条宏观调控措施，通常称为"国十六条"。①主要包括：提高存贷款利率、加强中国人民银行的央行地位等金融政策、削减行政管理费等财政政策、重新审查地方批准建设的开发区、压缩基建投资规模、增加能源交通运输等基础设施投资等投资计划措施以及其他措施。但是宏观调控措施的有效实施，还需要辅之以财税、银行、外汇、投资体制的一揽子改革。

一、分税制改革与财税上集

在党的十三届五中全会上，时任国务院总理李鹏就指出了财政包干体制存在的主要弊端是助长了地区封锁、市场分割和重复建设。1990年11月，国务院还专门发出了《关于打破地区间市场封锁，进一步搞活商品流通的通知》。同年12月，李鹏也谈到了国家财政困难，两个比重下降的问题。但当时邓小平反复强调改革不能回到过去的老路上去，而是在保持中央权威的基础上保留地方的自主权和既得利益。

---

①《中共中央、国务院关于当前经济情况和加强宏观调控的意见》(中发〔1993〕6号)。

因此，当时中央并没有提出好的解决方案。

1992年，我国已经建立起社会主义市场经济体制，而根据市场经济的要求，必须理顺中央与地方、国家与市场之间的关系，因此分税制改革势在必行。时任国务院总理朱镕基在进行顶层设计时借鉴了发达国家的经验和做法，他自己也坦诚地承认了这一点："我们设置两个税务机构征收税款的做法是向美国借鉴的，我敢肯定在落实这种做法的过程中会出现一些问题，但应该不是什么大问题。通过两个税务机构收税，能够提高和增强我们管理和征税的能力。"可分税制改革将财税层层上集，必将影响地方的权益。为此，朱镕基还带队对各省、自治区、直辖市做了大量说服指导工作，同时也采取其他一些策略。"我们采取的财税改革措施不是那么激烈，实际上还是非常温和的。当前我们从地方口袋里拿钱很少，以后会慢慢增加。在这种情况下，他们会认为从自己口袋里拿走的钱只是一个小数目，但同时又为国家做出了贡献，他们会对此感到骄傲。我还有另一个足以说服地方政府的理由。去年地方政府的财政收入超过35%，而中央政府的财政收入却下降了6.3%，中央财政赤字扩大。所以，我告诉地方政府，如果不设置国家、地方两个税务局分别征税，如果中央政府的收入得不到增加，那除了破产，中央政府就没有别的路可走了。"[1]至此，1994年分税制改革才得以顺利推行，中央主要从以下方面强化了中央的财力。

第一，根据中央与地方政府的事权确定相应的财政支出范围。其中，中央财政主要承担国家安全、外交和中央国家机关运转所需的费用，中央直接管理的事业发展支出（如中央一级的公、检、法支出和

---

[1]《朱镕基答记者问》，人民出版社，2009年，第82页。

文化、教育、卫生、科学等事业费支出），中央统管基本建设投资，中央直属企业的技术改造和新产品试制费、地质勘探费、支农支出等。地方财政支出主要包括：地方统筹的基本建设投资、地方国有企业的技术改造和新产品试制经费、支农支出、城市维护和建设经费、地方科教文卫等各项事业费和行政管理费、价格补贴支出以及其他支出①。由此可以看出，中央减少了财政支出的范围，将大部分基础性事权都交给了地方。

第二，根据中央和地方支出责任的划分，按税种来划分中央和地方的收入。税种划分为中央税、地方税和共享税三大类。中央税主要包括消费税，中央企业所得税，铁道、银行总行、保险总公司等部门的主要税收（营业税、所得税、利润和城市维护建设税）等涉及国家利益和宏观调控的税种。地方税包括营业税、地方企业所得税和上缴利润、个人所得税、城市维护建设税，以及其他各种规模较小的税种。总的原则是除增值税、资源税、证券交易税外，中央企业的税收归中央，地方企业的税收归地方。同时，增值税（中央75%、地方25%）、资源税（海洋石油资源税归中央、其他资源税归地方）、证券交易税（中央地方各50%）这些收入稳定、数额较大、具有中性特征的增值税划为中央与地方共享收入（见表4-2）。对于中央税、共享税和一些重要的地方税种，税收立法权收归中央，重要的税目税率的调整权、开征停征权及减免税的审批权也被收归中央。虽然中央税与地方税的划分承认了地方政府的自治性和地方独立利益的存在，但将消费税和增值税划归中央，这两项税收几乎占到国家财政收入的半壁江山。

---

① 周黎安：《转型中的地方政府：官员激励与治理》，格致出版社，2008年，第175页。

表4-2　分税制下中央与地方的税收划分

税种	税收内容
中央税	1.消费税；2.中央企业所得税；3.来自铁道部、国有商业银行总行和国有保险公司和国有保险公司总公司的税收；4.外国与合资海洋石油企业所得税、营业税和特许权使用费；5.能源与运输基金收入；6.经济贸易委员会、电力公司、中国石化总公司与中国有色金属总公司所属企业营业税70%归中央；7.所有进口关税，进口增值税和进口消费税；8.银行与其他金融机构的企业所得税。
地方税	1.未被增值税涵盖的营业税（交通运输、通讯、建筑、金融和保险、邮电通信、文化和体育、娱乐、旅馆和餐饮等）；2.集市交易税；3.城市维护与建设税；4.城市土地使用税；5.车船使用税；6.来自经济贸易委员会、电力公司、中国石化总公司与中国有色金属总公司所属企业的产品和增值税的30%；7.土地增值税；8.教育附加费；9.筵席税和屠宰税；10.房产税；11.对集体企业征收的附加税；12.资源税。
中央与地方共享税	1.增值税（75%归中央，25%归省级政府）；2自然资源税（煤炭、天然气、石油及其他矿产资源、在开采企业完全为中资企业的情况下）；3.对计划外自用资金投资基建项目所征收的建设税；4.盐税；5.工商税、外资与合资企业所得税；6.证券交易、印花税（1994年50%归中央，50%归省；1997年改为80%归中央，20%归地方；2003年改为97%归中央，3%归地方）；7.企业所得税（2002年开始50%归中央，50%归各级地方；2003年改为60%归中央，40%归地方）；8.个人所得税（2002年开始征收，中央与地方各占50%）。

资料来源：Loren Brandt, Thomas G. Rawski eds. *China's Great Economic Transformation*, Cambridge University Press, 2008, p.437.

　　第三，设立独立的国税系统。"分税制改革后，中央税和共享税由国家税务总局负责征收，共享税中的地方分享部分由国税局直接划入地方金库，地方税由地方税务机构负责征收。在分税制改革以前，地方政府的财税不分家，而分税制改革将税务系统独立出来并且'垂直化'，各地的税务系统直接对上级税务部门负责。税务部门直接隶属于国家税务总局，税务部门的人员、工资、设备、业务都由上级税务部门管理，与地方财政'脱钩'。"①这种行政体制上的调整不但有力保证了税务部门对地方财政系统的相对独立性，而且保证了中央的税收政策能够在基层得到有力贯彻，以及中央财政收入随着地方的经济发展而稳步提高。

分税制改革后，中央的财政汲取能力显著提高（图4-2）。1994年，全国财政收入总额为5218.1亿元，到2014年，已经增长至140370.03亿元，约为1994年的27倍，平均每年增长6435.81亿元，年均增长率为18%。其中，全国财政收入从1994年的5218.1亿元增长至2004年的26396.47亿元，平均每年增长1925.3亿元。而从2004年到2014年间国家的财政汲取能力迅速提升，平均每年增长10361.2亿元。②其中，从中央财政收入占国家财政收入的比重来看，1994年前后也有天壤之别。这主要是通过两税（增值税和消费税）被划为共享税和中央税造成的。"1994年增值税和消费税这两项税收总计3089.7亿，占当年财政收入的53.6%。"③这是中央财政收入比重迅速上升的主要原因。这也使中央可以提供更好的全国性公共物品和服务，有能力在全国范围内进行再分配，以实现地区经济平衡和协调发展，也意味着中央能够更加有效地抑制国内的通货膨胀，抵制外部经济危机对本国的冲击。

此外，分税制改革还完善了财政转移支付制度，中央开始推行税收返还和财政转移支付制度，通过税收返还、财力性转移支付、专项转移

---

① 周飞舟：《以利为利：财政关系与地方政府行为》，上海三联书店，2012年，第54页。

② 数据来源：国家统计局网站，http://data.stats.gov.cn。

③ 胡鞍钢等：《中国国家治理现代化》，中国人民大学出版社，2014年，第183页。

支付的方式来对地方的财政进行补贴。①这对于中央政府调控地方行为、优化地方财政支出结构、引导地方财政资金流向都有重要作用。这也意味着，在财政支出方面，地方政府支出中的一大部分需要依赖于中央的转移支付，这也无形中增强了中央与地方之间的利益连带。

图4-2　中央财政收入占全国财政收入的比重（1993—2000年）

数据来源：《中国统计年鉴（2002）》，国家统计局网站，http://www.stats.gov.cn/yearbook2001/indexC.htm，第271~272页。

二、部门的垂直化管理

为了实现由经济的微观管理向宏观调控的转变，中央通过抽"条"的方式加强其在金融监管、市场监管等宏观调控领域的权力，以对宏观经济进行有效的调控，在社会主义市场经济体制下建立公平的市场和金融秩序，减少地方政府干预而导致的地方无序竞争和地方保护主义。

---

① 税收返还是以分税制设计的增值税和消费税为基数的增量返还，在2002年所得税增量分享改革之后，又加上企业所得税和个人所得税的基数返还。专项转移支付是中央拨付给地方的、指定了特定用途的资金，俗称"戴帽资金"；其他的一些中央与地方的转移支付统称财力性转移支付，是中央拨付的用于补助地方支出的资金。

（一）金融部门的垂直管理

改革开放初期，中国的中央银行系统分权程度很高，人民银行（央行）在每个省都有分行，地方分行的人事和福利都由当地政府控制，因此银行的决策受地方政府的影响很大，而常常不重视央行的指令。虽然放权改革后，地方分行对各地的经济增长做出了突出贡献，但不利于中央对宏观经济进行调控。20世纪80年代末中央为了保证宏观调控的政策能够得到有效实施，决定将地方分行的人事权收归中央银行，以保证中央银行与地方分行之间的政令畅通。但是这一改变并没有产生预期的效果，因为地方分行有他们独立的利益结构，它们更愿意利用其掌握的资源来发展地方经济，并从中受益。这最终导致了20世纪90年代初期的宏观调控危机，1992年到1993年间我国出现的房地产热、开发区热和股票热，也与银行系统缺乏有效的宏观调控有很大关系。

地方政府对银行的支配权影响中央对宏观经济的管理。朱镕基任总理后，对金融体系进行了大刀阔斧的改革。在进行顶层设计时，他也邀请了包括国际货币基金组织官员在内的许多外国专家帮忙起草《中国人民银行法》，并吸收了美国、日本和欧洲的经验。"我们主要借鉴的是美国和日本的经验。我们认为美国经验在很大程度上适用于中国，不过我们也考虑了日本的经验。日本也是一个东方国家，特别是在财政投资和融资方面的经验对我们是有意义的。然而，我们并没有简单地照搬美国和日本的经验。试拿日本举例，日本的财政部负责财政和银行业，而我们只有一个财政部和一个独立的中央银行，这与美国的做法类似。"[1]

---

[1]《朱镕基答记者问》，人民出版社，2009年，第86页。

在高层的推动下，1997年中央开始对中国银行和商业银行实行垂直管理，地方手中的金融权力被上收。1998年，中国人民银行各省级分行被撤销，重新建立了9个跨省的区级分行和北京、重庆两个营业部，形成央行总行—大区分行—中心支行（在分行所在地以外的省会城市和计划单列市设立）—支行（原地级市中心支行和县支行）四级管理体制。这些分行直接受中央银行的领导，人事财权都与地方脱钩，这次改革削弱了地方政府干预金融系统的能力，从而保证了中央的金融政策能顺利地贯彻实施。此后，中央设立证监会、保监会、银监会作为国务院直属事业单位，确立起分业监管的金融格局，这对于宏观经济稳定，防范大规模的金融风险起到了重要的作用。"撤销人民银行省级分行，成立跨省、自治区、直辖市分行将使我国货币政策决策和实施进一步统一，增加金融宏观调控的有效性，有利于保证中央银行依法独立、公正地履行其金融监管职责，有利于在跨省范围内统一调度监管力量，有利于摆脱各方面的干预，严肃查处违规的金融机构和责任人，从而提高金融监管的效率。"①

（二）市场监管部门的省以下垂直管理

为减少地方政府对微观经济和市场的干预、给市场竞争提供一个公平的环境，中央还对工商、质检、药监部门实行了省以下的垂直化管理。1998年，中央决定对省以下工商行政管理机构实行垂直管理。在经费方面，省级工商行政管理局按照"收支两条线"的原则，对省区范围内的工商管理系统的财务经费实行统一管理，省级以下工商行政管理机构实行人事、组织、经费等垂直领导。1999年，中央参照上

---

① 薛立强：《授权体制：改革开放时期政府间纵向关系研究》，天津人民出版社，2010年，第146页。

述做法对质量技术部门和国家药监局也实行了省以下的垂直管理，这无疑也对消除行政区域间的贸易壁垒、形成全国统一的市场、促进社会主义市场经济的健康发展起到了积极作用。2001年，国务院决定将国家质量技术监督局与国家出入境检验检疫局合并，组建中华人民共和国国家质量监督检验检疫总局，主管全国质量、计量、出入境商品检验、出入境卫生检疫、出入境动植物检疫、进出口食品安全和认证认可、标准化等工作。[①]通过对上述机构的垂直管理，更好地对全国经济进行宏观调控，打破地区封锁，在社会主义市场经济体制下创造公平竞争的市场环境。

对于市场监管部门，中央只是加强了省级政府监管，主要是组织、人事、经费的垂直领导，但依然需要地方政府的指导和支持，必然会受到地方政府的干预。"尽管垂直管理后部门的人、财、物不受制于地方，地方政府对垂直部门的影响或多或少地存在，比如当地部门在土地、水电、职工子女入学等方面必须依赖地方政府，由于当地部门的人员主要来自当地，传统的关系网络也会发挥作用。垂直部门在地方实施监督，也必须得到地方政府相关部门的配合和支持，如公安、司法，从而受到一定的牵制。虽然垂直管理部门在人、财、物上不依赖于地方政府，但如果与地方利益冲突太大，地方政府还可以利用司法、公安、审计、监察部门的力量影响垂直部门的领导和工作人员，比如检查违法乱纪行为。这些潜在的威胁手段将制约垂直部门的行为。"[②]因此，部门的垂直化管理既加强了中央和省级政府的宏观调控能力，同时也给予了地方一定的自主空间。

---

① 李瑞昌：《政府间网络治理：垂直管理部门与地方政府间关系研究》，复旦大学出版社，2012年，第103页。

② 周黎安：《转型中的地方政府：官员激励与治理》，格致出版社，2008年，第144~145页。

三、政企分离

改革开放以来，中央将一大批国有企业和财权、事权下放给地方政府，使得地方政府拥有相对独立的财政资金可以自主支配。这也激发了地方政府努力创造地方财政收入的动力，以至于不惜动用其所掌握的资源和权力兴办企业，或者以行政手段干预企业的经济活动。首先，政府为发展本地的企业，不惜采用"财政超支，银行超贷，甚至对外过度举债"的方式来支持企业的发展，并将大量资金投入到政府要求发展的重点部门，造成产业结构失衡和大量投资浪费。其次，政府对微观经济活动的过度干预往往导致政企不分、政商勾结与行政机构的腐败。"由于企业和政府部门有着密切的联系，对它们来说，很容易获得起飞的资本。此外，企业在政府的支持下，享有一定的特权，例如以计划内价格购买需求量很大的商品，如钢铁、煤炭和燃油，获得低息贷款，还可以从多年的免税中受益。"[1]在广东、福建这些享受中央特殊优惠政策的省份，一些官办企业甚至还影响了中央政策的实施。"官办企业使得中央领导人（或他们的子女）以及部委的领导干部能够直接分享到所有中央给予广东的优惠政策。这极大地减少了中央和广东省之间的矛盾。在改革开始之后，对广东模式的批评不绝于耳，但是广东的干部丝毫不担心中央领导个人的严厉批评，因为在适当的时候，总会有一些其他的中央领导人，或是高干的有影响力的子弟，站出来代表广东进行调解。"[2]由于企业和政府之间的结盟，中央的政

---

[1] 郑永年：《中国的"行为联邦制"：中央—地方关系的变革和动力》，东方出版社，2013年，第216页。

[2] 郑永年：《中国的"行为联邦制"：中央—地方关系的变革和动力》，东方出版社，2013年，第216页。

策很难在一些地方落实，并且"权"和"钱"捆在一起，必然助长腐败。它不仅削弱了国家的税收汲取能力，而且影响了受到关税保护的国内工业的发展以及宏观经济的稳定。

为创造公平的市场经济环境，同时保证中央宏观经济政策的贯彻实施，1997年9月，党中央开始实施以"政企分离"为核心的一揽子经济改革计划，解除政府主管部门与所办企业的行政隶属关系，使所有的政府与企业分离，使得中央能够对各个地方实施全面的宏观调控。到1999年初，所有的政府部门都宣布，它们已经和经济事务解除了关系。虽然这不意味着这些政府部门真的和企业就此划清了界限，但随着中央规定政企分开的政策和相关法规诞生，政府官员同时从事经济活动就变得不合法了。

通过激励分配机制的调整，中央在征税、金融监管、市场监管等宏观调控方面的权力有所增强。从1994年到1997年，国家财政收入出现较大幅度的增长，改变了中央财政羸弱的局面，这也有助于提高中央宏观调控能力。此外，在银行、企业、外汇、投资体制方面的一揽子改革保证了中央宏观调控的措施的顺利实施，国民经济也因此实现了"软着陆"。

在肯定这一时期纵向权力分配体制改革所取得的正反馈效应的同时，我们也不能忽视这一揽子改革所引发的新问题。首先，中央在将财税资源逐级上收的同时，并没有相应地将事权一并上收，减轻地方政府的支出责任。反而导致较高层级的省、市级政府根据中央与地方的财税分配比例相应提高了其与下级政府之间的财税分配比例，甚至还通过目标考核机制将事权责任逐级下压，加重了县、乡基层政府的财政负担和支出责任。分税制改革后，中央与地方在增值税上的分割比例是75：25，而在所得税上的分割比例为50：50（2003年后调整为60：40）。

其次，很多省、市领导为了在任期内搞出政绩，也往往将财力集中建设地级市，从而将县乡财政向上集中。在这种纵向权力分配体制下，基层政府的积极性可能会相对减弱。为此，从20世纪90年代以来，许多省份都在推行"省直管县体制"、改革"强县扩权"的试验，试图通过给予基层政府更大的自主权来调动其发展的积极性。

第三节　刚柔并济：纵向协调机制的弹性运作

伴随着纵向权力结构的调整，中央自上而下的协调机制也发生了相应的转变，在运作上表现出更大的弹性。首先，中央为避免地方主义兴起而导致的地方官员在组织上脱离中央的控制，加强了对地方干部的管理，强化了纵向政府间的组织连带。同时，为了维护地方政府的自主性空间，中央在处理地方主义的危机时，又对地方官员采取了适度宽容的态度。并且，在重大的经济、社会政策的决策上，中央仍保持与地方进行"民主协商"，充分听取地方的意见，满足地方政府的政策需求。在利益激励方面，中央虽然通过分税制改革将财税层层向上集中，但是为了维护地方政府的既得利益，中央又通过税收返还和财政转移支付的形式，将一部分财政收入返还给地方，并将与土地相关的收入划给地方，充分保持各级地方的发展积极性。

一、组织协调机制的弹性运作

由于地方经济的迅速发展，其所掌握的财力和资源不断增多，从而增加了其对抗中央的资本。地方在执行中央政策时常常发生"上有政策，下有对策"的情形，20世纪90年代中期甚至出现地方主义兴起的倾向。针对此种中央与地方在组织上难以协调一致运转的情况，中央一方面通过干部调任制度、干部交流制度加强了对地方官员自主性行为的约束，使其在追求地方利益的同时不偏离中央的方针、政策和整体利益；另一方面，在组织协调机制的运行上，中央依然采取适度宽容、民主协商等方式给地方留有一定的自主性空间，保持地方的活力。

（一）干部交流制度化

20世纪80年代以后，中央将一部分的人事任命权交给地方政府。从而使地方党政一把手获得了任命地方干部的主导性权力。但如果地方"一把手"长期在同一地方任职，又容易形成庞大的关系网络，滋生各种腐败现象，甚至导致地方主义泛滥，中央政策难以贯彻落实，威胁到纵向政府间协调一致运作。

20世纪90年代中期以来，伴随着地方主义的出现，中央通过干部调任制度和干部交流制度来约束地方官员的行为，避免地方势力的崛起。中央可以运用其掌握的人事权空降干部到各省，对各省实施直接的管理，同时也可以将各省的干部调任中央或其他地方。1995年，党中央发布《党政领导干部选拔任用工作暂行条例》，该《条例》规定，地方党委和政府领导成员在同一职位上任职满十年的，必须交流。这也就意味着一位省级干部在第二个任期结束时，如果还没有达到退休年龄，就必须调任。其中，调任还可以是出于工作性质的需要、增加工作历练和提高领导水平的需要、回避的需要及其他原因。不论出于何种原因，中央试图通过干部交流和调任制度来控制地方干部，避免地方权力关系网络扩大而滋生腐败，导致地方主义泛滥。

为加强对地方党政一把手的管理，1999年中央组织部又下发了《党政领导干部交流工作暂行规定》，重点推行党政正职领导干部及重要部门（如组织、纪检、财政、工商、公安）领导干部交流，并将干部交流制度规范化、制度化。一些重点岗位和重要职务还实行干部交流、回避、轮岗制度。[①]这就大大降低了地方官员对于辖区经济和人事的控制能力，有助于克服领导在同一个地方任职时间过长而产生拉帮结派和裙带主义现象，是中央限制地方势力崛起的一个有效的制度工具。

（二）适度宽容

中央通过干部调任和干部交流制度，加强了对地方官员的控制，以避免地方权力网络的形成，但组织协调机制在运作时仍然存在一定的弹性。例如，20世纪90年代末广东出现"诸侯经济"现象，影响到国家宏观经济调控时，中央都没有使用强制性手段将下放的财权、事权和优惠政策如数收回，也没有将广东本土籍干部从省政府领导层中全部替换，而只是将广东的省级一把手调任中央，同时扩大了省级领导班子的队伍。调查显示：1998年之后，广东省领导层中的外来干部数量在增加，但是除个别人员外，所有的外来干部之前都在广东任职。虽然外来干部的数量增加了，但是本土干部的数量没有减少。相反，省领导层扩大了，省委副书记的数量从3个增加到6个，而副省长的数量从8个增

---

① 需要交流的干部分为以下三类：第一类是需要通过交流丰富领导经验、提高领导水平的，这包括拟提拔担任县（市、区）以上党政领导干部；第二类是在一个地方或工作部门工作时间较长（任职满十年）的党政或部门领导干部；第三类是按规定需要回避的，比如新提拔担任县（市）委书记、县（市）长职务的干部，一般不得在本人成长地任职，有夫妻关系、直系血亲关系、三代以内旁系血亲及近姻亲关系等亲属关系，如双方同在一领导班子任职，或在同一单位担任直接隶属统一领导的职务，或有直接上下级领导关系职务的，其中一方必须交流。

加到9个。①与此同时，中央通过选派曾经在广东任职的外来干部加入省级领导层，努力说服本土籍干部支持中央和省委一把手的工作，重新将国家权力重新渗透到地方中去，同时又维护了地方的利益。

（三）民主协商

组织协调机制运作的弹性还表现在重大经济政策的决策方面，中央依然会与地方进行反复协商，听取地方的意见，寻找折中的解决办法。例如1994年，在推行分税制改革之前，中央财政虽薄冰将透，但中央也并没有重新将地方的财权上收。1993年9月到11月，时任国务院副总理朱镕基亲自带队与各省领导进行反复协商，在充分听取了各省意见后，重新确定了分税比例。"对于增值税和消费税的税收返还以1993年的两税总量作为返还基数全额返还给地方。自1994年后，返还数以两税增量的1∶0.3的比例增加。"②另外，将原有的国有土地出让收入由中央与地方按5∶95的比例分成调整为全部划给地方，在保证了地方的既得利益不受损害的基础上才使得后来分税制改革得以顺利推行。可见，中央为了与地方在某些重大决策问题上达成一致，民主协商的领导方式被反复运用，这在一定程度上增强了纵向组织协调机制运作的弹性和灵活性，既给予了地方一定的自主权，同时又不至于使地方在组织上脱离中央的控制。但中国的民主协商并不能等同于西方式的民主协商。这一点，中国的领导人具有深刻的认识。江泽民曾指出："如果中国采取西方式的民主，那将没有足够集中和强大的力量使国家保持团结并持续发展，民主对中国来说是个有价值的目标，但

---

① 郑永年：《中国的"行为联邦制"：中央—地方关系的变革与动力》，东方出版社，2013年，第329页。
② 周飞舟：《以利为利：财政关系与地方政府行为》，上海三联书店，2012年，第53页。

中国当前还承受不起。"①

二、利益协调机制的弹性运作

1994年，中央通过分税制改革将地方财政层层上集，提高了中央财政收入的比重，但为了保持地方发展的积极性，中央在财政集权的同时又通过税收返还等转移支付的方式将财政收入重新分配给地方，并将与土地相关的收入划给地方，在加强地方对中央的财政依赖程度的同时也给地方留下了巨大的利益空间，有助于充分调动地方各层级的发展积极性。

（一）税收返还与转移支付

虽然分税制改革将地方政府的财政层层上集，但是为了保护地方政府的既得利益，保持其发展经济的积极性，中国通过税收返还和转移支付的方式将财政收入重新分配到了地方。根据分税制的原则，中央必须以1993年从地方净上缴的财政数额作为税收返还的基数，全额返还地方，并以两税增量1:0.3的比例逐年递增。按照《中华人民共和国预算法》第五条第三款规定："地方各级政府预算包括下级政府向上级政府上解的收入数额和上级政府对下级政府返还或者给予补助的数额。"因此，地方政府的预算收入包含中央对地方的税收返还，且中央不得随意扣留或少拨。这也就很好地解释了为什么1993年中央财政汲取能力提高的同时并没有影响地方财政收入的增长。"从1995年至2012年，地方财政收入保持了18.3%的增长比例，超过中央同比的

---

① ［美］罗伯特·劳伦斯·库恩:《他改变了中国:江泽民传》，谈峥、于海江译，上海译文出版社，2005年，第253页。

17.1%。"①分税制事实上是一种收入集中、支出分权的财政体制，提高了地方财政对中央的依赖程度，强化了中央与地方之间的利益连带，以避免因"诸侯经济"而导致国家的"诸侯政治"，但中央通过税收返还的方式将集中上来的财政又重新分配给地方，并没有减少地方发展经济的财政基础。

1994年至2002年，中央对地方税收返还和转移支付从2259亿元增加到7352亿元，增长了3倍多，年均增长率为15%（见表4-3）。这就导致中央政府实际可支配的财政收入②占全国收入的比重并没有发生很大的变化，反而有所下降（见图4-2）。因此，中央只是通过财政集中的方式增强了地方对中央的依赖度，避免"中央一穷，中国就要分裂"的危机。在新的转移支付制度中，中央通过专项形式进行的转移支付数额显著提高，这一纵向发包形式有助于充分调动地方乃至社会"抓包"的积极性，共同来实现国家的总体性目标。

表4-3　1994—2002年中央财政转移支付资金规模

年份	税收返还		财力性转移支付		专项转移支付		转移支付总额	地方财政支出
	亿元	增长率	亿元	增长率	亿元	增长率	亿元	亿元
1994	1799	79.6%	99	4.4%	361	16.0%	2259	4038
1995	1867	78.6%	133	5.6%	375	15.8%	2375	4828
1996	1949	75.0%	161	6.2%	489	18.8%	2599	5786
1997	2012	73.7%	199	7.3%	518	19.0%	2729	6701
1998	2083	65.7%	210	6.6%	878	27.7%	3171	7673
1999	2124	54.3%	364	9.3%	1424	36.4%	3912	9035
2000	2207	49.7%	620	14.0%	1613	36.3%	4440	10367

① 胡鞍钢等：《中国国家治理现代化》，中国人民大学出版社，2014年，第183页。
② 中央实际可支配财政收入等于中央财政收入，加上地方上解收入，减去补助地方的支出。

续表

年份	税收返还		财力性 转移支付		专项转 移支付		转移支 付总额	地方 财政支出
	亿元	增长率	亿元	增长率	亿元	增长率	亿元	亿元
2001	2309	40.6%	1176	20.7%	2200	38.7%	5685	13135
2002	3328	45.3%	1623	22.1%	2401	32.7%	7352	15281

数据来源：周飞舟、谭明智：《当代中国的中央地方关系》，中国社会科学出版社，2014年，第51~52页；国家统计局网站，http://data.stats.gov.cn。

（二）土地出让补偿

考虑到地方政府的财权层层上收后，事权责任并没有相应地减少，反而层层下压导致基层财政倒挂的问题，中央将土地使用税、土地增值税、房产税、契税、耕地占用税和国有土地出让收入全部划给地方，弥补地方（尤其是基层政府）财政收入无法满足开支需求的困境。其中，土地出让金作为地方政府的预算外收入，用以维护地方政府的既得利益，保持各级地方政府创收的积极性。①但是为了避免地方政府盲目、激进的行为，中央又陆续出台了若干规定，约束地方政府的自主性行为。1995年，中央规定土地出让金优先用于农业和重点项目建设，其余用于城市建设，不得在经常性项目中使用；1997年，中央改变了1994年的划分方法，将存量土地收益继续划归地方，专用于城市基建、土地开发、中低产农田改造；增量建设用地全部上缴中央，用于耕地开发；土地出让收益全部纳入地方财政管理。1999年，新增建

---

① 1990年，国务院颁布了《中华人民共和国城镇国有土地使用权出让和转让暂行条例》，赋予市、县地方政府负责土地的开发和有偿使用，规定市、县政府享有国有土地使用权的出让权。同时，各级地方政府都有自己的土地审批权。

设用地出让收益由中央和地方三七分成，均用于耕地开发。①

（三）政策引导

在中央的政策引导下，发展房地产业也成为这一时期新的经济增长点。1994年7月，国务院发布《关于深化城镇住房制度改革的决定》，取消了福利分房，尝试建立与社会主义市场经济体制相适应的城镇住房制度，建立以中低收入家庭为主、具有社会保障性质的经济适用房住房体系，同时建立高收入家庭商品房供应体系，以此来扩大内需，促进消费。

1997年后，亚洲金融危机对企业的影响很大，尤其是乡镇企业，大量陷入亏损状态。中央为寻找和开辟新的经济增长点，保持国民经济健康持续发展，决定将房地产作为新的消费热点和经济增长点。1998年，国务院下达《关于进一步深化城镇住房制度改革加快住房建设的通知》，将住宅业确立为新的经济增长点，停止住房实物分配，实行住房分配货币化，建立以经济适用房和廉租房为主体的房屋供应体系，并且由政府垄断经济适用房、廉租房这些带有社会保障性质的住房。由于地方的市、县政府掌握着国有土地出让和审批权，因此，中央改革城镇住房体制的决定事实上引导着地方政府通过经营土地来带动经济增长。这不仅能为地方官员创造政绩，还让他们分享了垄断经济适用房和廉租房供应的利润。因此，地方政府通过"经营土地"的积极性就被充分调动起来，并通过低价交易成本征收和变更土地类型、低价转让工业用地、高价出让商住用地、囤积土地、土地融资等各种形式来创收。

---

① 曹海涛：《产权、分税制与地方政府行为》，香港中文大学网站，http://www.usc.cuhk. edu.hk/PaperCollection/webmanager/wkfiles/2012/201408_29_paper.pdf，第124页。

综上，20世纪90年代后，中央虽然加强了其在组织人事和激励分配上的控制权，但也通过纵向组织、利益协调机制的弹性运作保护了地方政府的既得利益和自主性空间。因此，即使90年代初期的经济过热、地方主义泛滥而国家汲取能力减弱的危机曾一度引起学者的警惕和恐慌，但中国依然能很快地从这种危机中恢复过来，并没有如一些学者所预言的那样走向制度崩溃。正是在这个意义上，当代中国纵向政治制度虽然在运作中也产生了一些负面后果，但它充分释放出稳定和发展的制度功能，既维持了国家的统一与稳定，又保护了地方发展的积极性和主动性。

第四节 地方积极性的转变及其后果

针对改革开放后纵向政治制度在运作中出现的矛盾与危机，政治领导人的发展观念也发生了相应的变化，更加强调要在稳定中求发展，也就是说要在中央的宏观调控和统一领导之下兼顾地方的灵活性。因此，这一时期中央在加强其在财政、金融、市场监管等方面的宏观调控权力的同时，并没有进一步向地方放权，而是通过利益协调的方式将与土地相关的财政收入划给地方、加大对地方的财政转移支付力度和政策引导来保持地方的既得利益，调动各层级政府的发展积极性。

一、发展的压力与领导人观念的演化

在平稳度过政权交替阶段的政治危机后，纵向制度进入延续阶段。但在日益激烈的国际竞争中，中央领导人仍然面临着很大的发展压力。1997年5月，美国有线新闻电视记者陈梦兰在采访江泽民时问道："您

早晨醒来，心里想到的最重要的事是什么？"江泽民回答道："每个人都有不同的习惯，我通常很晚才睡，在我的心目中，就内政而言，最大的问题就是如何确保12亿中国人民的温饱。怎样才能改善他们的生活呢？从人权的角度来说，这是他们的生存权。对于一个没有面临和我们相同情况的国家来说，这是很难想象的……我总是想，怎样才能使一部分地区、一部分人先富起来。然后实现共同致富的目标。"①邓小平曾经说："贫穷不是社会主义"，而江泽民在后面加了一句话，将其发展为"物质贫乏不是社会主义，精神空虚也不是社会主义"。可见，在促进经济发展、提高人民生活水平方面，历任中央领导人的目标具有一致性。

鉴于第二代中央领导集体主政时期在发展上所取得的绩效，第三代中央领导集体也沿用了前任留下来的制度经验，强调要发挥"两个积极性"的原则。这在1995年党的十四届五中全会发布的《正确处理社会主义现代化建设中的若干重大关系》中有较为明显的体现："发挥两个积极性，是国家政治和经济生活中的一个重要原则问题，它直接关系到国家的统一、民族的团结和全国经济的协调发展。"江泽民还特别从经济的角度阐述了这一点："我们国家大、人口多、情况复杂，各地经济不平衡，赋予地方必要的权力，让地方有更多的因地制宜的灵活性，发挥地方发展经济的积极性和创造性，有利于增强整个经济的生机与活力。"

另一方面，此前由于放权让利所导致的新问题也使政治领导人的发展观念也发生了变化。改革开放以来，实行权力下放，地方积极性得到充分发挥，有力地推动了经济上的发展。这是一条重要经验，应当充分加以肯定。但在这个过程中，也出现了一些新的矛盾和问题。

①［美］罗伯特·劳伦斯·库恩：《他改变了中国：江泽民传》，谈峥、于海江译，上海译文出版社，2005年。

有的地方和部门过多地考虑本地区、本部门的局部利益，贯彻执行中央的方针政策不力，甚至出现了"上有政策、下有对策"，"有令不行、有禁不止"的现象。因此，这一时期，中央领导人更加注重国家全局利益，不允许损害国家全局利益的地方利益和部门利益，强调在中央的统一指导之下，兼顾局部利益的灵活性。既要有维护国家宏观调控的集中，又要在集中指导下赋予地方必要的权力。"当前应抓紧合理划分中央和地方的经济管理权限，明确各自的事权、财权和决策权，做到权力和责任相统一，并力求规范化、法制化。必须加强中央的统一领导，维护中央的权威。宏观调控必须集中在中央，中央在制定政策时要充分考虑地方合理的利益和要求，地方要自觉服从和顾全大局，正确运用国家赋予的必要权力，调节好本地区的经济活动。"①这也就确立了在其主政阶段在"稳定中求发展"的改革方向。

从外部环境来看，1997年亚洲金融危机使中国的经济也受到重创，出现了经济困难的局面。时任总理朱镕基曾表示："1997年中国的出口增长了20%，到1998年出口几乎变成了零增长，进出口是负增长；有的中小金融机构发生了一些危机或挤兑；国有企业约有1000万职工下岗；因为需求不足，大多数工业、农业产品生产能力供过于求。"这给中央领导人造成了很大的发展压力，外部的经济危机使其不得不主动采取措施，为国民经济的发展护航。为此，党中央、国务院调整了之前实施的适度从紧的财政和货币政策，转而采取积极的财政和货币政策，增发国债，鼓励地方进行基础设施建设和投资，以此带动国民经济的发展。此外，中央还试图通过改革城镇住房供应体系来发展房地产业，通

---

① 杨春贵：《学习江泽民同志〈正确处理社会主义现代化建设中的若干重大关系〉十二讲》，中共中央党校出版社，1995年，第11页。

过扩大内需来带动国民经济的进一步发展。时任总理朱镕基也表示："从全国来说，经济适用住房建设，将是今后长期带动国民经济发展的最重要的消费热点。大力推行住房商品化、发展经济适用住房建设，是振兴整个经济的一个重要途径和必然选择。"①

为了实现发展的目标，第三代中央领导集体在强化中央宏观调控的基础上，依然保留了地方所享有的部分财权、事权和决策权。例如，分税制改革中对中央税与地方税进行了明确的划分，事实上也就承认了地方政府的财政自主权和地方独立利益的存在。2000年，九届全国人大第三次会议还审议通过了《立法法》，进一步明确了中央与地方的立法权限及其效力。②虽然中央为了加强其宏观调控能力，将金融和部分市场监管的权力上收，但是大部分的事权依然被地方政府掌握，最重要的是，地方政府管理经济社会事务的权力并没有实质性的变化。概括而言，地方政府至少有以下七个方面的重要权力：制定本地经济的年度计划和长期规划、发展战略和产业政策的权力；财政资金的支

---

① 《朱镕基讲话实录》(第2卷)，人民出版社，2011年，第406页。

② 该法的第八十条规定："省、自治区、直辖市的人民代表大会及其常务委员会根据本行政区域的具体情况和实际需要，在不同宪法、法律、行政法规相抵触的前提下，可以制定地方性法规。"第八十一条规定："设区的市的人民代表大会及其常务委员会根据本市的具体情况和实际需要，在不同宪法、法律、行政法规和本省、自治区的地方性法规相抵触的前提下，可以对城乡建设与管理、生态文明建设、历史文化保护、基层治理等方面的事项制定地方性法规，法律对设区的市制定地方性法规的事项另有规定的，从其规定。设区的市的地方性法规须报省、自治区的人民代表大会常务委员会批准后施行。省、自治区的人民代表大会常务委员会对报请批准的地方性法规，应当对其合法性进行审查，认为同宪法、法律、行政法规和本省、自治区的地方性法规不抵触的，应当在四个月内予以批准。省、自治区的人民代表大会常务委员会在对报请批准的设区的市的地方性法规进行审查时，发现其同本省、自治区的人民政府的规章相抵触的，应当作出处理决定。"这就为地方政府的自主权提供了法律依据。

配权；影响银行信贷[①]以及地方金融机构（城市商业银行）的权力；制定和提供各种优惠政策招商引资的权力；项目的审批权；土地出让和使用权；实施合同的调解纠纷的权力。[②]由此可见，地方政府仍然掌握着影响当地经济发展的关键性权力和生产要素，其进行经济管理的权力实际上并没有削弱。

二、地方政府积极性的转变

20世纪90年代中期以后，国有企业和乡镇企业由于经营不善而纷纷改制，使得地方政府难以通过经营企业来创造财政收入。在新时期的政策引导下，地方政府转而发展民营经济，开展大规模的招商引资，并通过"经营土地"来带动经济的发展。

（一）发展民营经济与招商引资

与第二代中央领导集体主政时期有所不同的是，20世纪90年代中期以来，地方政府已经不再通过大规模投融资帮助国有企业和乡镇企业的发展，而是主导国有企业和乡镇企业改制。其背后的驱动因素是国有企业大面积亏损、地方政府预算约束硬化和产品市场及资本市场的竞争造成国有企业处于相对劣势的地位。这也大大降低了地方政府通过经营国有企业获得的利润，反而因为国有企业的大面积亏损加重了地方政府的财政负担。此外，1994年的分税制改革后，消费税与75%的增值税收归中央财政，减少了地方政府经营企业所获得的财政收入。这使得需要得到政府财政补贴的国有企业的命运雪上加霜。因

---

① 在银行系统脱离地方政府控制之后，地方政府通过出资建立信托公司，以财政资金吸引银行投资给企业。

② 周黎安：《转型中的地方政府：官员激励与治理》，格致出版社，2008年，第292页。

此，90年代中后期开始，地方政府开始主导国有企业进行改制，这也意味着地方政府不再拥有对国有企业的所有权，因而也会减少对改革后的国有企业的干预。

在基层政府也不例外，第二代中央领导集体主政时期县、乡基层政府主要是靠支持乡镇企业发展来创造财政收入，但是20世纪90年代中期以后，中央为了抑制地方经济过热而加强了对经济的宏观调控，中央开始实行适度从紧的财政政策，提高了贷款的利率，这就使主要依靠政府贷款融资的乡镇企业资金周转更加困难。再加上亚洲金融危机的冲击，使大量乡镇企业亏损严重。90年代后，基层政府也开始主导乡镇企业向私营企业的改制。

这一时期，地方推动经济发展的方式发生了一些转变，由第二代中央领导集体主政时期经营国有企业、发展乡镇企业到第三代中央领导集体时期政府开始寻找新的经济增长点。随着1992年社会主义市场经济体制的建立，民营企业所面临的政策和法律歧视解除，政府开始大力支持民营企业、发展民营经济。此外，地方政府还通过招商引资来带动地方经济的发展。多地的市委书记都提出"招商引资是第一要事、第一政绩"的口号。不过，地方政府已不再直接经营和管理企业，而是转变职能为企业的发展提供服务。例如，完善地方的基础设施建设、制定和调整项目规划、提供优惠的政府政策和税收政策（如外资企业投产后若干年内减免企业所得税）、帮助企业贷款和融资、提供后勤服务（如信息平台的建设与维护、招商运作的领导与推进、投资服务）等。外资企业的入驻不仅可以促进地方生产总值的增长，而且可以解决当地的就业问题，提高政府的税收收入。从20世纪90年代中后期开始，全国各地方兴起了一股"招商引资"热。"到2002年，中国已经建立起5000个组织形式各异、功能定位不同的经济园区。"①据统计："1990年，在工业制造业中，外资经济占经济总量的比重仅为2%。到2002年，这一比重已经增长到28.7%。"②此外，还有许多学者通过实证分析来论证招商引资与地方经济发展的正相关性。例如吴铮就以青海省十多年来的招商引资数据为基础进行了实证分析，并得出结论："招商引资到位资金每增长1个百分点，对青海经济增长会起到1.02%拉动作用。"③

（二）经营土地

20世纪90年代中期以后，国有企业大规模改制，地方政府无法通过经营企业来获得稳定的财政收入，因而开始热衷于吸收私人（包括海外资本）投资，在招商引资中，低价的工业用地恰恰是地方政府最为主要的诱饵。"众多由政府所主导开发的工业园区，土地出让价格甚至低于其土地开发成本。例如平均每亩开发区成本近10万元的工业园区，平均出让价格仅8.83万元。近四分之一的园区土地平均不及开发区成本的一半，这种现象在上海、江苏、广东省普遍存在。"④可见，地方政府是有极高的经营土地的需求的。此外，分税制改革后，中央还将土地出让金及相关税种（城镇土地使用税、土地增值税、房产税等）划给地方，由于各级地方政府本来就拥有土地开发、有偿使用权

---

① 潘同人：《嵌入关系：中国招商引资中的政府与市场》，南开大学博士学位论文，2014年，第57页。

② 何可造：《区域经济发展与招商引资》，《探索与争鸣》2004年第2期。

③ 吴铮：《招商引资与经济增长的关系研究——基于青海省十多年来招商引资数据的实证分析》，《企业经济》2012年第1期。

④ 中国土地政策改革课题组：《中国土地现状解密：土地财政与地方政府》，http://wenku.baidu.com/link?url=gVByfgJUEDW96bXvu6m-xvLfWHyg5ppWgV7P-87Bwsne-3c9tsrQQK4xtOm9W2noEhbbvFzwrLe1hNiHur4U9XFO8miK0sAW55hocFtkxAu。

和土地审批权，这就极大地调动了地方经营土地的积极性。

地方政府经营土地的行为极大地提高了地方的财政收入。分税制改革后，营业税、企业所得税三者所占的比重最高，将近所有预算收入的七成，并且这些收入的增长速度较快。这恰恰与地方土地出让有重要的关联。我们可以从学者的实证研究中得出这样的结论。其中，一项针对全国262个地级市的研究显示："1999—2004年之间，协议出让土地的数目对地方收入有显著滞后的影响，此正效果特别明显于协议出让土地对企业所得税和营业税的影响。这表明，地方政府协议出让土地导致企业所得税增加，也使部分服务业（尤其是房地产业和建筑业）营业税快速增长。"[1]此外，周飞舟的相关研究也得出了相同的结论，即"房地产业和建筑业的所得税与营业税已经成为众多地方政府的主要财源"[2]。这之后，他还通过在地方进行了深度的个案调查，相关数据显示："在绍兴县，土地的间接税收和直接税收在地方预算内的比重从2001年的30.5%增长到2003年的38.4%，其中，预算内收入有三分之一来自经营土地产生的相关税收。而土地出让金占到预算外收入的60%左右，几项加总，由经营土地产生的相关收入占到地方财政的一半以上；而在西安的长安区，从1999年到2003年，所有土地税收占总财政收入的比重竟从22.7%上升到57.5%。"[3]

由于"财政收入"是地方领导人政绩的主要指标，因此地方政府有极大的动力去进行土地征用、发展城市的房地产业和建筑业。甚至

---

[1] 曹广忠、袁飞、陶然：《土地财政、产业结构演变与税收超常规增长——中国"税收增长之谜"的一个分析视角》，《中国工业经济》2007年第12期。

[2] 周飞舟：《生财有道：土地开发和转让中的政府与农民》，《社会学研究》2007年第1期。

[3] 周飞舟、谭明智：《当代中国的中央地方关系》，中国社会科学出版社，2014年，第76~78页。

一些地方政府为了增加土地财政而出现急功近利的倾向。例如，地方政府为了创造土地收入将大部分流失的耕地转为建设用地，甚至超额占用土地，导致城市大规模扩张和大量土地资源浪费。另外，土地违法案件也不断增多，根据国土资源部提供的数据：2003年，中国土地违法案件17.9万件，涉及耕地面积3.3万公顷，其中涉案耕地面积所占的比重为49%，达到历年之最。[①]这也意味着大量耕地流失，大量失地农民利益受损。

值得引起注意的是，以吸引私人资本投资和经营土地而创造财政收入的做法更有助于调动地市级地方政府的积极性，但对乡镇基层政府的激励作用相对更小。因为20世纪90年代中期以后，大量的乡镇企业向私营企业改制，而私营企业即不用上缴企业所得利润，也无须承担乡镇的公共服务职能。在招商引资方面，由于乡镇基础设施落后，交通不便，更缺乏招商引资的基础性条件。因此，乡镇财政收入主要以农业收入为主，同时通过出让流失的耕地来获取预算外收入。这使分税制以来本来财政负担就有所加重[②]的乡镇政府入不敷出，更加依赖于计划外的财政收入或其他资源，包括集资、罚款、举债及向企业和个人摊派征收的各种税费。"越是在基层、越是在经济不发达的小城镇，政府对个体户和中小企业的收费、罚款就越严重，甚至让路政、城管、交管等上路收费和罚款，甚至搜刮过路的汽车司机。"[③]一些学者的研究也指出了基

---

① 中华人民共和国国土资源部编：《中国国土资源年鉴（2003）》，国土资源年鉴编辑部，2003年，第672页。

② 分税制以后，财政层层上收，虽然中央通过税收返还和转移支付的形式将财政收入重新分配，但是税收返还是返还给省级政府，而省以下仍然实行财政包干制，财政在向下传递的时候被各级政府层层克扣，但财政支出责任却层层下压。在财政转移支付制度尚不完善的情况下，分税制改革相对加重了基层政府的财政负担。

③ 李炜光：《分税制的完善在于财政与事权的统一》，《税务研究》2008年第4期。

层政府债务负担严重的问题。"分税制改革后，乡镇的负债规模不断扩张，出现了各种形式的负债。这些债务具有数额大、负债面广、债权人结构复杂、逾期债务多、债务利息高等特点，成为乡镇政府的重大隐患，使得乡镇政府难以发挥其在治理中的积极性，甚至连日常的基础职能都难以履行。"①基层政府还往往将财政责任和负担转嫁到下辖组织和农民身上，出现"乱收费、乱罚款、乱摊派"的"三乱"现象，且屡禁不止。为此，中央在2000年决定在全国农村实行税费改革，主要目标正是正税清费、规范税制和治理"三乱"，以减轻农民的税费负担，但这对于"造血"能力弱的基层政府来说作用极为有限。

由于我国各地的资源禀赋和区位优势不同，不同区域在招商引资和经营土地上的优势也有所差异。在我国的东部沿海地区，由于区位优势好、经济发达且享受国家的倾斜授权，因此在招商引资方面表现出更大的优势。相比较而言，我国的中西部地区则相对处于劣势。另外，在土地出让方面，不同区域的土地出让收入也呈现很大的差异。"仅2004年，东部地区的商业用地出让金收入为3374.5亿，占地方政府财政收入的46.8%，中部地区这一收入为1206.6亿，占地方财政收入53.6%，但西部地区的土地出让收入仅381亿，同一比例为19.2%。"②这就导致分税制改革之后，我国区域之间的差距不断扩大（见表5-1）。事实上，中央已经开始关注到这个问题，并于21世纪初开始将地区的倾斜政策转向中西部地区，并提出"西部大开发""振兴大东北""中部崛起"等区域发展战略，以减少地区差异，实现区域统筹发展和共同富裕，其实施效果我们在下一章节还将继续分析。

———————————

① 黄伯勇：《从财政体制的角度分析我国乡镇债务问题》，《社会科学研究》2008年第2期。

② 王有强、卢大鹏、周绍杰：《地方政府财政行为》，《中国行政管理》2009年第2期。

小　结

　　行文至此，有必要来总结这一时期中国纵向政治制度的演化。首先，这一时期受经济过热以及由此引发的地方主义泛滥、地区差距扩大的危机的影响，以及已有制度经验的影响，中央领导人的发展观念发生了一些变化，使其在将发展作为第一要务的同时，也意识到加强中央宏观调控的重要性。因此，这一时期，强势的政治领导人朱镕基通过财政、金融、企业三大领域的改革强化了中央宏观调控的权力。具体表现为财政、金融、市场监管权力的上收，以此来加强国家的汲取能力和宏观调控的能力，成功缓解了经济过热的局面，遏制了地方主义的崛起。此外，中央还通过组织、利益协调机制刚柔并济的弹性运作，一方面加强了对地方政府自主性行为的约束，另一方面又保护了地方政府的既得利益和自主性空间，使制度充分释放出稳定性和发展性的功能。

　　这一时期，由于国家尚未完全解决人民的温饱问题，国家领导人依旧面临很大的发展压力。但考虑到前期地方投资过热的危机，这一时期，中央领导人更加强调要在中央的统一指导下，兼顾地方的灵活性。因此，这一时期中央并没有再进一步向地方放权，而是在加强其宏观调控权力的基础上，通过组织上的干部调任制度、干部交流制度的建立避免地方势力的崛起及其对制度稳定的威胁，同时通过组织上适度宽容、民主协商的协调方式维持地方的自主性空间。在利益协调机制的运作上，中央为弥补地方政府在财政层层上收之后出现的财政紧张，将土地出让收入划给地方，鼓励地方经营土地，并通过政策引导，将房地产业作为国民经济的新增长点极大地调动了地方政府经营土地、发展房地产业的积极性。

制度变革往往也伴随着一些新的问题和新的矛盾。首先，中央在将财政、金融、市场监管的权力向上集中、加强宏观调控的同时，并没有将与之相对应的事权一并集中。一些地方政府为了实现经济发展而将事权责任层层下压，导致基层政府财政入不敷出、债务严重，甚至将财政负担转嫁到农民身上，从而引发了基层政府与社会的矛盾。其次，中央将土地收入划给地方，激励地方不断通过扩张其自主性空间，想方设法通过经营土地来增加财政收入。在这一过程中，政府与开发商、企业结为利益联盟，产生了大量腐败问题。再次，地方政府在经营土地的过程中常常为了征地而损害土地所有者的合法权益，引发了土地矛盾和社会抗争。这些社会矛盾和冲突不断积累也可能导致新的制度危机。但制度的存续是一个动态演化的过程，在这个过程中，关键行动者可以通过充分发挥主观能动性来解决制度运作中产生的问题与危机，使制度适应其所处的政治生态的变化。因此，中国纵向政治制度的生存和发展还取决于行动者面对内外部的危机环境能否及时回应、有效化解，使制度的功能得以充分释放。

第五章

2003—2013年纵向政治制度的演化

　　2003—2013年，中央通过加强其宏观调控的权力，同时辅之以组织、利益协调机制的弹性运作，成功地实现了国民经济的软着陆，实现了稳定压倒一切的目标。但区域差距不断扩大的问题依然没有解决，还呈现愈演愈烈之势。并且，分税制改革后财权的层层上集也使地方政府不断扩张其自主性空间，通过招商引资、经营土地来获取财政收入，带动经济的发展。但地方政府的自主性行为也常常偏离国家的利益，甚至损害社会的公共利益，从而引发了新的纵向治理危机。在危机处理方面，以胡锦涛同志为核心的党中央领导集体充分吸取了前任领导人的经验，通过加强中央的宏观调控，组织、利益、目标协调机制的科层化、规范化运作来约束地方政府的自主性行为，解决地方政府责任弱化的问题，以实现国家统筹发展。

　　除了解决制度危机以外，当以胡锦涛同志为核心的党中央领导集体接过社会主义国家现代化建设的接力棒时，他们依然面临着很大的发展压力。尤其是在2007年国际金融危机之后，美国乃至世界的经济恢复需要经历一个漫长而曲折的过程，这也就意味着我国要依靠出口来带动经济持续发展的可能性很小。因此，如何转变经济增长方式、成功避免国家陷入"中等收入陷阱"①是这一时期面临的巨大挑战。在这样的政治生态下，党中央提出了"科学发展"的战略目标。在约束地方政府自主性行为的基础上，中央通过扩大转移支付的规模来弥补地方的利益损失，同时实现区域均衡发展的目标，并通过政策引导来促进消费、扩大内需、拉动国民经济的持续快速发展。此外，中央还发起了向地方和社会放权的试验，以实现全面、协调、可持续的发展，包括推行简政放权的改革，将一大批行政审批项目取消或下放，以调动社会的活力；实施区域发展战略，给中西部地区特殊的优惠政策，并赋予其灵活实施的自主权，以实现区域的统筹发展；此外，中央还进一步将先行试点权有选择地下放给地方，以寻找新的经济增长点，同时为全面深化改革积累经验。

在本章的第一节分析了第四代中央领导集体主政时期面临的国内外危机环境及领导人战略目标的转变；第二节和第三节在"观念—行动"互动的框架下，分析了在新的战略目标引导下纵向政治制度的变革，包括纵向权力结构的调整，也包括组织、利益、目标三重协调机制运行方式的变化；第四节总结了科学发展阶段的制度绩效及意外后果。

---

① 中等收入陷阱是指一个国家的人均收入达到中等收入3000美元以后，由于不能及时转变经济发展方式，长期依赖劳动力密集型产业，处于国际产业链的低端，缺乏创新和活力而导致的经济动力不足，最终出现经济停滞的状态。

第一节 国内外双重危机与领导人战略的演化

到第四代中央领导集体主政时期，中国的经济实力已经明显增强。2003年，中国的国内生产总值已经排名世界第七，人民生活也有了明显提升。但要实现全面建成小康社会和现代化建设的第三步战略依然要靠发展。在这一阶段，中央领导人面临国内宏观失控的危机和国际金融危机的双重影响。在危机环境下，中央的发展战略也相应地发生了转变。中央领导人试图改变以政府投资为主的粗放型经济增长方式，实现"科学发展"的目标。为缓解国际金融危机对国民经济的冲击，中央也通过政策引导不断扩大内需，为中国经济寻找新的增长点。

一、国内宏观失控的危机与领导人观念的演化

第三代中央领导集体主政时期，中央领导人在延续第二代中央领导集体主政时期放权让利的发展思路的基础上，加强了中央的宏观调控，成功地度过了20世纪90年代中后期的政治经济危机，有效实现了国家整合与经济发展的双重目标。然而制度在运作的过程中也产生了意料之外的新问题和新矛盾，尤其是在纵向协调机制的弹性运作下，地方官员在实现地方利益和绩效目标时往往忽视了国家的整体利益及其所承担的社会责任。此外，地区差距的持续扩大造成了宏观失控的危机，这些新问题如果没有得到妥善地解决将危及政权的稳定。

（一）地方政府自主性扩张

这一时期，中央虽然通过选择性集权的方式加强了中央的宏观调

控，但依然保护了地方的既得利益及自主性空间。尤其是在经济管理方面，地方政府依然在辖区经济发展中扮演着主导性的角色。并且，分税制改革后，中央又进一步将土地收入划归地方，并通过政策引导鼓励地方政府经营土地，事实上扩大了地方政府的利益空间。这种对地方政府的强激励在促进经济实现飞跃式发展的同时，也产生了诸多问题，例如土地矛盾和社会抗争。据学者统计，在全国轰轰烈烈的城市建设运动中，地方政府违法征地、强制拆迁等违法案件不断增多："2003年各省区市共发现各类土地违法行为17.9万件（含历年隐漏的7.5万件），立案查处12.8万件，涉及土地面积102万亩（其中耕地49.5万亩）。已有925人受到党纪、政纪处分，132人被追究刑事责任。"[1]

一些地方官员甚至为了追求地方利益和政绩偏离了中央的方针、政策和国家的整体利益。例如，有的地方政府为了招商引资，在中央规定的范围之外擅自批缓税、擅自减免税、改变税率税基、擅自先征后返。一些地区还出现了"空心开发区"以及企业"区内注册、区外经营"的现象。地方政府自主向企业提供的服务还有很多，包括违规为企业服务，只要地方政府支持，所有的项目都可以先上马再说，征地、拆迁补偿、项目审批和规划、环保评估等手续都可以事后补上。[2]甚至，地方政府为了促进地方经济发展，公然违反国家的法令、政策。

（二）地区差距持续扩大

受区位因素的影响和中央分殊化的放权，不同区域在发展经济方

---

① 李军杰、周卫峰：《地方政府主导辖区经济增长的均衡模型》，香港中文大学中国研究服务中心网站，http://www.usc.cuhk.edu.hk/PaperCollection/Details.aspx?id=4076。

② 周黎安：《转型中的地方政府：官员激励与治理》，格致出版社，2008年，第294页。

面享有的资源禀赋和政策优惠都有所差别，东部沿海地区在吸引外资和经营土地方面的优势显然大过中西部地区。相对而言，经济形势好的省市虽然上缴的财政收入更多，但其"造血能力"更强，中西部贫困地区的"造血能力"较弱。虽然中央通过财政转移支付努力实现地区间财政支出的均等化，但分税制后中央的财政分配仍然具有向发达地区倾斜的特点。"改革初期，中央虽然形式上占财政收入的主体，但由于大规模财政资金要以税收返还的方式直接返给地方政府，其实际可支配的财政收入仍然有限。同时，20世纪90年代中后期中国遭遇亚洲金融危机的巨大冲击，国内又面临大规模国企改革的严峻挑战，使得国家经济和财政增长明显放缓，不得不将有限的财政投入应对经济危机和国企改革等重点领域。因此，虽然分税制改革后中央就试图建立规范的财政转移支付体系来平衡区域间的财力差距，但整个90年代中央真正投入这一块的资金非常有限。"①在这种情况下，分税制改革后中国地区间的财力差距不但没有缩小，反而呈现出逐渐扩大的趋势（见表5-1）。已有研究也显示出相同的结论："2001年，中国最富裕的城市上海的人均国内生产总值达到37352元，而同期最贫穷的贵州人均国内生产总值仅2895元，两地的地区差距扩大到12倍。此外，全国各省市之间的相对差距也逐年扩大，相对系数差异由1994年的67.05扩大到2001年的76.42（数值越大，代表地区差异越大）。1994—2001年中国最富裕的城市上海与最穷的贵州之间的绝对差距已经较前期扩大了3~4倍，而全国各地区之间的相对差距也有所扩大。"②这也从侧

---

① 焦长权,王伟进:《迈向共同富裕的财政再分配——政府间转移支付的动态效应与制度逻辑》,《社会学研究》2023年第1期。

② 王嘉州:《理性选择与制度变迁:中国大陆中央与地方政经关系类型分析》,台湾政治大学博士学位论文,2003年,第169页。

面说明中央的实质财政能力仍显不足。

表5-1　中国各省市人均国内生产总值差距在四项指标上的变化（1994—2001年）

（单位：元）

年份	最大值	最小值	全距	标准差	平均数	差距倍数	差异系数
1994	1553	15204	13651	2881	4297	9.79	67.05
1995	1853	18943	17090	3620	5338	10.22	67.82
1996	2021	22275	20254	4179	6131	11.02	68.16
1997	2215	25750	23535	4790	6845	11.63	69.97
1998	2318	28240	25922	5267	7367	12.18	71.49
1999	2475	30805	28330	5756	7802	12.45	73.77
2000	2662	34547	31885	6523	8592	12.98	75.91
2001	2895	37382	34487	7166	9377	12.91	76.42

数据来源：王嘉州：《理性选择与制度变迁：中国大陆中央与地方政经关系类型分析》，台湾政治大学博士学位论文，2003年，第169页。

（三）地方政府社会责任弱化

在以财政收入、经济增长为主的地方官员绩效考核制度激励下，地方政府主要依靠招商引资、经营土地来增加地方的财政收入，同时推动地方经济发展，但也导致了地方政府社会责任弱化的倾向。大量的地方公共支出用于投资交通运输、通信设施、电力、燃气、水电供应等经济性基础设施建设，这些投资对招商引资、房地产业的发展都有积极的促进作用，能够带来地方政府财政收入和国内生产总值的显著增长。而在对地方经济发展产生间接影响且投资回报慢的事权领域，如基础教育、环境保护、社会保障、公共安全、医疗卫生等，地方政府的财政投入并没有显著的增长。根据学者统计，在1994—2003年间30个省区的政府公共支出状况显示："地方政府在交通运输、通信设施、电力、燃气、水电供应等方面的投资占地方公共投资的大部分，而社会性基础设施投资（如在基础教育、医疗卫生、社会福利、环境保护领域的投资）变化不大，有些省份的社会性公共支出甚至在下降。"①还有学者指出："地方经济性基础设施的投资排挤了义务教育等社会性基础设施投资。"②这些都从侧面反映出在经济绩效的激励下，地方政府的社会责任逐渐趋于弱化。

在基层，2002年农村税费改革之后，县乡政府财政收入的主要部分开始由农业税费变成上级政府的转移支付，而农村公共事业的支出责任也在调整和改革中逐渐上移到县级政府。"乡镇政府变得越来越'空壳化'，乡镇政府的行为则以四处借贷、向上'跑钱'为主，不但没有转变为服务农村的行动主体，而且还和农民脱离了旧有的联系，变成了表面看上去无关紧要可有可无的一级政府组织。"③而县级政府在分税制改革后财政本就吃紧，还承担着发展本地经济、增加财政收入、提高产业竞争力和就业、维护社会稳定等多种职能，需要通过计划外的财政收入或向辖区内企业和个人收费、罚款等方式来进行填补，更无法履行好各项社会服务职能。④

上述地方政府盲目扩张其自主性的违法违规行为、社会责任弱化以及地区差距持续扩大的倾向都是纵向政治制度在运行的过程中出现的问题。这些问题如果得不到重视，很容易引发新的治理危机。有研究表明："中央政府在老百姓眼中的合法性程度远比地方政府大。其中

---

① 曹海涛：《产权、分税制与地方政府行为》，香港中文大学网站，http://www.usc.cuhk.edu.hk/PaperCollection/webmanager/wkfiles/2012/201408_29_paper.pdf，第131页。

② 乔宝云、范剑勇、冯兴元：《中国财政分权与中小学义务教育》，《中国社会科学》2005年第6期。

③ 周飞舟：《以利为利：财政关系与地方政府行为》，上海三联书店，2012年，第126页。

④ 周雪光：《中国国家治理的制度逻辑：一个组织学研究》，生活·读书·新知三联书店，2017年，第274~275页。

很重要的一个原因就是老百姓对直接接触到的地方官员及其行为方式有太多的不满。"①这些问题也引起了政治领导人的警觉。

党的十六大以来，从胡锦涛的讲话中可以明显感受到他对世情、国情、党情的精准把握，并揭示出体制内种种"不适应"形势要求的现象，很多分析在今天看来都是振聋发聩的。其中，针对地方政府以经济绩效为中心、社会责任弱化的问题，他曾在2003年的中央经济工作会议上指出并进行了严厉批评。"有一些同志，对政绩问题缺乏正确的认识，工作的出发点不是更多为群众办实事、谋实利，而往往是考虑个人的得失，热衷于上项目、铺摊子，搞华而不实、劳民伤财的'形象工程'。这样做的结果，往往会加大财政负担、影响经济持续健康发展、破坏环境和资源，干部群众对这种现象反映强烈。"②为此，他要求地方干部要坚持立党为公、执政为民，树立正确的政绩观，同时牢固确立并认真落实科学发展观。这既是我国经济工作必须长期坚持的重要指导思想，也是解决当时经济社会发展中诸多矛盾必须遵循的基本原则。

党中央在处理中央与地方关系上强调要加强和改善宏观调控，提高党的执政能力建设，做到"总揽全局、统筹规划、抓住牵动全局的主要工作"。2007年，胡锦涛在党的十七大报告中正式提出了统筹中央与地方关系的"科学发展"理念，并对新的时期如何统筹这一关系作了如下表述：第一，地方要坚决贯彻中央精神，维护中央权威；中央要增强统筹兼顾、协调各方的能力，深入分析改革开放中出现的利益格局调整，引导好、保护好、发挥好地方的积极性。第二，中央和

---

① 郑永年、翁翠芬：《为什么中国的改革动力来自地方》，《文化纵横》2012年第2期。
② 《树立正确的政绩观》，《胡锦涛选集》（第二卷），人民出版社，2016年，第121页。

地方之间的事权要明确，必须明确划分哪些是中央政府的职权，哪些是地方政府的职权，哪些是中央政府和地方政府共有的职权，避免出现责任不明的状况。此外，他还在强调国家利益的基础上，承认地方和局部利益的存在。"中央政府是国家利益的代表，地方政府是地方利益的代表，由于人民的根本利益的一致性，我们并不否认地方人民利益的具体性。各级地方政府在维护国家整体利益的前提条件下，可以维护本地的具体利益和局部利益。"①这一时期，在保持中央宏观调控的前提下，政治领导人也承认地方利益的存在。胡锦涛关于统筹中央与地方关系的论述，指明了新时期纵向政治制度的演化方向。

二、国际金融危机与领导人战略的转变

首先是中等收入陷阱与经济发展战略的转变。从国际环境来看，随着中国对外开放口径的不断扩大，中国面临的国际竞争也日益激烈。发达国家在经济、科技方面依然占据绝对优势。同时，从国际惯例来看，当人均国内生产总值处于1000至3000美元之间时，既是一国的黄金发展期，也是矛盾凸显期。许多国家的发展进程都表明，这一阶段的发展很可能出现两种截然不同的结果：一种是经济社会持续发展，顺利实现国家工业化和现代化的目标；另一种则是在发展的过程中贫富差距、地区差距不断扩大，生态环境恶化、社会矛盾加剧，从而导致经济停滞，甚至出现剧烈的社会动荡。2003年，中国人均国内生产总值突破1000美元，此时正处于现代化进程中一个非常关键的发展阶段，能否促进经济可持续发展和社会平稳进步关系到中国能不能成功

---

① 孙东方、韩华等：《科学发展观：当代中国马克思主义发展观》，中央编译出版社，2015年，第43页。

走出中等收入陷阱，这是对新一代中央领导集体的一大考验。基于上述情况，胡锦涛在2005年党的十六届四中全会通过的《中共中央关于制定国民经济和社会发展第十一个五年规划的建议》中提出："坚持以科学发展观统领经济社会发展全局……发展必须是科学发展，要坚持以人为本，转变发展观念、创新发展模式、提高发展质量，落实'五个统筹'，把经济社会发展切实转入全面协调可持续发展的轨道。"①

其次是国际金融危机与经济发展方式的转变。过去，我国经济的快速增长主要是靠政府投资来拉动的，但地方政府为了追求经济总量的增长往往忽略了经济发展的质量和效益，造成了大量低水平的重复建设，因而是一种粗放型的经济增长方式。在新的发展阶段，为了避免我国陷入"中等收入陷阱"，必须转变这种经济增长方式，更多地依赖消费和出口来拉动经济的发展。然而2008年的国际金融危机又使政治生态发生了一些变化。受其冲击，世界经济增速放缓，全球需求结构出现明显变化，围绕市场、资源、人才、技术的竞争更加激烈，各种形式的保护主义抬头。因此，这一阶段我国要依靠出口来带动经济持续发展的可能性很小。针对这一变化，中央决定通过扩大内需，调整内需、投资与消费之间的关系来加快转变经济发展方式，不仅包括经济增长从粗放型向集约型转变，也包括经济结构的战略性调整。

---

① 《中共中央关于制定国民经济和社会发展第十一个五年规划的建议》，国家发展和改革委员会网站，https://www.ndrc.gov.cn/fggz/fzzlgh/gjfzgh/200709/P020191029595695693733265.pdf，第3页。

第二节　新一轮宏观调控与纵向政治制度的演化

以胡锦涛同志为核心的党中央领导集体，通过对市场监管部门的垂直化管理，进一步加强了中央宏观调控的权力。不同的是，这一时期，中央政府针对拥有土地出让权的市、县政府在发展过程中为创造政绩而盲目扩张其自主性、危害国家和社会利益的行为而采取了相应的改革措施，对一些掌握重要资源的部门实行省以下的垂直管理，通过将市、县相关部门的一部分权力上收到省级政府，以约束其盲目扩张自主性的行为。同时辅之以组织、利益、目标三重协调机制的规范化运作，使地方政府的行为不偏离国家的整体利益和总体性目标。

一、省级部门的垂直化管理

这一时期，地方政府的积极性发生了一些转变，主要是因为中央在分税制改革后将土地收入划归地方政府，而在地方分级管理体制下，市、县政府享有土地规划和土地审批权。在权力和利益的激励下，市、县政府为了创造政绩开始不断扩张其自主性行为，出现许多擅自审批、越权审批甚至修改土地规划、违规用地的现象，不仅偏离了国家的利益，更重要的是损害了社会的公共利益。2004年，中央决定在全国实行省以下国土资源部门的垂直管理，将省以下的土地审批权、人事权集中到省级国土资源部门，加强了国家和省级政府对国土资源的宏观调控。但由于省级政府与地方政府之间的利益连带关系，省级政府对国土资源部门的垂直化管理没有产生预期的效果。在利益和政绩的驱动下，土地违法案件不减反增。为此，2006年国务院"批准在国土资源部设置国家土地总督察及其办公室，国土资源部向地方派驻9个国家土地督察局，作为国土资源部的直管机构代表国务院对各省、自治区、直辖市以及计划单列市政府土地利用和管理情况进行监督检查"①。

国家土地督察制度的实行，标志着中央土地垂直管理体系的确立。针对地方政府为提高绩效采取数据造假的做法，2004年，国务院对国家统计局直属调查队进行管理体制改革，对各级调查队实行垂直管理，使之成为国家统计局的派出机构，承担国家统计局分配的各项调查任务，并独立上报调查结果，以解决地方统计数据失真而干扰国家宏观调控的问题。大家经常援引的一个例子是，国家公布的国内生产总值增长率和各省区市公布的国内生产总值增长率存在系统的差别。后者比前者高出3个百分点，致使民间流传着"数字出官，官出数字"的说法。这不仅妨碍了地方之间的公平竞争，而且妨碍了国家对宏观经济形势的准确判断和宏观调控。②

针对职能部门受地方政府干扰的困境，2006年，当时的国家环保总局组建了11个地方派出执法监督机构，即环保督查中心，直接由国家环保部垂直管理，并规定省以下环保部门的行政首长任命需要由地方党政"一把手"和上级环保部门的行政"一把手"共同同意。此外，商务部、出入境管理局、安监局、环境保护、住房与城市建设部、安监局也相继实行了垂直管理，主要是克服地方分权改革所造成的地方势力壮大及其对职能部门的干涉，在此基础上强化中央的宏观调控能力。

---

① 胡卉明、马俊科：《对国家土地督察机构的复议申请谁来受理》，《中国土地》2016年第2期。

② 周黎安：《转型中的地方政府：官员激励与治理》，格致出版社，2008年，第144页。

　　这一时期，中央主要是对省级以下的部门实行垂直化管理，"实行督办型垂直管理部门的中央层级与地方层级部门不直接构成上下级隶属关系，而是与地方政府相关业务部门并立。这一类垂直管理主要起到协调和监督执法的功能，上级部门一般通过派驻到地方的督察局、专员、特派员等来履行监督职能，保证中央政策的落实，同时协助地方执行，监督地方执法。例如在国土资源管理、环境保护、审计、财政、监察等领域，由于各级政府也都需具有相应的具体管理职能，因而也一般采取督办型的垂直管理或巡视制度"[①]。省级政府在经济管理方面依然享有很大的自主决策权。因为派驻地区的督办机构和巡视组发现地方政府的问题后，一般会限期提出纠正和整改意见，其运作具有一定的弹性。例如，派驻地区的国家土地监察局发现地方政府违法违规使用土地后，会责令其在30个工作日内提出纠正和整改意见。省级计划单列市政府组织实施整改后，由派驻地区的国家土地监督局审核，并报国家土地总督察批准。同时，很多垂直管理部门只是一部分权力实行垂直管理，例如在国土资源部门，仅土地审批权和人事权实行垂直管理；住房和城建、环保部门也仅在机构编制和人事方面实行省级的垂直领导，而在经费管理、业务、后勤保障方面仍然对地方政府有很大的依赖性。因此，地方政府仍然有权对垂直管理部门进行干涉。

---

　　① 李瑞昌:《政府间网络管理:垂直管理部门与地方政府间关系研究》,复旦大学出版社,2012年,第110页。

表5-2 实行"条条"垂直管理的部门

实行垂直管理的"条条"			接受双重管理的"条条"	
中央垂直管理的"条条"		省垂直管理的"条条"	以"条"为主	以"块"为主
实行垂直管理的部委及国家局	部委在地方的派出机构	省级以下地方税务局	地方审计部门	地方统计局
中国人民银行、铁道部、海关总署、国家税务总局、民航总局、国家烟草专卖局、国家外汇管理局、国家邮政局、银监会、保监会、证监会、国家电监会、新华社	审计特派员办事处、财政监察专员办事处、国家土地监察局、国家海洋局地方分局、国家统计局各省区市调查总队、国家煤矿安全监察局、出入境检验检疫机构、商务部驻地方特派员办事处	国土资源管理部门、食品药品监督管理局、工商行政管理局、质量技术监督局	地方检察部门、安全部门、地方气象部门、地方地震局	省级地方税务局、地方环保局

二、纵向协调机制的科学化运作

这一时期，中央领导人通过纵向组织、利益协调机制的弹性运作保护了地方政府的既得利益。这也导致了地方政府为追逐利益不断扩张其自主性，甚至出现危害国家利益和社会公共利益的行为。为此，中央在进一步加强宏观调控的同时，还辅之以组织、利益、目标三重协调机制的科学化、规范化运作来对改革中出现的问题进行回应性处理。

（一）组织协同机制的规范化运作

在放权让利的大背景下，中央为了制约地方政府自主性的进一步扩张，在组织上加强了对党政领导干部的制度化管理，使地方政府的自主性行为不至于偏离中央的法令、政策。并且组织协调机制的规范化运作可以从外部对地方政府的行为施加压力，一旦其行为不规范将受到相应的惩罚。

党的十六大以来，中央按照2000年颁布的《深化干部人事制度改革纲要》的部署，对党政领导干部的选拔任用和监督管理制度进行了改革，使干部的选拔任用和管理更加规范。在干部选举中，决定干部晋升的委托人由单一的党委组织部门变成多重委托人，加入了人大、政协和普通民众，使干部的选拔更加民主。2004年，中央还集中出台了干部公开选拔、竞争上岗的6项法规性文件。此外，"差额选举已经在深圳市区试点，一些乡镇早就在试点镇长直选，改革单一的任命制"①。

在自上而下的监督方面，中央"建立诫勉谈话和函询、述职述廉、经济责任审计、领导干部个人重大事项报告制度；制定有关深入整治选人用人的不正之风、提高选人用人的公信度的意见；下发严肃查处跑官要官、买官卖官、防止带病提拔、带病上岗的具体措施和关于严肃换届纪律、坚决防止拉票等不正之风的'十严禁'规定。中央和各省区市设立的巡视机构发挥监督作用，专项检查《干部任用条例执行情况》，同时开通12380监督举报电话和网上举报，建立严重违规用人问题的立项监察制度，加大对用人违规行为的查处力度"②。

但除了国防、外交、安全等政治领域外，中央在对全国性的经济社会问题进行决策时，中央依然会尽可能地征询并听取地方政府及其职能部门主要负责人的意见，并且对于不同的意见进行反复的协商讨论。其后的第四代领导人也继承了这一传统，并且在重大问题的决策

① 周黎安：《转型中的地方政府：官员激励与治理》，格致出版社，2008年，第315页。
② 陆国强：《我国干部人事制度改革的突破与创新》，《中共中央党校学报》2009年第2期。

上，中央与地方的沟通协商变得更加民主、科学和规范。例如，王绍光和樊鹏以新医疗改革这一重大社会政策的制定为例，谈到中央在政策制定过程中通过"开门"的方式，让各级官员、智库、利益集团、社会组织等多元主体参与到决策过程中，并通过基层协商、上层协调、顶层协议等沟通协商机制进行"磨合"，求同存异，把参与各方的交汇点作为政策"输入点""商议点"，而不是"否决点"，从而改变了过去"个人决策""集体决策"的模式，转向一种更加民主和科学的"共识型"决策。①

（二）利益协调机制的科学化运作

分税制改革后，财权的层层上收加剧了地方政府的财政负担。这一时期，为保持地方的发展活力，中央进一步加大了财政转移支付的力度以弥补地方的财政损失。与此同时，为规范地方政府的自主性行为，避免地方为提高财政收入而盲目投资、危害社会公共利益，中央通过财政转移制度、非税收入等利益协调机制的规范化运作来约束地方政府的行为，从源头上、制度上预防腐败的发生。

1.财政转移支付制度的科学化运作

为了进一步规范地方政府的自主性行为，并逐步缩小地区差距，中央对利益协调机制的运作也进行了相应的调整，使其逐步向科学化、规范化的方向发展。分税制改革后，中央为弥补地方政府的财政损失，开始实施过渡期财政转移支付办法，但占转移支付的比重较低，而税收返还的比重较大，其主要目的是维护东部地区的发展积极性。随着中央财政汲取能力的提升，中央在保持东部沿海地区的发展活力的同时开始兼顾中西部地区的协调发展，并不断完善财政转移支付制度，

---

① 王绍光、樊鹏：《中国式共识型决策》，中国人民大学出版社，2013年，第240~274页。

逐步实现各地区均衡发展的目标。因此，在科学发展阶段，中央的财政转移支付结构开始发生变化，一般性财政转移支付和专项转移支付补助逐步成为转移支付制度的主要组成部分。1997—2012年间，中央的一般性转移支付在地方财政收入中的占比从3.8%增长至20.1%；专项财政转移支付从7.2%增长至17.7%（见表5-3）。其中，一般性转移支付作为中央进行利益协调的方式，其长远目的在于缩小地区差距，实现基本公共服务均等化。专项转移支付则是中央为实现特定的宏观政策和事业发展目标，委托地方代理行政事务而设立的补偿资金。

表5-3 1997—2012年地方政府收入结构

（单位：%）

年份	中央补助收入	税收返还	增值税和消费税返还	所得税基数返还	一般性转移支付	专项转移支付
1997	40.1	30.2	28.3	—	3.8	7.2
1998	40.0	26.8	25.1	—	3.8	10.7
1999	42.2	24.2	21.9		5.3	14.1
2000	42.1	21.2	19.9	—	8.1	14.9
2001	43.5	18.5	16.7	—	11.6	16.0
2002	46.3	21.0	15.2	3.8	12.3	15.1
2003	45.6	21.9	14.0	5.0	12.4	13.2
2004	46.7	19.6	12.2	4.0	13.2	14.5
2005	43.2	15.6	10.8	3.4	14.0	13.7
2006	42.5	12.4	9.5	2.8	15.8	14.6
2007	43.5	9.9	7.7	2.2	16.8	14.8
2008	44.5	8.3	6.5	1.8	16.4	18.2
2009	46.7	8.0	5.7	1.5	18.1	19.2
2010	44.3	6.8	4.9	1.2	18.0	19.0
2011	43.2	5.5	4.1	1.0	19.8	17.9
2012	42.6	4.8	3.7	0.9	20.1	17.7

资料来源：根据《中国财政年鉴》（1997—2010）和中央对地方税收返还和转移支付决算（2011—2012）数据统计。

为保证中央财政转移支付资金分配的科学性和规范性，2002年中央颁布实施《财政部关于2002年一般性转移支付办法》，明确了转移支付的目标和原则，主要对中西部地区实施转移支付，并通过固定的公式来测算一般性转移支付额。具体公式为：某地一般性转移支付＝（标准财政支出－标准财政收入）×系数。其中，标准财政收入由地方政府的标准财政收入和中央对该地区的税收返还和财力性转移支付组成；标准支出由行政公检法支出项目总额组成；系数按照一般转移性支付总体规模和各地区标准支出高出标准收入的额度以及财政困难程度确定，使中央的转移支付更加科学化、规范化。[1] 2009年，一般性转移支付更名为均衡性转移支付，凸显了区域均衡发展的目标。

在中央的推动下，各省也进一步完善了对市、县的转移支付办法，逐步建立科学化、规范化的转移支付制度。研究表明："2004年浙江省推行了以总人口、地域面积、财力状况等客观因素为基础计算转移支付额的办法，对全省38个经济欠发达和次发达市、县进行转移支付补助。与此同时，确立了以专项补助为辅的补充转移支付制度。其中，省级财政安排的转移支付资金采用统一的各项因素，按照统一的数据口径，统一、规范计算，并考虑市县经济发展不平衡，各地财力状况不同，农村税费改革减收增支程度不一，将全省各市县划分类别，实行分档转移支付。通过转移支付制度的规范化运作，到2005年底，浙江省58个县（市）中有57个财政收入破亿，并没有出现财政赤字和拖欠工资的现象。"[2]

---

① 王鹏：《财政转移支付制度改革研究》，吉林大学博士学位论文，2012年，第7页。

② 马斌：《政府间关系：权力配置与地方治理——基于省、市、县政府间关系的研究》，浙江大学出版社，2009年，第159页。

2.非税收入全面纳入预算管理

由于地方政府对预算外资金具有直接支配权，并且这一资金量不断扩大，但地方政府所受到的监督和约束并没有同步增加，为地方政府发挥自主性以及权力腐败提供了空间，这也影响到中央宏观调控政策的有效实施及纵向政治制度的稳定。

为了增强对地方政府的约束，2003年开始，财政部开始推进新一轮的财税体制改革，将预算外管理的非税收入[①]纳入预算管理。这一时期加强了非税收入"收支两条线"[②]的管理，整治了地方政府乱收费的行为。2003年，财政部、国家发改委、监察部、审计署联合发布《关于加强中央部门和单位行政事业性收费等收入"收支两条线"管理的通知》，文件规定，过去经财政部、国家计委批准，目前已不再具有政府公共管理和公共服务性质，且体现市场经营服务特征的行政事业性收费，需要转为经营服务性收费的，必须按照规定程序报经财政部会同国家发改委批准。未经财政部会同国家发改委批准，有关部门和单位不得不自行将行政事业性收费转为经营服务性收费，更不得将国家明令取消的行政事业性收费转为经营服务性收费继续收取。2004年开始，财政部清理取消了地方不合法、不合理的收费基金330多项，并从严审批收费基金，不定期对地方和部分的收费管理进行专项检查。地方财政部门也广泛建立了收费基金年度稽查制度，严肃纠正和查处各种乱收费行为。此外，财政部还分批将194项行政事业性收费纳入

① 政府非税收入，是指除税收和政府债务收入之外的财政收入，是由政府部门和单位依法利用政府权力、政府信誉、国家资源、国有资产或提供公共服务、准公共服务所得的财政性资金。

② 收支两条线，是指国家机关、事业单位、社会团体及政府授权的其他经济组织，按照国家有关规定依法取得行政事业性收费等政府非税收入，收入全额纳入国库或者财政专户，支出通过预算编制由财政部门统筹安排，并通过国库或者财政专户拨付资金。

财政预算管理。中央审批的收费项目约90%已纳入预算管理，政府性基金、罚没收入已全部纳入预算管理，土地出让收入从2007年起全额纳入预算管理，彩票公益金从2008年起纳入预算管理，并在制度上明确规定依法新设立或取得的非税收入一律纳入预算管理。同时，对各部门取得的收入全额上缴财政专户，财政部按核定的综合定额标准统筹安排预算支出，收支不再挂钩。① "收支两条线"的管理制度，是规范财政资金管理和政府收支行为的一种有效方式，是从源头上预防和治理腐败的一项重要措施。

为进一步完善预算管理制度、增加预算的透明度，2006年，我国开始推行财政"收支分类"改革。按照国际通行的做法，政府支出分类体系包括功能分类和经济分类。我国原预算支出类、款、项科目主要是按经费性质进行分类，把各项支出划分为行政费、事业费等，属于经济分类性质，但财政预算中大多数资本性项目支出以及用于转移支付和债务等方面的支出都没有经济分类科目反映，且目级科目不够明细、规范和完整。2006年，按照政府收入来源和性质建立新的政府收入分类，按照政府的职能建立支出的功能分类，能准确反映各级政府资金的来龙去脉、增加各级政府预算的透明度，使财政预算和财政收支管理更加科学化、规范化，同时强化了对各级政府的财政监督，有助于从制度上预防腐败。

（三）目标协调机制的科学化运作

针对地方政府的违法或不当行政行为对人民利益的损害及其所引发的社会矛盾，2004年，国务院颁布《全面推进依法行政实施纲要》，提出坚持执政为民、全面推进依法行政、建设法治政府的目标，贯彻

---

① 谢旭人：《中国财政改革三十年》，中国财政经济出版社，2008年，第163~164页。

落实依法治国基本方略。依法行政的基本原则是必须坚持党的领导、人民当家作主和依法治国三者的有机统一：必须把维护最广大人民的根本利益作为政府工作的出发点，必须维护宪法权威，确保法制统一和政令畅通，必须把发展作为执政兴国的第一要务，坚持以人为本和全面、协调、可持续的发展观，促进经济社会和人的全面发展。

针对地方政府社会责任弱化、事权层层下压的问题，中央加强了对地方主要目标任务完成情况的问责力度，对于一些社会关切的环境污染、生命安全、信访等问题，中央加强了行政问责，在环境保护、安全生产、社会稳定等领域的考核中，采取一票否决的红线原则。由于没有完成任务而造成严重后果的，要追究第一责任人的领导责任。因此，对于上级的主题性指标和专项任务，地方各级党委、政府和相关职能部门都高度重视，甚至采用动员、密集检查的方式督促下级政府及其职能部门定期汇报工作，按时完成任务。在地方官员的考核中，指标任务的量化更加精细和科学，例如将"绿色GDP"的考核参数引入"经济发展"这一考核目标，等等。

另一方面，中央仍为地方保留了履职尽责的自主性空间。周雪光以环境保护政策目标的落实为例，详细论述了基层政府为应付上级的各种检查而出现的"共谋"和"拼凑应对"现象，在执行上级部门特别是中央政府的各种政策指令时，一些基层政府常常共谋策划，采取"上有政策、下有对策"的各种做法，联手应对自上而下的政策要求以及随之而来的各种检查，导致了实际执行过程偏离政策初衷的结果，[①]一些地方政府甚至以自我生存为目标，而非致力于组织的理性

---

① 周雪光：《基层政府间的"共谋现象"———一个政府行为的制度逻辑》，《社会学研究》2008年第6期。

目标，导致"目标替代"。例如，在计生检查过程中，基层政府的工作目标常常不是集中精力落实好相关政策，而是通过弄虚作假、变通来应付上级政府的检查；安全事故发生后，掩盖事故真相成为某些负责人的首要目标，而不是查找原因。[1]

在上级政府的检查和考核过程中，上下级政府之间充斥着各种博弈、谈判。上级政府在对具体的环境指标进行考核时，由于检验技术、统计手段、测量标准等方面都存在模糊性，而下级部门拥有更多的地方信息和技术处理能力，这使得它们在与上级政府部门进行合法性申诉和互动中有一定的谈判能力。当地方政府没有很好地完成上级政府制定的任务指标时，责任主体可以通过启动正式谈判向上传递本级或下级部门的解释，以减轻相关责任。此外，下级政府还可以通过事先与上级检查部门取得沟通，争取对自己更为有利的考核结果。"[2]而对于一些基础目标和职能目标，地方政府在落实目标责任时可发挥自主性的空间更大。如产业结构调整、公共事务管理、精神文明建设和社会事业发展等，地方政府可以结合本地的实际情况自主地决定完成目标责任的方法、步骤。在目标考核上，地方政府只需要向上级部门上报相关的档案和材料，以此作为目标完成情况的依据。考核结果并不会对地方政府工作人员的工资、福利及主要责任人的晋升产生多大的影响。对于这部分目标和任务，政府既可以积极作为，也可以消极应对。如果完成得好，可以提高政府的绩效；如果完成得不好，只需要做出说明，限期整改。

---

[1] 周雪光：《中国国家治理的制度逻辑：一个组织学研究》，生活·读书·新知三联书店，2017年，第197页。

[2] 周雪光、练宏：《政府内部上下级部门间谈判的一个分析模型——以环境政策实施为例》，《中国社会科学》2011年第5期。

组织、利益、目标三重协调机制在实践中的弹性运作使当代中国纵向政治制度具有很强的适应能力。一方面，中央政府通过规范组织协调、利益协调、目标协调机制的运作增强了对地方政府行为的外部约束，以增强地方官员自律意识；另一方面，自上而下的协调机制在运作时依然为地方政府保留了利益空间和自主行动空间，以维持地方的发展活力。

第三节　科学发展与纵向政治制度的演化

在科学发展阶段，发展仍是党执政兴国的第一要务。但针对这一时期所面临的危机环境，新一代中央领导人在发展问题上有一些新思路，强调转变经济增长方式，寻找经济增长的新动能，实现速度与结构、市场与社会、局部与整体的协调、均衡发展。

一、扩大内需与政策引导

首先，如何改变以政府投资为主导的粗放式经济增长方式，实现科学发展是第四代中央领导集体应对国内外危机环境不得不深入思考的问题。我们可以在中央发布的政策文件找到部分答案。2003年8月，国务院发布了由建设部起草的《关于促进房地产市场持续健康发展的通知》，该通知明确指出："将房地产业作为促进消费、扩大内需、拉动投资增长，保持国民经济持续快速健康发展的'国民经济支柱产业'。"①这份文件将1998年国务院提出的"建立和完善以经济适用房为主的住房供应体系"，改为建立以"具有保障性质的政策性商品住房"为主的住房供应体系，这也就意味着绝大部分住房将由开发商供应，而准入规则又限制了开发商的数量，从而使住房供应由少数开发商垄断。因此，开发商具有了商品房的定价权，而房地产成为新的消费热点和经济增长点。

为了配合国家的房改政策，更有效地打开房地产市场，2003年8月，国务院和财政部进一步在房地产征税环节制定了相关的优惠政策，对房地产市场的契税、营业税、土地增值税实行税收减免。"第一，对个人购买并居住超过一年的普通住宅，销售时免征营业税；个人购买居住不足一年的普通住宅，销售时营业税按销售价减去购入原价后的差额计征；个人自建自用住房，销售时免征营业税；个人购买自用普通住宅，销售时免征营业税；个人购买自用普通住宅，暂减半征收契税；对行业、行政单位按房改成本价，标准价出售的收入，暂免征收营业税。第二，对积压空置的商品住房销售时应缴纳的营业税、契税在2000年前予以免税优惠，空置的商品住房限于1998年6月30日以前建成且尚未出售的商品住宅。第三，对居民个人拥有的普通住宅，在其转让时暂时免征土地增值税。"②从2003年开始，地方政府的财政收入尤其是土地出让收入迅猛增长，从2002年的2416.79亿元增加到2003年的5421.31亿元，土地出让收入占地方财政收入的比重也由2002年的28.4%增加到55%（见表5-4）。同时，由于房地产市场的发展，也带动

①《国务院关于促进房地产市场持续健康发展的通知》（国发〔2003〕18号），http://wenku.baidu.com/link?url=ped1tTFcVwdxoBQ0im4SRHT8xj1bUSzX-piKZ3UaoqzjclZWLsDl-SkjNhMhZJmNXu886JanwQFMcSEbMcYglSkPGhBalRxBsHnar0wxaVfS。

②《房地产优惠政策出台》，《新长征》1999年第11期。

了建筑业、制造业等相关产业的发展。从2003年开始，地方财政收入持续走高，其中预算收入中的营业税收入增长较快（见表5-5）。

表5-4　地方土地出让收入情况（1994-2010）

（单位：亿元）

年份	土地出让金	地方财政收入	土地出让金占地方财政收入之比重
1994	649.70	2311.60	28.1%
1995	388.06	2985.58	13.0%
1996	349.00	3746.92	9.3%
1997	428.35	4424.22	9.7%
1998	499.56	4983.95	10.0%
1999	304.60	5594.87	5.4%
2000	699.08	6406.06	10.9%
2001	1655.29	7803.30	21.2%
2002	2416.79	8515.00	28.4%
2003	5421.31	9848.98	55.0%
2004	6412.18	11893.37	53.9%
2005	5883.82	15100.76	39.0%
2006	8077.64	18303.58	44.1%
2007	12216.72	23572.62	55.8%
2008	9736.96	28649.79	34.0%
2009	15910.20	32602.59	48.8%
2010	27100.00	40613.04	66.7%

数据来源：曹海涛：《产权、分税制与地方政府行为——中国大陆"土地财政"之分析》，《远景季刊》2012年。

表5-5　地方营业税、增值税、企业所得税及其占地方税收的比重（2000—2012年）

（单位：亿元）

年份	地方税收总额	营业税	营业税比重	增值税	增值税比重	企业所得税	企业所得税比重
2000	6406.06	1625.67	25%	1139.97	18%	1005.50	16%

续表

年份	地方税收总额	营业税	营业税比重	增值税	增值税比重	企业所得税	企业所得税比重
2001	7803.30	1849.10	24%	1341.66	17%	1656.12	21%
2002	7406.16	2295.03	31%	1547.38	21%	1200.58	16%
2003	8413.27	2767.56	33%	1810.99	22%	1178.80	14%
2004	9999.59	3470.98	35%	2404.43	24%	1596.00	16%
2005	12726.73	4102.82	32%	2860.76	22%	2139.89	17%
2006	15233.58	4968.17	33%	3196.38	21%	2681.14	18%
2007	19252.12	6379.51	33%	3867.62	20%	3132.28	16%
2008	23255.11	7394.29	32%	4499.18	19%	4002.02	17%
2009	26157.43	8846.88	34%	4565.26	17%	3917.75	15%
2010	32701.49	11004.57	34%	5196.27	16%	5048.37	15%
2011	41106.74	13504.44	33%	5989.25	15%	6746.29	16%
2012	47319.08	15542.91	33%	6737.16	14%	7571.60	16%

数据来源：《中国统计年鉴（2000—2012）》，国家统计局网站，http://www.stats.gov.cn/tjsj/ndsj/。

2004年，国土资源部和监察部联合下发了《关于继续开展经营性土地使用权招标拍卖挂牌出让情况执法监察工作的通知》，明确要求8月31日之后严格执行经营性土地使用权招标、拍卖、挂牌出让制度，使土地有偿出让进一步市场化。这也导致当年全国的土地出让金收入飙升到6412亿元，占同期地方财政收入的54%。因此，中央虽然对省以下国土资源部门实行垂直管理，将省以下的地方国土资源部门的土地审批权和人事权都上收，但中央的政策引导给予了地方政府很大的获利空间，这也导致了省以下垂直管理并没有起到预期的效果，土地违法案件仍然大量存在。"2003年10月到2004年9月，全国15个城市

70多个区县违法用地总数和面积数分别占新增建设用地宗数和面积数的63.8%和52.8%，有些地方高达80%和70%，有的甚至在90%以上。2004年9月以来，一些城市的违法用地少的在60%左右，多的甚至在90%以上。非法占地的案件占所有案件总数的80%，非法批地的案件占20%，从涉及违法的用地面积来看，非法批地的案件占用涉及土地面积的80%，主要是地方政府和涉及政府为违法主体的案件，公民、个人或者企业违法占地的面积为20%。"①同时，城市房价飞涨，中央控制房价的宏观政策失效。

一方面，中央为约束地方政府的违法行为，同时抑制一些行业、地区固定资产投资过热，保持国民经济平稳运行，开启了土地市场的治理整顿工作。国务院于2004年10月下发了《关于深入开展土地市场治理整顿严格土地管理的紧急通知》，进一步建立起严格的土地管理和土地监察制度。2006年，中央通过对国土资源部门进行省级以下的垂直管理，将建设用地的征用权等各项土地管理权限逐步上收到省级政府。建设用地指标实行由中央到地方的层级分配制度，中央政府每年将一定限额的土地指标分配到省级政府，同时预留一部分土地指标作为国家重点建设项目专用指标；省级政府每年将一定额度的土地指标下达到地市级政府，同时预留一部分土地指标作为省级重点建设项目指标；各级政府依此类推。自2006年以来，每年下达的新增建设用地指标根本难以满足部分地方政府的发展需求，大量项目等待指标"落地。"②此外，国土资源部还通过了《耕地占补平衡考核办法》，实行

① 马斌:《政府间关系:权力配置与地方治理——以浙江省、市、县政府间关系为研究案例》,浙江大学博士学位论文,2008年,第109页。
② 周飞舟、谭明智:《当代中国的中央地方关系》,中国社会科学出版社,2014年,第95页。

消极严控的补地政策。"国土资源部门按照'占多少，垦多少'的原则，对依法批准占用耕地的非农业建设用地补充垦地方案的落实情况进行检查核实。"①中央通过减少地方用地指标，严格土地占补办法对地方政府通过开发经营土地获取财政收入的激进行为进行了约束。2007年，国务院办公厅又发布《关于严格执行农村集体建设用地法律和政策的通知》，针对一些地方违法用地，擅自将农用地转为建设用地的、非法批准建设用地的现象，进一步提出了严格的管理办法，严禁基层政府以各种名义擅自扩大农村集体建设用地规模以及非法修改土地规划的自主性行为，维护农民的合法权益不受侵害。

另一方面，为了保持地方的发展积极性，中央依然给予地方一定的自主性空间，在土地严控政策下为发挥地方的主动性和创造性开了口子。2004年，中央推行的"增减挂钩"②的政策正是中央在土地管理上的松绑。③此外，土地出让平均纯收益的15%用于农地开发。这也就意味着中央允许地方政府在耕地不减少的前提下进行建设用地开发。"增减挂钩"有助于节约建设用地，实现科学发展的目标。同时，"增减挂钩"政策更为根本的意义在于为地方政府提供了计划外的指标来源，且规模逐年增加。"山东省的肥城市2012年实际获得审批的建设用地为2500亩，但下达该市的新增建设用地指标仅为450亩，其所缺的2050亩地当中，就有利用城乡建设用地'增减挂钩'项目获得的1500亩用地指标，大大弥补了新增建设用地指标不足的问题。此后的

---

① 周飞舟、谭明智：《当代中国的中央地方关系》，中国社会科学出版社，2014年，第95页。

② 所谓增减挂钩，即鼓励农村建设用地整理，城镇建设用地增加要与农村建设用地减少相挂钩。

③ 《国务院关于深化改革严格土地管理的决定》（国发〔2004〕28号），中国国土资源部网站，http://www.mlr.gov.cn/zwgk/flfg/tdglflfg/200601/t20060112_642080.htm。

用地缺口还可以通过申请上级政府的项目补足。"①这就弥补了在新的土地管理制度下政府每年新增建设用地指标不足的问题，在以开发经营土地来提高地方财政收入的发展模式下，这一政策可有效地调动地方政府整治土地的积极性，而经营土地的积极性也有增无减（参见表5-4）。地方政府将拆并的农村建设用地置换成城市建设用地，还可以从地价差中获取巨大的利润。

中央将国有土地出让收入划给地方，提高了地方的土地出让收入，进一步激发了地方经营土地、建设城市的积极性。"2006年，中央将国有土地出让的所有收入划归地方，实行'收支两条线'管理。2007年，新增建设用地使用费又提高了一倍，中央与地方按照三七比例进行分成，大大增加了地方政府的土地出让收入。"②2006年以后，全国各地都展开了轰轰烈烈的"拆村造城"运动，地方的土地出让收入迅速增长，到2007年时已接近12217亿，占到地方财政收入的55.8%（见表5-4）。这一时期，地方政府只能在既有的政策框架下，为地方发展寻求"合法的"土地来源，在此基础上经营土地。但在利益的强激励下，地方政府始终存在超出既有改革试点范围框架的自主性行为，土地违法案件虽有明显减少，但依然大量存在（见表5-6）。一些地方政府甚至超额占用土地。"2011年国土资源部批给河北省的增减挂钩指标为1.2万亩，但计划在3年内完成7500个村庄的改造，额外获得50多万亩建设用地指标。而安徽和内蒙古，甚至绕开国土资源部的

---

　　① 周飞舟、谭明智：《当代中国的中央地方关系》，中国社会科学出版社，2014年，第111～112页。

　　② 匡家在：《地方政府行为的制度分析：基于土地出让收益分配制度变迁的研究》，《中央财经大学学报》2009年第4期。

'增减挂钩'试点，自行出台了一套建设用地置换暂行办法。"①

表5-6　2003—2012年土地违法案件

年份	违法案件数量	涉及土地面积（公顷）	涉及耕地面积（公顷）	涉案耕地面积所占比例（%）
2003	178654	68374	33275	49
2004	114526	80759	45215	56
2005	111723	52193	25894	50
2006	131077	92237	43467	47
2007	123343	99069	43739	44
2008	100266	57660	21518	37
2009	72940	37973	17039	45
2010	66373	45124	18030	40
2011	70212	50074	17596	35
2012	61821	32026	10765	34

资料来源：中华人民共和国国土资源部编：《中国国土资源年鉴》。中华人民共和国国土资源部网站：2009—2012年中国国土资源公报，http://www.mlr.gov.cn/。

二、取消和下放行政审批项目

行政审批权是国家调控社会的重要手段。②为了进一步扩大地方和企业投资，中央多次分批将行政审批权下放。事实上，在第三代中央领导集体主政时期，国务院就设置了行政审批制度改革工作领导小组来领导和推进行政审批制度改革，于2001年开始实施简政放权的政策，并于次年取消了789项行政审批项目。其后，省级政府也相应进行了行政审批改革，下放了部分行政审批项目。第四代中央领导集体主政时期，这一改革继续推进，延续至今，主要是采用取消或下放行

_____

① 谭明智：《严控与激励并存：土地增减挂钩的政策脉络及地方实施》，《中国社会科学》2014年第7期。

② 李振、鲁宇：《中国的选择性分（集）权模式——以部门垂直管理化和行政审批权限改革为案例的研究》，《公共管理学报》2015年第3期。

政审批权为主的调整方式。"截至2012年，国务院针对各部门的行政审批项目先后进行了6个批次的清理。"（见表5-7）在被调整的6个批次的行政审批项目中，向社会放权的项目占到了主要部分，这说明国务院下放行政审批项目主要是国家与社会关系的调整，体现得更明显的是国家向社会放权。在国务院取消或下放的行政审批项目中，涉及垂直部门的行政审批项目占到绝大多数。但有学者关注到："被取消和下放的审批项目只涉及垂直管理部门部分的业务领域，并未涉及其编制、人事、财务等方面。而后者正是实施部门垂直化管理时所集中的主要权力。因此，行政审批改革不应被视为对前述垂直化管理改革的又一次背离。"①也就是说，中央在放权的时候依然保持着在组织人事、激励分配方面的控制权，仅将业务交给地方。

表5-7　2002—2012年行政审批制度改革中审批事项精简的基本情况

时间	取消	调整	总数	备注
第一批（2002年）	789		789	全部事项均取消。
第二批（2003年）	406	82	488	调整即改变审批项目管理方式，由社会组织或中介机构自律管理。
第三批（2004年）	409	85	494	调整包括改变审批项目管理方式和下放管理层级。
第四批（2007年）	128	58	186	调整内容同上。
第五批（2010年）	113	71	184	71项调整均为下放管理层级。
第六批（2012年）	171	143	314	调整包括下放管理层级，减少审批部门和合并审批事项。
第七批（2013年）	71	46	117	调整包括下放管理层级、取消各类达标评比、事业性收费和机关内部事项的取消或下放管理层级等。

资料来源：根据国务院针对行政审批事项精简的连续七次发文整理。七次发文分别是：国发〔2002〕24号、国发〔2003〕5号、国发〔2004〕16号、国发〔2007〕33号、国发〔2010〕21号、国发〔2012〕52号、国发〔2013〕19号。

---

① 李振、鲁宇：《中国的选择性分（集）权模式——以部门垂直管理化和行政审批权限改革为案例的研究》，《公共管理学报》2015年第3期。

三、向中西部地区倾斜授权

这一时期，为促进地方经济社会的统筹发展，中央大力推进"西部大开发""振兴东北老工业基地""中部崛起"等战略，以缩小地区差异。为此，国家不仅加大了对中西部地区的转移支付力度，而且给予了许多特殊的税收优惠用以招商引资、发展农业、建设基础设施等（见表5-8）。仅以"西部大开发"战略为例，根据2000年国务院《关于实施西部大开发若干政策的通知》，中央将增加对西部地区的资金投入，包括加大建设资金投入力度、有限安排建设项目、加大财政转移支付力度、加大金融信贷支持等。此外，西部地区还将在企业所得税、农业税、耕地占用税、关税和进口环节增值税方面享受特殊优惠。2011年，中央继续推进西部大开发战略，财政部、海关总署和国家税务总局联合制定并发布的《关于深入实施西部大开发战略有关税收政策问题的通知》规定，设在西部地区的鼓励类产业企业（如高科技、现代物流、金融服务、科技服务、商贸服务等），其主营业务收入占企业总额70%以上的企业可享受15%的企业所得税税率（见表5-9），以推动这些地区的经济发展和区域治理创新的实践。

表5-8 西部地区税收优惠政策（2000—2010年）

税收类型	优惠政策
企业所得税	1.对设在西部地区国家鼓励类产业的内资企业和外商投资企业，减按15%的税率征收企业所得税； 2.民族自治地方的企业经省级人民政府批准，可以定期减征或免征企业所得税； 3.对在西部地区新办的交通电力、水利、邮政、广播电视等企业，企业所得税实行两年免征、三年减半征收。
农业税	退耕还生态林（草）产生的农业收入，在10年内免征农业特产税。

税收类型	优惠政策
耕地占用税	1.对西部地区公路国道、省道建设用地免征耕地占用税； 2.公路国道、省道以外的其他公路建设用地是否免征耕地占用税，由省、自治区、直辖市人民政府决定。
关税和进口环节增值税	对西部地区内鼓励类产业及优势产业项目，在投资总额内进口自用先进技术设备，除国家明确规定不予免税的商品外，免征关税和进口环节增值税。

资料来源：根据《国务院关于实施西部大开发若干政策的通知》（国发〔2000〕33号）整理。

表5-9　西部大开发税收优惠政策（2011年）

优惠类别	优惠对象	产业	享受优惠条件
15%的优惠税率	《西部地区鼓励类产业目录》中规定的产业项目为主营业务，且其主营业务收入占企业收入总额70%以上的企业。	西部地区的鼓励类产业	自2011年1月1日至2020年12月31日，减按15%的税率征收企业所得税。
所得税率"两免三减半"	已经按照《国家税务总局关于落实西部大开发有关税收政策具体实施意见的通知》第二条第二款规定，取得税务机关审核批准的。	2010年12月31日前新办的交通、电力、水利、邮政、广播电视企业	其享受的企业所得税"两免三减半"优惠可以继续享受到期满为止。
免征关税	对西部地区内资鼓励类产业、外商投资鼓励类产业及优势产业的项目在投资总额内进口的自用设备。	对西部地区内资鼓励类产业、外商投资鼓励类产业及优势产业的项目	对西部地区内资鼓励类产业、外商投资鼓励类产业及优势产业的项目。

资料来源：根据《关于深入实施西部大开发战略有关税收政策问题的通知》（财税〔2011〕58号）整理。

四、授予个别地方先行试点权

为了在新时期寻找新的经济增长点，同时顺应区域一体化的发展潮流，使中国在国际竞争中取得优势地位，在第四代中央领导集体主政时期，中央试图进一步加大开放的步伐，并且通过设立综合配套改革试验区、自由贸易区等，促进区域一体化发展，并赋予其特殊的自主性权力和优惠政策。2005年起，国务院先后批准了12个国家综合配套改革试验区，包括上海浦东开发区，天津滨海新区，深圳三个"国家配套改革试验区"，浙江温州、广东珠三角、福建泉州三个"金融试验区"，重庆、成都两个"全国统筹城乡综合配套改革试验区"，武汉城市圈和长株潭城市圈两个"全国资源节约型和环境友好型社会建设综合配套改革试验区"，山西省"国家资源型经济转型综合配套改革试验区"，沈阳"国家新型工业化综合配套改革试验区"，厦门"深化两岸交流合作综合配套改革试验区"，黑龙江"现代农业综合配套改革试验区"等。此外，还有"深圳前海深港现代服务业合作区""广州南沙粤港澳自贸区""珠海横琴新区"三个深化粤港澳合作发展的"特区中的特区"。2010年中央批准在新疆喀什成立"经济特区"。这些地区除了享有中央授予的一般性权力外，还额外享有政策制定权，行政审批权、土地使用权、金融创新权等。国家在税收方面也会给予很多的政策优惠，因而地方获得了更大的自主探索、自主创新的空间来开展制度改革的试验，为全面深化改革积累经验。这也使我国"一体多元"的纵向政治制度内涵变得更加丰富。

第四节　科学发展阶段的制度绩效

通过上述纵向政治制度的改革措施，中国的经济在第四代中央领导集体时期实现了持续性的发展，尤其是2007年，中国的国内生产总值增长率一度高达14.2%，即使受到亚洲金融危机的影响，我国的经济增长率一度下滑，但2008年和2009年依然保持了9%以上的增长速度（见图5-1）。到2011年，中国已经成为世界上第二大经济体，人民的生活水平得到了极大改善，同时区域的相对差距逐步缩小。2000年全国各省市人均国内生产总值的差异系数为76%。但到2012年，这一系数已经下降至49%。[1]

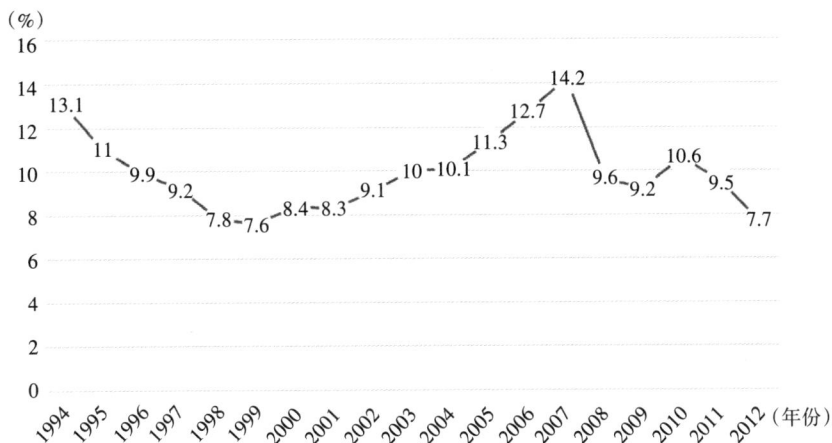

图5-1　1994—2012年中国国内生产总值增长率变化趋势图
数据来源：国家统计局网站，http://data.stats.gov.cn。

　　这一阶段，地方政府的发展积极性主要还是靠经营土地、大规模进行城市建设来带动的。因此，中国的国内生产总值在飞速增长的同时也产生了许多问题。第一，在科学发展阶段，中央虽加强了宏观调控以保持纵向政治制度的规范化运作，但仍然保护了地方政府的既得利益和经济管理方面的自主权。尤其是在以经济绩效为主考核指标的激励下，地方政府事实上主导着辖区的微观经济活动。为了最大限度地实现地方国内生产总值的增长，地方政府还常常与企业结为利益联盟。而紧密的政商关系及其干预微观经济活动的行为给地方官员创造

---

　　[1] 胡鞍钢：《中国国家治理现代化》，中国人民大学出版社，2014年，第184页。

了巨大的寻租机会，导致经济发展过程中大量腐败案件的发生。第二，在以土地相关收入为主要财政来源的激励下，地方政府尤其是在财政相当吃紧的基层政府，常常为了获得土地收益而侵犯民众的合法权益。在城市，大拆大建的现象也时有发生。但更为严重的是，许多地方政府通过建立土地储备中心将征收的土地加以囤积，人为造成土地供给短缺，再通过土地融资来倒差价，这也是导致近年来房价不断飙升的原因之一。同时，由于地方政府以土地向银行融资贷款，导致地方债务节节攀升。在农村，常常因为强行征地和补偿不足而使农民的合法权益受损，导致近年来大规模信访案件和群体性事件的发生。第三，地方政府支出结构产生严重偏向。由于经济性基础设施直接影响到生产活动，能促进制造业、建筑业以及商业服务的发展。因而地方政府为了创造更多的财政收入，将大量的地方财政支出用于投资到交通运输、通信、能源等经济性基础设施建设中，而基础教育、医疗卫生、环境保护、社会福利等社会性基础设施的投资依然不足。

尽管我们在发展中还存在诸多问题，但经过历次的生存和发展危机，国家已经具备理性的危机认知和处理能力。针对上述问题，首先，中央层面的反腐败力度在加强；其次，2011年，中央就逐渐收紧政策的口子，对"增减挂钩"项目进行清理检查，加强了对国土资源的动态监管，并开始清理各种土地融资平台。最后，对地方财政支出结构偏向的问题，中央也一再强调要加快财税体制改革，按照公共事务的性质划分中央与地方的事权责任。中央主动承担起全国性公共事务的支出责任，将有助于加快社会性基础设施的建设，同时减轻地方政府的事权负担。我们有理由相信，上述发展中存在的问题将在不久的将来得到有效化解。只是我们还需进一步思考中央在加强宏观调控和监管的同时，如何有效调动地方政府的积极性的问题。尤其是对财政吃紧的基层政府而言，取消农业税后，土地政策的口子收紧进一步加剧了他们的财政负担。在这样的情况下，从2011年开始，经济的增速有所放缓，并开始出现下行的趋势（参见图5-1）。

小　结

在第四代中央领导集体主政时期，地方政府为促进经济增长，不断扩张其自主性空间，并出现地方偏离中央的大政方针、政策和国家整体利益的状况。此外，地区差距扩大的趋势愈演愈烈，从而产生了中央宏观失控的危机。作为关键行动者的第四代中央领导集体，在危机的倒逼下加强了中央和省级政府宏观调控的权力，同时通过纵向政府间组织、利益、责任三重协调机制的科学化、规范化运作，约束了地方政府的自主性行为。但出于继续发挥地方政府的积极性以实现可持续发展目标的需要，第四代中央领导集体也继承了前任的发展经验，在加强中央宏观调控的同时也相应地保护了地方的既得利益和自主性空间。所不同的是这一阶段国内外环境的变化。过去，我国经济的快速增长主要是靠政府投资来拉动的，但地方政府为了追求经济总量的增长普遍忽视了经济发展的质量和效益，造成了大量低水平的重复建设，因而是一种粗放型的经济增长方式。在新的发展阶段，为了避免我国陷入"中等收入陷阱"，第四代中央领导集体决定转变经济增长方式，更多地依赖消费和出口来拉动经济的发展。但2007年的国际金融危机使政治生态发生了一些变化。受经济危机的冲击，美国乃至世界的经济恢复要经历一个漫长而曲折的过程。这一阶段我国要依靠出口来带动经济的持续发展可能性很小。针对这一变化，中央通过发展房地产来促进消费、扩大内需，转变经济增长方式，同时保持国民经济的持续发展。为了缓解发展过程中造成的地区差异，实现科学发展，中央还通过向不发达地区倾斜授权带动区域统筹协调发展；通过行政审批项目的取消和下放，赋予社会更大的自主性空间，以创造新的经济增长点；同时将先行试点权下放，进一步调动地方进行制度创新的活力。

这一时期，中国在经济高速增长的同时依然面临着潜在的危机和未知的不确定性。第一，仍然拥有经济管理自主权的地方政府在主导经济发展的过程中产生的腐败问题愈演愈烈。第二，地方政府在经营土地、建设城市的过程中引发了大量的土地矛盾，损害了人民群众的利益和政府的形象，危及政权的稳定。第三，这一阶段省级政府依然保留了较大的自主性权力，但基层政府的权力不断被上收，这容易导致基层政府权力和责任不匹配的问题。要解决这些问题，中央还需要进一步推进纵向财政和事权配置的改革，把一部分具有全国性的事权上收，建立财权与支出责任相匹配的财政制度，以保障最低限度的公民权。从世界各国的经验来看，通常情况下，尤其是在单一制国家，具有主权属性的事务、需要全国强制统一实施的事务、与国家利益关系直接的事务应归属中央。而对于非主权性事务，则应该按照公共物品的受益范围来划分纵向政府间的事权责任。①因此，纵向政治制度运作过程中产生的新问题很可能导致新的治理危机，并成为新一轮制度变革的起点和动力。

---

① 王浦劬：《中央与地方事权划分的国别经验及其启示——基于六个国家经验的分析》，《政治学研究》2016年第5期。

第
六
章

新时代中国纵向政治制度的演化

　　本章分析了新时代中国纵向政治制度的演化。21世纪以来，党中央加强了中央宏观调控及省级政府监管的权力，并通过组织、利益、目标三重协调机制的科学化、规范化运作来约束地方政府的自主性行为。为了维持地方的发展活力，中央也尽可能地维护了地方政府的自主权和利益空间，例如将国有土地出让收入划给地方、赋予地方政府更多的行政审批权，以激发地方政府经营土地，进行投资建设的积极性，由此推动中国经济的高速增长以及城市化进程。为统筹区域发展，中央还向中西部地区进行倾斜授权，提高转移支付力度。同时，为扩大对外开放的水平，中央赋予国家综合配套改革试验区、自贸区特殊的自主权和优惠政策。但在权力和利益的激励下，地方官员在促进经济高速增长的同时也产生了大量的腐败问题和土地矛盾。这些问题如果解决不好，日积月累也将危及国家政权的稳定和可持续发展。

　　为解决腐败危机和土地矛盾引发的政府信任危机对制度稳定的潜在威胁，以习近平同志为核心的党中央通过选择性集权，加强了中央宏观调整、统筹协调的权力和纪委的监督权，同时辅之以组织、利益、目标责任三重协调机制的运作，努力把权力"关进制度的笼子里"，营造"不敢腐、不能腐、不想腐"的政治生态。

这一时期，随着中国社会主要矛盾的变化，宏观经济环境也发生了相应的变化。经济新常态下，如何满足人民日益增长的美好生活需要，解决前期不平衡、不充分的发展问题，实现党的百年奋斗目标，是新一代中央领导集体面临的关键性挑战。为此，习近平总书记在提出新时代坚持发展这一重大战略判断的同时，开始转向高质量的发展路径，以创新发展动能、充分利用社会资源、提高生产效率和产品质量。

本章的第一和第二节将分析，新时代，以习近平同志为核心的党中央面临的主要生存危机和发展困境，以及在新的国际局势和宏观经济环境下中央领导集体观念的变化。第三和第四节，在观念—行动的框架下，继续分析这一时期中央所推行的纵向政治制度改革举措及其所产生的制度后果。

第一节　新时代的"生存"危机与领导人观念的转变

新时代，对纵向政治制度的稳定造成的最大威胁莫过于腐败问题和干群矛盾引发的政府信任危机，将直接危及政权的稳定。2012年11月17日，习近平在党的十八届中央政治局第一次集体学习时就指出："物必先腐，而后虫生"，"大量事实告诉我们，腐败问题越演越烈，最终必将会亡党亡国！"

一、腐败问题与领导人观念的演化

20世纪90年代中期以来，中央在通过纵向政治制度改革加强宏观调控、约束地方行为的同时，依然给地方政府留下了很大的自主权和利益空间。地方政府在努力创收、发展经济的同时也滋生了很多腐败问题，这是地方官员将个人利益置于国家利益与社会公共利益之上的结果，同时也是对制度稳定的最大威胁。由于我国监督机制尚不完善，给地方政府留下了自主行为的空间，也为腐败问题的产生提供了制度上的漏洞。中国腐败状况实证分析显示："改革开放以来我国腐败交易活动总体上呈逐渐上升之势；腐败交易强度在20世纪90年代后大幅度提高，平均交易额是前期的30倍；其中半数以上腐败案件为重复交易，同一腐败主体的交易次数最高竟然多达173起，前后从事腐败交易活动18年之久而未被发现，足见监管缺位的严重程度。"[1]由此可见，我国的腐败状况确实令人担忧。根据透明国际公布的世界清廉指数排名也可以发现，20世纪90年代中叶以来，中国的清廉度排名不断下降（见表6-1）。党的十八大以后，党中央对于新时代反腐败形势和任务作出了清晰的判断，"当前，腐败现象多发，反腐败斗争形势依然严峻复杂，形式主义、官僚主义、享乐主义和奢靡主义之风严重损害党的形象。作风和腐败问题解决不好，就会对党造成致命伤害，甚至亡党亡国。"[2]地方的腐败危机同时也使党中央持续推动纵向政治制度变革，完善对地方行为的监督和问责机制。

---

[1] 刘启君：《改革开放以来中国腐败状况实证分析》，《政治学研究》2013年第6期。
[2] 《十八大以来重要文献选编》（上），中央文献出版社，2014年，第644页。

表6-1 透明国际的世界清廉指数排名（1995—2022年）

年份	得分	中国排名
1995	2.2	40
1996	2.4	50
1997	2.9	41
1998	3.5	52
1999	3.4	58
2000	3.1	63
2001	3.5	57
2002	3.5	59
2003	3.4	66
2004	3.4	71
2005	3.2	78
2006	3.3	70
2007	3.5	72
2008	3.6	72
2009	3.6	79
2010	3.5	78
2011	3.6	75
2012	39	80
2013	40	80
2014	36	100
2015	37	83
2016	40	79
2017	41	77
2018	39	87
2019	41	80
2020	42	78
2021	45	66
2022	45	65

数据来源：透明国际官方网站，http://www.transparency.org。透明国际于1995年开始使用清廉指数对世界各国腐败情况进行排名，其中1995—2011年间清廉指数的范围为0~10，2012年至今清廉指数的范围为0~100，数值越大表示越清廉。

二、土地矛盾与政府信任危机

自20世纪90年代中后期中央加强宏观调控以来，原来地方政府享有的许多自主性权力被集中到省一级，因此省级政府在人事、财政、行政、立法等方面都享有一定的自主权。这有助于推动省级地方官员利用其享有的自主权来主动推进制度变革，从而为中国的进一步发展创造新的经验。因此，21世纪以来，省一级的中层改革取得了重要突破，例如"浙江模式""广东模式""重庆模式"都是省级领导进行自主性变革的结果。但是由于权力选择性地向中央和省级政府集中，省级以下地方政府的权力被层层压缩。

在人事方面，县级主要领导的任免收归到省委，乡镇主要领导的任免也由县级党委直接决定，改为需要市级党委批准。在财政方面，自分税制改革后，权力就选择性地向中央和省级政府集中，而事权责任的下沉更进一步加重了基层政府的财政负担。2005—2013年，中央虽然加大了财政转移支付力度，并通过"三奖一补"和县乡最低财力保障机制来缓解县乡的财政困难。但是由于中央的财政转移支付制度存在一定的结构性问题，政策性因素对转移支付的影响较大，造成了承担具体事权较多的地方政府特别是基层政府面临严重的财力与事权不匹配的问题。[1]与此同时，中央通过目标责任的科学化设置强化了地方政府的事权责任，主要表现为考核指标不断科学化且考核方式日益规范化，新的考核项目如土地利用、专项财政资金利用、环境保护、安全生产、社会治安都成为考核的重要指标，这也无形中加重了基层

---

① 邱实：《政府间事权划分的合理性分析：双重逻辑、必要支撑与优化进路》，《江苏社会科学》2019年第3期。

政府的负担。

第二节　经济新常态下的发展性危机

1978年至2020年，中国的国内生产总值和人均国民收入均快速增长，20世纪末已经从低收入国家进入中等收入国家，2010年又进入中等偏上收入国家的行列。中国经济的高速发展使人民的生活水平总体上有了很大的改善，但仍没有完全解决贫困问题，实现全面建成小康社会的战略目标。到2012年，全国仍有占总人口10.2%的贫困人口。[①]党的十八大以来，党中央始终把脱贫攻坚作为全面建成小康社会的底线任务。2015年11月，在中央召开的扶贫开发工作会议上，习近平提出："到2020年，要确保我国现行标准下的农村贫困人口实现脱贫，贫困县全部摘帽，解决区域性整体贫困。"[②]然而即便到了2020年，中国仍将长期处于中等收入国家之列，面临陷入"中等收入陷阱"的危险（见图6-1），且决定经济增长的供需条件发生了重大变化。为此，党中央作出我国经济"三期叠加"的重大判断，继而提出我国经济发展进入新常态。

中国经济发展进入新常态后，推动经济高质量发展的传统动力机制正在减弱，经济增长面临诸如劳动力成本上升、投资效率降低、尖端技术卡脖子等一系列现实约束。这将直接导致中国的经济增速放缓，从改革开放以来的高速增长转向中高速增长（图6-2）。同时，随着中

---

① 根据世界银行统计的2012年低于国家贫困线的贫困人口比例。

②《十九大以来重要文献选编》（中），中央文献出版社，2021年，第2页。

国人口老龄化的趋势日益显现，2010年中国65岁以上的老年人口大约为1.15亿，到2021年这一数量增加到1.86亿，年增长率也从3%上升到5%左右（图6-3），而适龄劳动人口却增长缓慢，2009年为9.7亿，2015年仅增长至接近9.9亿。2015年开始，中国劳动力供给甚至出现负增长的趋势，2021年回落至接近9.8亿。借用在分析经济发展的趋势通常使用的劳动生产率增速和劳动力供给增速的总和，也不难预测中国经济增速放缓的趋势。因为2011年以来，中国的劳动生产率增速下降趋势明显（图6-4），且劳动力供给增速逐渐放缓，甚至出现负增长的状况。尤其是2019年开始，受新冠肺炎疫情的影响，中国劳动生产率增速明显下降，从2018年的6.9%降至2022年的3.4%。2020年政府工作报告中指出："国内消费、投资、出口下滑，就业压力显著加大，企业特别是民营企业、中小微企业困难凸显，金融等领域风险有所积聚，基层财政收支矛盾加剧。"同时，国内经济下行压力加大。此外，劳动力供给减少、人口老龄化加剧及劳动生产率增速下降，都是造成经济增速下滑的重要因素。在国内外危机环境的倒逼下，新时代中央形成以新发展理念为指导、以供给侧结构性改革为主线的政策框架，为中国经济指明了方向。

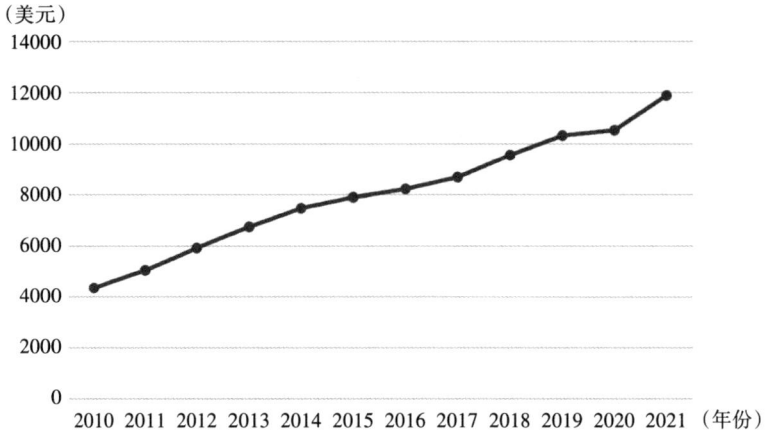

图6-1　2010—2021年中国人均国民总收入增长趋势图

资料来源：世界银行数据库，https://data.worldbank.org/country/china?view= chart。

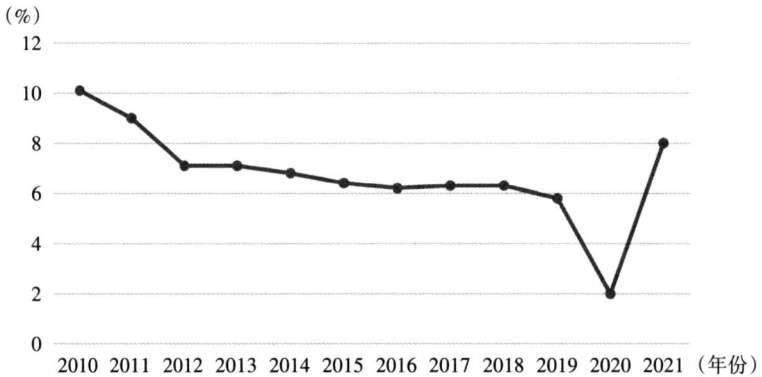

图6-2　2010—2021年中国人均国内生产总值增长趋势图

资料来源：世界银行数据库，https://data.worldbank.org/country/china?view= chart。

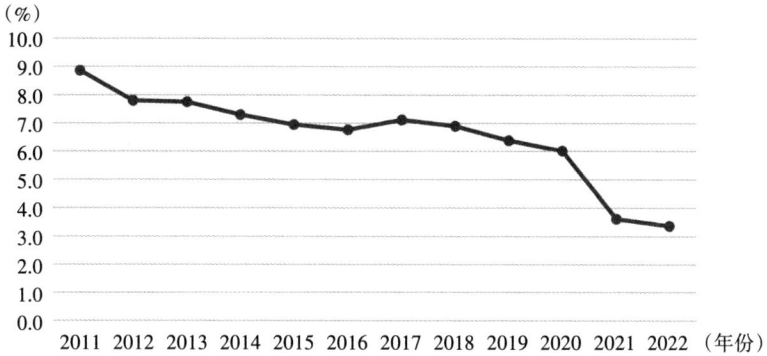

图6-3　2011—2022年中国劳动生产率增长趋势图

资料来源：国际劳工组织数据库，https://ilostat.ilo.org/topics/labour-productivity/。

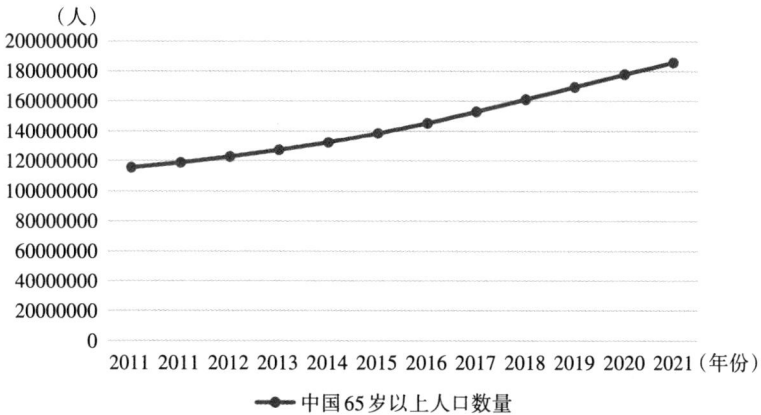

━●━中国65岁以上人口数量

图6-4　2011—2021年中国老龄化趋势图

资料来源：世界银行数据库，https://data.worldbank.org/country/china?view=chart。

第三节　政府信任危机与纵向政治制度变革

党的十八大后，在地方腐败危机的倒逼下，党中央进一步加强了中央的监督权及宏观调控、统筹协调的权力。"改革后的国家监督机关由中央统一领导，实行分级负责的垂直领导体制，即国办督查室、中央审计委员会、中央监察委员会、中央纪委领导各级地方机构工作，下级对上级监督机关负责，并直接将检查结果向上级机关报告，各级监督机构组织对本级政府或下级政府的监督。检查者不再是上级'发包方'，而是独立于地方政府上下级关系且垂直向上负责的第三方监督机关。"[1]

一、加强纪委的监督权

党的十八大后，为加强对各级地方的监督，中央开始对纪委实行半垂直化领导，以加强对地方纪委的领导和监督。这是由于腐败案件的查办由地方纪委负责，而地方纪委与政府之间又存在千丝万缕的联系。中央明确提出的"查办腐败案件以上级纪委领导为主"要求，大幅提升了上级纪委的领导和监督权。由于这一组织关系的存在，地方对案件的查处情况必须向上级纪委报告。"过去没有这一制度规定时，书记、市长想要压住本地的腐败案件就能够将案子压下来，现在就压不住了。"[2]由

---

[1] 何艳玲、肖芸：《问责总领：模糊性任务的完成与央地关系新内涵》，《政治学研究》2021年第3期。

[2] 人民论坛编：《大国治理：国家治理体系和治理能力现代化》，中国经济出版社，2014年，第58页。

此可见，这一改革举措有力地保证了反腐败能真正落到实处。此外，各级纪委正副职领导的提名由上级纪委和组织部门共同决定，改变了过去人事权完全掌握在地方党委手中的情况，从而改善了纪委的监督功能无法有效释放的局面。此外，还专门成立国家监察委，地方各级监察委与纪委合署办公，负责对所有行使公权力的公职人员进行监察，调查职务违法和职务犯罪，开展廉政建设和反腐败工作。

除监督权的集中外，党的十八大以来，中央从政治、经济多方面加强其对地方的垂直领导以强化其宏观调控、统筹协调的权力。例如，中央建立起党的群众路线教育实践活动领导小组、全面深化改革领导小组、网络安全和信息化领导小组、财经领导小组、外事工作领导小组等领导机构并由国家最高领导人担任领导小组组长。这些领导小组的设置目的正是加强中央宏观调控、统筹协调的权力。2018年党中央又通过机构改革将上述领导小组改为中央全面深化改革委员会、中央网络与信息安全委员会、中央财经委员会、中央外事工作委员会等，负责相关领域重大工作的顶层设计、总体布局、统筹协调、整体推进和督促落实。2018年中央的机构改革方案进一步明确了新时期财政体制改革的重点和方向，提出将省级以下国税地税机构合并，实行以国家税务总局为主与省(区、市)人民政府双重领导管理体制。2023年，党的二十届二中全会通过了《党和国家机构改革方案》，组建中央金融委员会、中央科技委员会作为党中央决策议事协调机构，组建中央社会工作部统一领导国家信访局。上述改革举措加强了党中央对涉及党和国家事业全局重大工作的集中统一领导，强化了其决策和统筹协调的权力。

二、全面从严治党

地方的腐败问题和作风问题关乎党和政府的形象，也关乎党和国家的生死存亡。党的十八大以后，针对前期发展过程中积累的干群矛盾、腐败问题，中央在依法治国的基础上通过组织层面的全面从严治党、依规治党、加强作风建设等措施约束党员特别是领导干部的行为。2013年1月，习近平在十八届中央纪委二次全会中提出："要从严治党……依纪依法严惩腐败，全面加强惩防体系建设。"

（一）思想建党

面对前期对党员干部约束不足而产生的腐败问题、不正之风，党的作风建设成为新时代的一项重大而紧迫的任务。党的十八届一中全会以来，习近平多次强调，加强党风廉政建设，下大气力解决党内存在的问题，尤其是一些党员干部贪污腐败、脱离群众的问题。[1]为此，党的十八大后，党中央在组织上不断从严治党，在思想建党和制度治党两个方面同向发力。习近平指出："从严治党要靠思想教育，更要靠制度保障。"在思想教育层面，中央不断深入开展"党的群众路线""两学一做""三严三实""不忘初心、牢记使命""党史学习""贯彻习近平新时代中国特色社会主义思想"等主题教育活动，使全体党员真正把守纪律、讲规矩入脑入心入魂，以此来提高党员干部的政治觉悟，强化政治担当，巩固党的执政基础和执政地位。

（二）制度治党

针对党员干部的作风不正和腐败问题，党中央坚定不移地推进全

---

[1]《十八大以来重要文献选编》(上)，中央文献出版社，2014年，第122页。

面从严治党，用制度管党、管权、治吏。首先，为了正风肃纪反腐，党中央制定出台中央八项规定及其实施细则，制定修订党内法规，包括《中国共产党廉洁自律准则》《中国共产党纪律处分条例》，实现党规党纪和法律法规的有机衔接。其中，《中国共产党廉洁自律准则》的适用范围由党员领导干部拓展到全体党员，将中央八项规定、反对"四风"等新内容纳入其中，明确了党员的廉洁自律规范；《中国共产党纪律处分条例》则明确界定了政治纪律、组织纪律、廉洁纪律、群众纪律、工作纪律、生活纪律六类违纪行为，明确了对党员干部的纪律要求，以此来全面规范党员干部的行为，提升党员干部的党性和政治觉悟，解决"四风"问题。其次，为了加强对权力的约束，党中央坚持把权力"关进制度的笼子"里，制定修订《中国共产党党内监督条例》《中国共产党巡视工作条例》《中国共产党问责条例》等，加强对党员干部的全方位监督管理。最后，为了提高党员干部的忠诚度、责任感，党中央还修订了《党政领导干部选拔任用工作条例》《干部教育培训工作条例》《党政领导干部考核工作条例》等，造就忠诚、干净、担当的高素质执政队伍。据统计，"党的十八大以来，制定修订中央党内法规184部，占现行有效中央党内法规70%；制定修订地方党内法规2217部，占现行有效地方党内法规69%。到2021年建党100周年，我们党形成了比较完善的党内法规体系，全面实现了党的领导有章可循、管党治党有规可依的目标任务"[1]。

（三）加强巡视

党的十八大以来，党中央不但通过思想建党和制度治党加强对党员干部的行为约束，而且在执政过程中还通过深化政治巡视不断发现

---

[1]《十九大以来重要文献选编》（下），中央文献出版社，2023年，第586～587页。

问题、形成震慑，始终保持预防腐败和惩治腐败的高压态势。在《中国共产党巡视工作条例》《中央巡视工作规划》的制度基础上，中纪委不断派驻纪检组到国家机关展巡视监督，查办各级党员领导干部的违法违纪行为，切实解决党和国家机构之内的不正之风和腐败问题。这是党中央运用其所掌握的组织人事权进行组织协调，以保证地方党员干部的行为不偏离党规党纪约束的重要机制。党的十八大后，中央巡视组用不到两年的时间完成对三十一个省和新疆生产建设兵团的巡视全覆盖，这也是党的历史上首次实现一届任期内巡视全覆盖，着力发现并严厉查处矿产资源、土地出让、工程项目、惠民资金和专项经费管理等重点领域的腐败问题，顶风违反中央八项规定精神的问题，违规用人、拉票贿选、买官卖官、超编制配备干部等问题。

在纵向层面，中央巡视工作领导小组加强了对省、自治区、直辖市巡视工作的领导，建立省、自治区、直辖市党委常委会研究巡视工作、"五人小组"听取巡视情况汇报、党委书记有关巡视工作讲话向中央巡视工作领导小组汇报等制度。各省级政府完成巡视任务全覆盖，全部开展市县巡查，初步形成上下联动、全国"一盘棋"的格局。总体来看，党的十八大以来，中央始终保持惩治腐败的高压态势，坚持有案必查、有腐必惩，群众举报及时处理，违反党纪国法严肃查处。

三、利益协调机制的规范化运作

新时代中央通过继续推进财税体制改革来约束地方政府的行为，包括实施全口径的预算管理，通过增加预算的约束力和透明度来防止腐败。同时，中央增加了对地方增值税的定额返还来缓解地方的财政压力，维持地方的积极性。但总体来看，这一时期地方的获利空间被进一步压缩。

一是全口径预算管理。新时代，中央通过不断深化财税体制改革和推进预算管理体制改革，来规范地方政府的收支行为。2014年全国人大通过了修改《预算法》的决定，将全部政府收支纳入预算管理；2014年9月召开的国务院常务会议上，研究完善了预算管理促进财政收支规范透明的相关意见，提出要强化预算约束、预算公开、国库资金管理；开展清理整顿"小金库"和"乱收费"行动；规范税收征管和非税收入管理，规范地方政府性债务。此外，除涉密信息外，中央和地方所有使用财政资金的部门均公开部门预决算，所有财政资金安排的"三公"经费都要公开。同时，要唤醒趴在账上"打呼噜"的沉睡资金，提高转换结余资金使用效率，加强审计监督，严肃查处截留、挪用、滥用财政资金等违规行为。①预算改革作为建立公共财政的关键步骤，意味着对地方既得利益的剥夺，甚至国内利益的重构。2015年，党的十八届五中全会通过的"十三五"规划还指出中央将继续深化财税体制改革，实行全口径预算管理。这意味着地方政府预算外收入将全面取消，所有政府收支都将纳入预算管理，增加预算的约束力和透明度。

二是增值税定额返还。长期以来，预算外收入可谓是地方政府尤其是基层政府最主要的收入来源，而此项改革将会进一步挤掉地方政府的"油水"，导致预算内的各项支出受到限制，从而束缚地方政府及其职能部门的手脚，降低其履职的积极性。为此，国务院批准自2016年5月始，在全国范围内全面推行营业税改增值税试点，将中央与地

---

① 《国务院六措施完善预算管理 促进财政收支规范透明》，中国新闻网，http://www.chinanews.com/gn/2014/09-03/6559724.shtml。

方的增值税分配比例由75：25调整为50：50，在一定程度上保留了地方政府的利益空间。但与全面推行"营改增"试点之前营业税收入主要划归地方相比，尽管分成比例有所提高，地方政府分得的收入可能也远不如营业税收入全部归属地方时得到的税收收入多。为缓解地方财力的紧张状况，中央从2016年起对地方实施增值税定额返还，同时对增值税增长或下降地区不再实行增量返还或扣减。2019年10月，国务院印发《实施更大规模减税降费后调整中央与地方收入划分改革推进方案》，进一步调整完善了增值税留抵退税分担机制，缓解地方政府的财政压力，后移消费税征收环节并稳步下划地方，保证地方的财政收入。

四、建立综合性考核机制和常态化问责机制

为了避免地方党政领导一味追求经济增长速度而忽视社会责任，甚至造成地方利益和国家利益、社会公共利益相分离的情况，中央也在不断调整地方党政领导干部的绩效考核办法。2013年6月，习近平在全国组织工作会议上的讲话中提出："要改进干部政绩考核方法手段，既看发展，又看基础，既看显绩，又看潜绩，把民生改善、社会进步、生态效益等指标和实绩作为重要考核内容，再也不能简单以国内生产总值增长率来论英雄了。"[①]随后，中组部改进了对地方党政领导班子和领导干部政绩考核的办法，改变了过去以地区生产总值及增长率为主的政绩导向，更加突出科学发展的导向，并完善了考核评价指标。把有质量、有效益、可持续的经济发展和民生改善、社会和谐进步、文化建设、生态文明建设、党的建设等作为考核地方领导干部

---

①《十八大以来重要文献选编》（上），中央文献出版社，2014年，第343～344页。

的主要指标，并加大了对资源消耗、环境保护、消化产能过剩、安全生产等约束性指标的考核权重，更加注重对科技创新、教育文化、劳动就业、社会保障、人民健康状况等的考核。①2015年10月，党的十八届五中全会上中央又在"科学发展"的基础上提出"十三五"时期必须牢固贯彻创新、协调、绿色、开放、共享的新发展理念。为了贯彻落实会议精神，加快"绿色发展"，推进生态文明建设，2016年12月，中共中央和国务院办公厅联合发布了《生态文明建设目标评价考核办法》，按照"绿色发展指标体系"对地方的生态文明建设工作进行考核评价，主要评估各地区资源利用、环境治理、环境质量、生态保护、增长质量、绿色生活、公众满意度等方面的变化趋势和动态进展，生成各地区的绿色发展指数，以此来强化地方党委和政府在节约资源和环境保护方面的责任。

其次，中央开始全面提高对目标责任的要求和问责力度，使地方政府的中心工作常规化。例如，为实现精准脱贫的治理目标，各地都把提高贫困人口生活水平、减少贫困人口数量和改善贫困地区生产生活条件等扶贫开发指标作为社会经济发展实绩考核的主要内容。为实现疫情防控的目标，各地党委则对疫情防控这一"底线工作"，即直接关系国家和人民群众生命财产安全，以及人民群众切身利益的大事，按照"重扣重罚"的原则进行考核。此外，几乎所有中央部委（如国务院扶贫办、生态环境部、国家信访局、自然资源部、农业农村部）都将部门工作都变成了具有"一票否决"性质的政治任务，且为了更好地推进工作，往往会将大量的工作要求通过"两办"通知来下发。

---

① 中组部：《关于改进地方党政领导班子和领导干部政绩考核工作的通知》，http://cpc.people.com.cn/GB/67481/94156/372307/index.html。

在强化问责、追责和政治任务的情况下，中央部委工作尤其是通过"两办"通知下发的文件要求成为地方必须认真完成的任务。为此，地方政府就要在几乎每个职能部门设立领导小组，协调其他部门来配合本部门的工作。①

第四节　高质量发展与纵向政治制度变革

新时代，随着我国社会主要矛盾转化为人民日益增长的美好生活需要和不平衡不充分的发展之间的矛盾，发展中的矛盾和问题集中体现在发展质量上。从国际环境来看，当今世界正经历百年未有之大变局，防范化解各类风险隐患也要求中国在发展的向度上提高发展质量、提升国际竞争力。为此，以习近平同志为核心的党中央提出创新、协调、绿色、开放、共享的新发展理念和高质量发展战略，指明了新时代中国经济发展的方向。在发展的思路上，这一阶段中央更加侧重放权给市场和社会，集中表现为市场机制能调节的经济活动取消审批及政府职能的转变，只有一小部分交给地方政府，包括直接面向基层或由地方实施更方便有效的行政审批事项，设区的市的立法权、自贸区和国家综合配套改革试验区特殊的自主权和优惠政策。为了减轻地方政府的财政负担，中央还上收了部分具有主权属性、国家战略属性及外部性或需要跨区域协调的事权，建立起财政事权与支出责任相适应的纵向政治制度。新时代，党中央在发挥中央和地方积极性的时候始终考虑中央权威，使地方树立全国一盘棋的理念，同时通过行政审批

_____

① 贺雪峰：《央地关系视野下的县级治理》，《治理现代化研究》2021年第2期。

权的取消和相关的配套改革发挥市场在资源配置中的决定性作用，进一步调动市场和社会的活力。

一、行政审批权持续下放

新时代，面对世界经济复苏艰难、国内经济下行的发展压力，中央决定把改革开放作为发展的根本之策，放开市场这只"看不见的手"，用好政府这只"看得见的手"，促进经济稳定增长。[①]为此，新一届中央领导集体做的第一件事便是简政放权、加快政府职能转变。国务院决定在本届内取消和下放三分之一的行政审批事项，同时推动工商登记制度改革，以此来激发市场活力、发展动力和社会创造力。根据2017年的政府工作报告，国务院已超额完成了任务。2018年，在党的十九大报告中，习近平进一步提出转变政府职能、深化简政放权、创新监管方式、增强政府公信力和执行力，建设人民满意的服务型政府。但随着行政审批制度改革的深入，审批权取消、下放的难度也逐步增大。尤其是受部门核心利益的影响，行政审批事项取消、下放的节奏逐步放缓。

表6-2 2013—2020年国务院取消、下放的行政审批事项数

年份	事项总数	取消的行政审批项目	下放的管理层级的项目
2013	229	151	64
2014	271	136	57
2015	285	137	19
2016	387	165	—
2017	91	91	—
2018	11	11	—
2019	31	25	6

①《十八大以来重要文献选编》(上)，中央文献出版社，2014年，第830~831页。

续表

年份	事项总数	取消的行政审批项目	下放的管理层级的项目
2020	33	29	4

资料来源：根据2013—2022年历年政府工作报告数据统计。

二、赋予设区的市立法权

在中央与地方之间立法权的配置上，中国延续了改革开放以来不断下放的趋势。党的十八届四中全会提出，"明确地方立法权限和范围，依法赋予设区的市地方立法权"和"推进各级政府事权规范化、法律化，完善不同层级政府特别是中央和地方政府事权法律制度"的要求。在2015年对《立法法》进行的修订中，中国有权制定政府规章的地方政府由"省级人民政府所在地的市和经国务院批准的较大的市"进一步扩大到"设区的市"，增加了享有地方立法权的主体数量，在31个省（自治区、直辖市）和49个较大的市的基础上，增加了274个地级市（包括240个设区的市、30个自治州和4个未设区的地级市），并明确了设区的市可以对"城乡建设与管理、环境保护、历史文化保护等方面的事项"制定地方性法规。这次修订赋予了地方根据当地实际需要进行立法的权力，也通过明确拥有立法权限的内容以规范地方的立法乱象问题。

2022年十三届全国人大五次会议通过了《地方各级人民代表大会和地方各级人民政府组织法》的修改决定，将第七条改为第十条，其中第二款修改为："设区的市、自治州的人民代表大会根据本行政区域的具体情况和实际需要，在不同宪法、法律、行政法规和本省、自治区的地方性法规相抵触的前提下，可以依照法律规定的权限制定地方性法规，报省、自治区的人民代表大会常务委员会批准后施行，并由省、自治区的人民代表大会常务委员会报全国人民代表大会常务委员会和国务院备案。"同时增加一款，作为第三款："省、自治区、直辖市以及设区的市、自治州的人民代表大会根据区域协调发展的需要，可以开展协同立法。"这不仅确认了设区的市、自治州的人大的立法权，而且确认了由地方人大探索出的跨区域的立法协作机制。从上述法律的修订中也不难看出立法主体不断扩充、立法权不断下移的趋势。

新时代，在强化中央统一领导的同时，赋予了不同层级、不同区域的地方政府改革探索、自主创新的差异化立法空间。但我国地方立法权的行使仍需遵循"法制统一""分级治理"等原则，同时，中央层面还建立起分层次、分程度的地方立法合法性审查框架，从而为地方行使立法权设置了准则和行为边界，使地方进行改革创新的风险保持在可控的范围之内。

2016年8月，国务院颁布的《关于推进中央与地方财政事权和支出责任划分改革的指导意见》，打破了长期以来按照行政隶属关系划分政府间事权和支出责任的思路，提出按公共产品和服务的种类、受益范围并结合不同次级政府的比较优势（如信息获取的有效性）划分政府间事权和支出责任，明确了中央和地方财政事权和支出责任划分的依据，真正开启了改革的进程。总体来看，此次改革思路清晰、目标任务明确，并针对具体的改革领域制定了改革时间表：2016年选取国防、外交等基本公共服务领域率先启动财政事权和支出责任划分改革；2017—2018年总结相关领域中央与地方财政事权和支出责任划分改革经验，在教育、医疗卫生、交通运输等基本公共服务领域取得突破性进展。2019—2020年基本完成主要领域改革，形成中央与地方财政事权和支出责任划分的清晰框架。

为进一步推动基本公共服务领域中央和地方财政事权和支出责任

划分改革，2018年2月国务院办公厅发布了《关于印发基本公共服务领域中央与地方共同财政事权和支出责任划分改革方案的通知》（国办发〔2018〕6号），明确了基本公共服务领域中央与地方的共同财政事权范围，并制定了基本公共服务领域中央与地方共同财政事权清单及基本公共服务保障国家基础标准，清晰界定了基本公共服务领域中央与地方共同财政事权的支出责任及分担方式、分担比例。此后，国务院办公厅又相继出台了医疗卫生、科技、教育、交通运输、生态环境、公共文化、自然资源、应急救援8个具体领域中央与地方财政事权和支出责任划分的具体改革方案。随后，各省级政府也根据国务院的改革方案，结合本地的实际先后出台了170个文件，规定了省级以下各级政府基本公共服务的事权划分及支出责任比例。

为进一步推进省以下地方政府的财政事权和支出责任划分改革，2022年6月，国务院办公厅发布《关于进一步推进省以下财政体制改革工作的指导意见》（国办发〔2022〕20号），明确提出根据基本公共服务受益范围、信息管理复杂程度等事权属性来清晰界定省以下各级财政事权，并从合理划分省级以下各级财政事权、界定省以下各级财政支出责任两个方面推进改革。首先，在省以下各级财政事权划分问题上，适度强化省级财政事权，将直接面向基层、由基层政府提供更为便捷有效的社会治安、市政交通、城乡建设、农村公路、公共设施管理等基本公共服务界定为市县级事权。在省以下财政支出责任的界定上，则按照政府间财政事权划分来合理确定省以下各级财政承担的支出责任。"省级财政事权由省级政府承担支出责任，市县级财政支出责任根据其履行的财政事权确定。共同财政事权要逐步明确划分省、市、县各级支出责任，按照减轻基层负担、体现区域差别的原则，根据经济发展水平、财力状况、支出成本等，差别化确定不同区域的市县级财政支出责任。推动建立共同财政事权保障标准，按比例分担支出责任，逐步推进同一市县不同领域的财政支出责任分担比例统一。上级财政事权确需委托下级履行的，要足额安排资金，不得以考核评比、下达任务、要求配套资金等任何形式，变相增加下级支出责任或向下级转嫁支出责任。"从上述改革举措来看，省以下财政体制改革以适度加强省级政府的财政事权和支出责任为重点，同时以减轻基层负担、努力实现区域公共服务均等化为目标。

小　结

新时代，面对官员腐败、土地矛盾对政府信任乃至政权稳定的影响，党中央开始收紧在组织层面宏观调控、统筹协调的权力，并强化纪委的监督权，辅之以全面从严治党来强化对党员干部的管理和监督；通过推动财政制度和预算管理制度改革、提高对地方官员的考核标准和问责力度来约束地方官员的自主性行为，以解决腐败问题及干群矛盾，维持制度的持久稳定。

为实现全面建成小康社会、建成富强民主文明和谐的社会主义现代化国家的奋斗目标，实现中华民族伟大复兴的中国梦，不断提高人民的生活水平，中央仍把发展作为执政兴国的第一要务。但这一时期主要是通过简政放权来进一步调动企业和社会的发展活力，创新中国经济增长的动能。党的十九大报告也明确指出，要"深化机构和行政体制改革。统筹考虑各类机构设置，科学配置党政部门及内设机构权力、明确职责。……转变政府职能，深化简政放权，创新监管方式，增强政府公信力和执行力，建设人民满意的服务型政府。赋予省级及以下政府更多自主权"。

随着中央宏观调控、统筹协调的权力得到强化，以及对地方政府监督机制的不断完善，中国的纵向治理体系将逐步实现向法治化、现代化过渡。在新的纵向治理模式中，由于地方政府的行为受到了有效的制约，因此中央可以将更大的自主性权力，如项目审批权、立法权及一些制度创新的试错权授予地方，以鼓励地方积极开展改革创新的试验。另一方面，为了创造一个更加公平的市场环境，保证一些具有溢出效应的公共产品与服务能够有效供应，由中央直属或派出机构承担一些具有溢出效应的公共事务，如社会保障、跨区域环境治理、食品安全等的事权责任。

长期关注中国纵向政治制度变迁的学者也注意到："在全面深化改革时期，在经济新常态下，原本对国内生产总值十分敏感的一些地方政府官员做事的积极性下降了不少。"[1]地方政府的积极性下降，这将会是中国经济可持续发展的一个严重威胁，中国改革开放以来所取得的发展成就，主要是地方政府充分发挥主动性与积极性的结果，所以地方政府的态度对于中国未来的改革和发展都具有至关重要的作用，毕竟他们和社会的紧密联系是调动社会积极性的基础。如果大量地方官员不作为，将减少经济增长的驱动力，进一步加剧经济下行的压力。

---

① 储建国：《进一步调动地方改革的积极性》，《学习时报》2015年12月14日。

当代中国纵向政治制度的演化逻辑

第七章

本章将从历时性的维度对本书主要的经验发现及其涉及的主要理论问题做一个总结。首先，本书通过历时性比较追溯了当代中国纵向政治制度长时段的历史演化过程。在这个分析过程中，制度演化理论为本书提供了全面分析当代中国纵向政治制度变迁过程的理论框架。纵向政治制度的演化既遵循一般生物的演化规律，要经历一个"变异—选择—遗传（延续）"的过程，但又有其个性化的特征。其中，作为关键行动者的中央领导集体，他们的认知能力、意图和能动性被置于分析的中心位置。通过变异机制，他们可以决定新的权力分配方式，制定权力之间相互关系的规则安排；在选择机制的作用下，政治领导人会在不同的纵向权力分配体制和权力运行机制之间进行选择，被选择的制度基于其在政治生态中所产生的正反馈效应而被遗传下来。

根据新中国成立以来五代中央领导集体的主政时间，本书将当代中国纵向政治制度的演化过程分为五个阶段，每个阶段的制度演化都是一个环境、结构、行动者互动的动态过程。在这个互动框架下，生存和发展的危机环境通过影响关键行动者的观念进而引发制度变迁。

因此，当代中国纵向政治制度的变迁主要是关键领导人观念演化的结果。同时，已有的制度结构也会约束行动者的行为，使制度变迁保持在单一制的基本制度框架之内，这就导致制度变迁呈现出稳定性和发展性的双重特征。

本章第一节总结了当代中国纵向政治制度演化的双重动力。本章的第二节归纳了当代中国纵向制度变迁的三重内在机理，即纵向权力分配体制的调整、纵向权力运行机制的调整及制度匹配。

第一节　当代中国纵向政治制度演化的动力

想要探寻当代中国纵向政治制度演化的逻辑，首先要回答什么因素触发了制度变迁。研究发现，核心领导人作为关键行动者在制度变迁中发挥着关键性的作用。一方面，他们对整个政治体系拥有很好的认知，深谙体制的优势和弊病以及掩藏于其中的制度危机；另一方面，他们作为国家领导人，掌握着人民一揽子授予的国家治理权，主观上也希望通过好的治理来赢得人民的认可。在这个过程中，政治领导人以制度设计者的身份参与到制度建设的过程当中。但是政治制度变迁并非政治领导人自由意志的产物，还受到已有制度结构和制度经验的制约，并在此基础上进行制度选择。

一、生存危机倒逼的制度变革

通过前文的经验研究可以得出结论，纵向政治制度变革往往是生存危机倒逼的结果。新中国成立后，政治领导人确立起单一制的纵向政治制度，在地方建制上实行大区制，并赋予大区很大的自主权。但是第一代中央领导集体在后期之所以推进制度变革，确立起高度集权的纵向权力分配体制，一方面是受苏联模式的影响，另一方面也是出于解决生存危机的需要。当时，中国刚刚从封建社会过渡到社会主义社会，生产力还很落后，农业人口多，很多农民还吃不饱饭。但当时的政治领导人在如何建设社会主义方面并没有多少经验，因而只能向苏联学习，建立起高度集权的政治经济体制，希望中国能像二战后的苏联那样，快速地从工农业生产危机中恢复过来，并建立起强大的工业基础，从而在世界的舞台上站稳脚跟。

解决生产危机外，当时的政治领导人还面临地方分散主义的危机。在单一制的制度设计中，纵向政府之间由于权力的隶属关系而在组织、利益、责任上相互连带，一旦被赋权的地方在组织、利益、目标责任上与中央发生偏离，那么纵向政治制度将难以协调一致地运转，从而导致制度稳定性的功能无法有效释放出来，制度陷入危机状态。新中国成立后，中央在地方建制上实行大区制，大区被赋予了很大的自主权。大区制被取消后，权力集中到了中央。

1978—1993年，国民经济濒临崩溃，政治领导人依然面临生存的危机。但是这一时期，第二代中央领导集体充分吸取了其前任领导人改革的经验和教训，在向省级地方放权让利的同时，鼓励进一步向省级以下地方政府放权，从而完成权力的纵向传递，充分调动了各级地方和企业发展的积极性，同时辅之以经济体制的市场化改革，使政治经济体制能够协调运作。然而经过调整后的制度在运行的过程中也会产生意料之外的后果。改革开放后，中央放权让利的改革使地方政府享有一定的自主权和利益空间，权力和利益的诱导充分调动了地方政府发展的积极性，但也产生了投资过热、地方保护主义的现象，影响了宏观经济的稳定和纵向政府的协调运作，从而陷入危机状态。为了避免再次陷入改革开放前"一统就死，一放就乱"的恶性循环状态中，中央领导人并没有将下放的权力重新收回，而是通过加强宏观管理来维护中央的权威；另一方面则通过自上而下的协商说服、利益诱导、弹性问责来保护地方政府的自主性空间。中央采取紧缩性的财政和货币政策来进行宏观调控虽然实现了国民经济的"硬着陆"，但也大幅拉低了国民经济的增长速度，影响人民生活水平的稳步提高。因此，1992年中央适度放松了紧缩性政策的力度，邓小平又通过南方谈话进一步将试错权授予地方，鼓励地方大胆进行创新试验，并在随后建立起社会主义市场经济体制，重新调动了地方投资和发展的积极性。

社会主义市场经济条件下，获得了自主权和独立利益的地方政府为实现地方利益和效用目标也开始玩起了新花样，如选择性执行政策、打政策擦边球、越权审批、减免税等。尤其是在福建、广东等沿海省份，甚至出现地方主义泛滥的现象。为缓解这一制度危机，降低统治风险，第三代中央领导集体通过分税制改革增强了国家的汲取能力，并通过对金融部门的垂直化管理收紧了金融权力及对宏观经济的宏观调控权力。在中央选择性集权的基础上，通过组织层面的干部交流和调任制度约束地方干部，避免地方裙带主义滋生腐败。但为了维持地方的积极性，中央依然保留了地方享有的经济管理权，并在激励分配上通过税收返还和转移支付、土地出让补偿、政策引导、弹性问责等方式维护了地方的利益和自主性空间。

第三代中央领导集体主政时期，中央通过调整纵向权力分配体制，宏观调控权力迅速提升。但分税制改革在将财税逐级上收的同时并没有一并将相应的事权集中。地方政府在财力吃紧的情况下将事权逐级下压，加重了基层政府的事权责任，甚至出现"市刮县""市压县"的情况。此外，地方政府为了创收不断扩张其自主性空间，通过大规模招商引资和经营土地来实现经济的增长。但在利益和政绩的双重驱动下，掌握大量经济管理权限的地方政府与企业、开发商"结盟"导致了腐败问题的出现，在经营土地过程中也出现了损害社会公共利益的土地纠纷和土地违法案件。受区位优势和中央倾斜授权的影响，东部沿海地区比中西部地区在招商引资和出让土地方面表现出更强的优势，进一步加剧了我国的地区差距，影响到社会的和谐稳定。

第四代中央领导集体主政时期，面对宏观经济失控的危机，中央通过对受地方影响较大的职能部门实行中央或省级以下的垂直管理，以此加强中央及省级政府宏观调控的权力。此外，中央还辅之以对党政领导干部的规范化管理，即中央转移支付制度的规范化运作、非税收入的全面预算管理和官员绩效考核目标的科学化设定来约束地方政府的自主性行为，避免其对制度稳定的潜在威胁。但这一时期发展仍然是党执政兴国的第一要务。为此，中央在加强对地方政府行为约束的基础上通过行政审批权的逐步下放，向中西部地区倾斜授权等方式，同时提高中央转移支付规模和地方收入的利益协调机制，以及弹性问责的目标协调机制维持地方发展的活力。从制度所处的外部环境看，这一时期，中央还面临"中等收入陷阱"和国际金融危机的双重影响。考虑到在此之前中国经济的快速增长主要是靠政府投资来拉动的，是一种粗放型的经济增长方式，地方政府为了追求经济总量的增长往往忽略了经济发展的质量和效益，造成了大量低水平的重复建设。因此，在科学发展阶段，政治领导人为了避免国家陷入"中等收入陷阱"的危机，决定转变经济增长方式，更多地依赖消费和出口来拉动经济的可持续发展。受2007年经济危机的冲击，美国乃至世界的经济恢复要经历一个漫长而曲折的过程，我国要依靠出口来带动经济的持续发展可能性很小。针对这一变化，中央试图发展房地产来促进消费、扩大内需拉动经济的增长，同时通过完善转移支付、向中西部地区进行倾斜授权，实现区域统筹发展的目标。

党的十八大后，面对腐败问题和土地矛盾引发的政府信任危机，中央开始对纪委实行半垂直化领导，以加强纪委的监督权以及中央宏观调控、统筹协调的权力，以强化对地方官员的监督，统筹推进全面深化改革工作。在纵向权力分配体制调整的基础上，中央通过纵向政府间组织、利益、责任三重协调机制的规范化、制度化运作，进一步压缩了地方官员的利益空间和自主性空间，增强其治理责任。具体而言，包括在组织上强化党规党纪的约束、加强党员干部思想教育、推进作风建设常态化等激励分配上，实行全口径预算管理，避免地方政府追求地方利益的行为对国家利益和社会利益的背离。在目标设定上，通过调整各级政府的考核指标，加强对地方重点工作和中心工作的问责来强化地方的治理责任。在此基础上，中央进一步将行政审批权、立法权下放，并根据纵向政府间的财力状况，上收了具有主权属性、国家战略属性和需要跨区域协调的事权，逐步建立起财政和事权相匹配的纵向政治制度，以维持制度的稳定和活力。

二、发展压力驱动的制度变革

除了国内环境的变化，开放的国际环境也增加了政治领导人竞争和发展的压力，并由此引发纵向政治制度的变迁。在制度演化过程中，开放的外部环境会对顶层设计者的认知和观念形成冲击，增加政治领导人发展的压力，使其在压力的驱动下进行自主性的变革，实现发展性的目标。这也体现在当代中国纵向政治制度变迁的各个阶段中。

新中国成立初期，政治领导人建立起高度集权的政治经济体制，很大程度上是受苏联模式的影响。当时，作为中国盟友的苏联在二战后迅速恢复了经济，并建立起雄厚的工业基础。而中国生产力还很落后，主要以小农经济为主，很多农民还吃不饱饭。这种鲜明的对比使得中国的领导人迫切希望向当时的苏联"老大哥"学习，建立起高度集权的纵向政治制度。

1956年，中国外部环境发生了重大的变化，当年发生了一件震惊中国乃至全世界的大事：赫鲁晓夫在苏共二十次代表大会上公开批评了斯大林模式中的错误。这使毛泽东和党中央的观念发生了很大的转变，他们开始觉得，中国要发展，不一定要复制苏联的经验。但中国与西方发达国家巨大的经济差距仍然给毛泽东造成了很大的压力。这种压力驱使他去探索本国的发展道路，实现自己梦寐以求的目标："无论怎样都要赶上和超过英国以及其他经济发展主要指标位居前列的国家。"[①]为了实现这个目标，他先后在1957年和1970年进行过两次放权的试验，以充分调动中央和地方两个积极性。由此可见，发展的压力是第一代中央领导集体推动纵向政治制度变革的关键外部因素。

第一代中央领导集体主政时期两次放权改革并没有成功实现"发展"的目标，反而导致国民经济比例失调。因此，这项重任就落到了第二代国家领导集体的肩上。改革开放后，作为顶层设计者的政治领导人有更多的机会走出国门。这一时期，西方发达国家在经济上的崛起给中国领导人很大的冲击。而国内外经济状况的鲜明对比也增添了中央领导人发展的压力。在外部环境的影响下，邓小平借鉴了欧洲联邦制国家的制度经验，在中国推行放权让利的改革。但鉴于中国已有

---

① 〔俄〕亚历山大·潘佐夫：《毛泽东传》，卿文辉译，中国人民大学出版社，2015年，第661页。

的制度结构和制度经验，他也认识到，通过学习和模仿而来的制度模式不一定与中国所处的情境以及政治系统中的其他制度相匹配。因此，改革开放之后的改革事实上是双轨进行的：一方面，中央通过放权让利的改革来调动地方发展的积极性；另一方面，中央始终掌握着组织人事、利益分配、目标设定等方面的控制权，来协调纵向政府间关系，既给予地方一定的自主性空间，同时又不至于失去对地方的控制。

到第三代中央领导集体主政时期，政治领导人仍面临着很大的发展压力。尤其是受1997年亚洲金融危机的影响，国内很多企业尤其是乡镇企业在这场危机中遭受重创，导致国民经济的增长出现滑坡，影响人民生活水平的提高，这无形中给当时的政治领导人增添了发展的压力。1997年，江泽民曾在接受记者的采访时说："我通常很晚才睡，在我的心目中，就内政而言，最大的问题就是如何确保12亿中国人民的温饱。怎样才能改善他们的生活呢？从人权的角度来说，这是他们的生存权。对于一个没有面临和我们相同情况的国家来说，这是很难想象的……我总是想，怎样才能使一部分人地区、一部分人先富起来。然后实现共同致富的目标。"[①]但和第二代中央领导集体主政时期相比，当时的政治生态又发生了一些变化，放权让利的改革是中央的财政汲取能力和宏观调控能力被削弱，导致地方主义泛滥，从而威胁到国家的生存。因此，在第三代中央领导集体主政时期，关键行动者在放权让利的同时也加强了中央的宏观调控，在此基础上兼顾地方的利益和自主性空间，从而实现经济的可持续发展。

第四代中央领导集体主政时期，中国人民的温饱问题基本解决，

---

① [美]罗伯特·劳伦斯·库恩：《他改变了中国：江泽民传》，谈峥、于海江译，上海译文出版社，2005年。

但政治领导人仍然面临完成社会主义现代化建设的三阶目标，因此发展仍是党执政兴国的第一要务。在国内宏观失控和"中等收入陷阱"的外部危机下，这一阶段党中央针对前期发展中存在的问题提出了"科学发展"的新思路，试图通过转变经济增长方式来带动经济的发展。2007年的国际金融危机使中国想依靠出口来带动经济持续发展的可能性很小，这也无形中增加了中央领导人发展的压力。因此这一阶段，中央试图通过促进消费、扩大内需来实现国民经济的持续快速发展。为此，中央进行了政策引导和利益协调，在保持宏观调控的基础上将土地出让收入划给地方，并扩大了中央转移支付的规模，保护了地方政府的获利空间和积极性，将先行试点权有选择地下放给地方，以寻求新的经济增长点。此外，中央还进一步通过取消和下放行政审批项目调动社会的积极性。

新时代，中国仍然面临脱贫攻坚、全面建成小康社会的百年奋斗目标。但随着国际形势和国内主要矛盾的变化，在经济新常态下，中央也转变了发展理念，提出由经济高速发展向高质量发展的目标，试图创新经济增长动能，更加充分地利用社会资源，提高生产效率和产品质量，推动中国经济的可持续发展，避免陷入"中等收入陷阱"的发展危机。为此，中央在加强宏观调控、统筹协调权力的基础上进一步推动了简政放权的改革，赋予地方尤其是社会更多的自主权。同时，让市场在资源配置中发挥决定性的作用，这是在发挥中央和地方两个积极性的基础上，进一步调动市场和社会的活力。此外，这一阶段，中央赋予了设区的市立法权，并根据各级政府的财政支出合理划分了中央与地方的事权责任，逐步建立起财权和事权相匹配的纵向政治制度。

第二节　当代中国纵向政治制度演化的内在机理

在制度所处的政治生态不断发生变化的情况下，当代中国纵向政治制度的存续主要是作为关键行动者的核心政治领导人在已有的制度框架下不断对制度进行适应性调整来实现的，以克服制度在运作中产生的危机、满足环境的需求，实现不同阶段的战略目标。本节将总结当代中国纵向政治制度演化的三种方式，分别是纵向权力分配体制变革、纵向权力运行机制调整和制度匹配，以揭示出制度变迁的内在机理。

一、纵向权力分配体制调整

当代中国纵向政治制度的变革主要是通过纵向权力分配体制的调整来实现的。从总的趋势来看，中央将财政权、行政权、立法权和经济管理权下放给地方，以调动中央和地方两个积极性。但中央在放权改革的过程中，一直坚持"党领导军队"和"党管干部"的原则，对军队和人事的控制并没有放松过。同时，中央在进行财政管理体制改革的过程中牢牢控制着制税权，以及税种、税基的确定和划分，在事权的下放过程中始终掌握着否决权和干预权。此外，中国的立法权也高度集中在全国人民代表大会，地方人大的立法权相当有限。而这些恰恰是在放权的过程中保持纵向政治制度不偏离单一制这一基本制度框架的要件。具体来看，在不同的历史时期，权力下放的层级和权力下放的规模也表现出阶段性的差异。

在新中国成立初期，毛泽东通过学习苏联，在纵向权力分配体制上采取了中央高度集权的模式，抑制了地方的主动性和积极性。从1957年开始，为调动中央和地方两个积极性，中央开始尝试向地方放权。在这一阶段，中央主要将财权、企业管理权、计划指标权、基本建设投资权、物资分配权这些经济管理方面的权力下放给地方，这里的地方主要是省级地方。"在中国省区建立独立的工业体系的思想代表了毛泽东试图解决地方分权问题的一个理想模式，即地方分权必须与相互独立的省区经济相一致，以减少对中央计划协调的依赖。"[①]此后，1970年的第二次放权在思路与具体措施上都与1957年极为相似，所不同的是，为充分调动地方的积极性，中央与地方之间还试行了财政、基本建设投资、物资分配等方面的大包干。当时权力的大规模下放，导致了地方不顾全局的局面，而企业之间原有的生产协作关系又被打破，最终导致计划失控，国民经济比例失调，中央不得不通过一揽子的重新集权控制局面。

在邓小平时期，纵向政治制度的变革，也主要是通过纵向权力分配体制的变革来实现的。为了实现"发展"的目标，中央通过有组织的梯度放权，将一部分财权、立法权、人事权和经济管理权力[②]下放给地方政府，主要是省级政府。此外，中央还鼓励地方进一步将权力下放给企业和下级政府，以充分调动中央、地方、企业、劳动者个人各方面的积极性。"1987年中共十三大后，纵向政府间权力下放的速度加快，在党和政府关系上党委的权力也明显收缩。在这样的政治生态下，县、乡政府改革的积极性也被调动起来。当时，中央提出县级党委要总揽改革全局，县级综合改革一度成为改革进程中的重大题材，

---

① 周黎安：《转型中的地方政府：官员激励与治理》，格致出版社，2008年，第125页。
② 包括基建计划的审批权、物价管理权、利用外资审批权、物资统配权等。

不论东部还是中西部，都出现过一些县级改革的先行者。在县乡关系上，县向乡镇放权也成为改革的潮流，县的职能部门设在乡镇的机构纷纷下放交由乡镇政府管理，乡镇开始建立独立的财政，出现县乡财政'分灶吃饭'的基本格局。"①为此，基层政府发展和改革的积极性也被调动起来了。

鉴于改革开放之前权力"一放就乱"的教训，改革之后，中央对行政权的下放显得更为谨慎。首先，行政权下放的同时，许多重大决策权和审批权仍然集中在中央各部委。例如，中央在下放基本建设计划的审批权时只给省级政府一些小型项目的审批权。②其次，对全国各地区进行梯度放权。中央通过设立经济特区、沿海开放城市、计划单列市的形式，在试点地区推行更大规模的放权试验，并赋予其"特殊政策，灵活措施"，广东省委前书记任仲夷将其概括为"对外更加开放，对内更加放宽，对下更加放权"，这也意味着一些省级政府拥有更大的自主权，并且可以进一步将这些权力下放给市、县级政府，以调动各级地方政府发展经济、制度创新的主动性和积极性，同时又避免了一揽子放权而导致中央计划失控的局面。

从第三代中央领导集体主政时期开始，面对放权让利导致的宏观失控的危机，中央开始有选择性地集权以保持宏观经济的稳定。这一时期中央加强了其在宏观调控方面的权力，基本上具有重要调控职能的部门都开始实行垂直化管理，如税务、银行、金融、市场监管部门都在此行列。这种权力向上级部门集中的趋势对基层政府的运行产生了直接影响。"在县、乡之间，原来一些下放给乡镇的权力被

---

① 赵树凯：《重新界定中央地方权力关系》，《中国经济报告》2013年第9期。

② 周黎安：《转型中的地方政府：官员激励与治理》，格致出版社，2008年，第129页。

市、县政府重新收走，乡镇政府变得更加虚弱。"①但由于上下级之间责任连带关系的存在，出了事情依然要追究基层政府的责任。这就造成基层政府权力和责任"两极分化"的现象。并且，在行政权向上级集中的同时，财政上的分税制改革造成了基层政府财力吃紧。因为分税制改革之后，财税资源自下而上不断集中，但事权并没有一起上收，反而在目标责任制下逐级下压，加剧了基层政府权力与责任之间的"两极分化"。

这一时期，宏观调控的权力开始向省级政府集中，主要表现为中央继续对国土资源部门、统计部门、安全生产部门等实行省级以下垂直化管理。虽然中央为省级政府保留了较大的自主权，从而使省级政府在中层改革上有所突破。但是县乡基层政府的自主性权力，如人事权、土地审批权、财权等被进一步压缩。同时，目标责任的层层向下传递、考核的规范化、"一票否决"红线设置的增多，都无形中增加了基层政府的事权责任。从2007年开始，中央政府积极推进省直管县、扩权强县的改革，但仍引发了基层政府和上级政府的诸多矛盾和问题。但这一时期，中央为了保持地方政府的积极性，同时释放市场和社会的活力，将一大批行政审批项目取消或下放；为了缩小地区差距，实现统筹发展，又通过向中西部倾斜授权的方式赋予其特殊优惠政策和灵活措施；此外，中央还授予了一些地方先行试点权，以寻找新的经济增长点，并为全面深化改革积累经验。

新时代，中央通过国家机构改革进一步强化了宏观调控、统筹协调的权力，以全面深化改革为依托进一步约束地方政府的自主性行为，

---

① 人民论坛编：《大国治理：国家治理体系和治理能力现代化》，中国经济出版社，2014年，第216页。

解决威胁政权稳定的腐败问题和干群矛盾，中央开始对纪委实施垂直领导，并设置国家监察委对所有公职人员进行监察。同时，为了调动地方和社会的积极性，实现党和国家的百年奋斗目标，中央在权力收紧的同时，也在持续推进简政放权的改革，不断下放行政审批权，赋予设区的市立法权，中央赋予自贸区、国家综合配套改革试验区特殊的自主权和优惠政策，探索新的经济增长动能。在事权和支出责任方面，上收部分具有主权属性、国家战略属性、跨区域协调的事权，探索建立财权和事权相匹配的纵向政治制度，维持中央和地方两个积极性。

二、纵向权力运行机制调整

当代中国纵向政治制度演化的另一种方式是纵向协调机制的调整及其功能释放。新中国成立以来，纵向权力的调整并没有改变既有的制度框架，也没有改变中央在组织人事、利益分配、目标设定等方面的控制权。为此，中央可以凭借其所掌握的控制权对地方政府的行为进行协调，避免制度改革陷入"一统就死，一放就乱"的制度困境。随着外部环境的变化及中央领导人战略目标的转变，纵向协调机制的运作方式在不同的阶段也呈现出不同的特点。总体而言，组织、利益、目标三重协调机制的运作经历了一个从刚性运作到柔性运作再到弹性运作，逐步走向科学化、规范化运作。

在新中国成立初期，纵向政治制度的稳定主要是靠中央集权及纵向协调机制的刚性运作实现的。中央通过条条集权一竿子插到底，使国家权力渗透到乡镇一级，保持了对各个层级地方政府的领导和控制，从而比较有效地实现了国家整合。同时，上下级政府间需要就某些具体的任务和事项承担连带性的责任，并实行自上而下的严格问责。这就保证了地方的工作任务和中央的目标高度一致。在计划经济体制下，地方政府的利益与中央也是高度一致的，地方不允许有独立于中央的特殊利益，以防止地方偏离中央的大政、方针、政策。然而在这种政治生态下地方的自主性被严重挤压，不利于调动地方的活力，实现发展的制度目标。

改革开放后，为进一步实现发展的目标，中央实施了向地方分权让利的改革，但仍保持了组织人事、分配激励、目标设定等方面的控制权，在权力的运作方面，中央采取了协商说服、弹性问责、利益诱导等柔性协调方式，既保持了纵向政府间组织、利益、责任的相互连带与捆绑，实现了中央对地方的有效控制和国家整合，又给予了地方很大的自主性空间，提高地方发展经济和制度创新的主动性与积极性。纵向协调机制的柔性运作使单一制的制度内涵变得更加丰富和多元，构成了改革开放后中国国家治理的亮点和特色。即使在20世纪90年代中期，国家能力减弱和地区主义泛滥的危机曾一度引起学者的警惕和恐慌，中国依然能够很快地从这种危机中恢复过来，并没有如一些学者所预言的那样走向制度崩溃。正是在这个意义上，纵向协调机制及其柔性运作虽然存在着一些负面效应，如"GDP至上"、腐败问题、政府责任弱化等，但在以发展为第一要务的阶段却有着过渡性的意义，承担着其他组织形式无法替代的制度性功能，有助于在维持稳定的前提下，调动地方发展的积极性。

鉴于纵向组织、利益、目标协调机制的柔性运作所产生的问题，20世纪中后期以来，中央在加强宏观调控的同时，也通过改革干部任用和管理制度、财税制度、绩效考核办法等协调机制的科学化、规范化、制度化运作不断约束着地方政府的行为。其中，在组织协调方面将干部调任和干部交流制度化，规范了对干部的管理。官员的选拔任用和监督管理都逐步制度化。例如，官员的选拔任用程序中增加了内部公开推荐的内容，相比20世纪八九十年代的官员任命更加规范。党的十八大后，为解决腐败问题和政府信任问题，党中央不断加强党员干部作风建设，不但发布了中央八项规定，还修订了党章、党规、党纪，持续开展反腐倡廉主题教育，提升公职人员的政治觉悟，约束其自主性行为。在利益协调方面，中央通过调整财政和货币政策、健全税收返还和财政转移支付制度、完善预算管理制度等利益协调方式来约束地方政府的自主性行为，但为了调动地方的积极性，仍然通过扩大转移支付规模、调整税收分配机制、政策引导等方式保留了地方的利益空间，以维持地方的活力和积极性。在目标协调方面，中央不断加强对地方目标责任的科学化设置和考核管理，不仅要求行政机关工作人员特别是党员领导干部依法行政，而且不断增加地方政府的目标责任。在自上而下的考核和问责方面，中央也加强了对一些社会关切的环境污染、食品安全、信访问题的问责力度，在环境保护、安全生产、社会稳定等领域的考核中，采取"一票否决"的"红线原则"。由于没有完成任务而造成严重后果的，要追究第一责任人的领导责任。党的十八大后，对地方官员目标责任的考核更加科学化和多元化，例如加入经济高质量发展、生态文明、社会文明、社会主义现代化建设、全面深化改革、依法治国、从严治党等相关考核指标，将安全生产、疫情防控、平安稳定（包括平安建设和信访维稳），这些直接关系到国家和人民群众生命财产安全及其切身利益的大事，作为具有"一票否决"性质的底线工作。

从第四代中央领导集体主政时期开始，纵向的组织、利益、责任三重协调机制运作的变化呈现出一种协同演变的趋势，逐步趋向科学化、规范化、制度化运作，其目的是约束地方政府的自主性行为，同时也保护了地方政府的自主权和正当利益。这也导致获得中央授权的地方政府作为具有相对独立利益结构和效用目标的权力主体，在追求地方利益、推动经济发展的过程中也产生了大量腐败问题、土地纠纷、干群矛盾，不仅破坏了党和政府的形象，也引发了政府信任危机。以至于从第四代中央领导集体主政时期开始，党中央一再强调：腐败问题解决不好最终必将亡党亡国。

三、制度匹配

当代中国纵向政治制度的延续需要该制度内的各子系统相互匹配，包括与整个制度系统内的其他制度相互匹配。制度演化论把各种各样的制度安排视为一个综合体系，它们通过种种途径密切黏合在一起。[①]"任何一个国家的制度体系都是这样一个综合系统，各种制度环环相扣，通过各种途径紧密相连。这种状态就是政治经济学家所定义的制度匹配。"[②]也就是说，不能想当然地认为制度系统内的各子系统或某一制度体系内的各制度部件必然会相互契合，多样化制度安排的不同时空基础将会带来矛盾与冲突。因为制度设计的不同逻辑之间往往也会发生冲突与碰撞。两种制度之间既可能相互增效，也有可能相互磨损。因此，当某一制度体系发生变化时，其相关的子系统通常也要随之变化，否则就会出现制度之间不匹配而相互磨损的问题。但制度匹配往往具有滞后性，外显的制度匹配的事实背后的动力又是什么呢？

---

① [美]西伦·凯瑟琳：《制度是如何演化的：德国、英国、美国、日本的技能政治经济学》，王星译，上海人民出版社，2010年，第252页。

②马德勇：《观念、权力与制度变迁：铁道部体制的社会演化论分析》，《政治学研究》2015年第5期。

在一个制度系统内，每一项制度安排都承载着其特有的使命。对纵向政治制度而言，其所承载的制度使命便是调动中央与地方两个积极性，换言之，既要维持中央的权威，保持国家的统一与稳定，又要调动地方的活力，促进经济的发展。而制度之间的相互磨损则会对改革者造成压力，但这种压力并不是直接的，还要看这种磨损是否威胁到制度整体功能的有效发挥。如果纵向政治制度与其相关领域的制度能相互兼容、相互匹配，才能彼此协调运转，释放出制度应有的功能。但如果各制度子系统之间产生矛盾和冲突，则会抑制制度功能的有效释放。在我国当代纵向制度的演化中，也存在制度之间的摩擦和冲突。

新中国成立之初，大区制的制度安排与高度集权的纵向权力分配体制相冲突。大区制的制度设置是解放战争时期中央为了加强对各解放区的集中统一领导而建立起的地方行政建制。各区的划分基本是按照解放战争中各野战军的作战区域和所解放的领土区域来进行的，是一种"既有利于国家统一，又有利于因地制宜"的制度设计。因为当时国家统一尚未完成，各地区的解放时间也各不相同，情况各异。国内复杂的形势使中央尚不具备直接管理各大区的能力。因此，中央只是调派了几位党内高层领导大区人民政府，并将大区的治理权授予大区的党政一把手。1952年，随着国内外战争的结束和国民经济恢复任务的完成，加强中央集中统一领导，为实行大规模的有计划的经济建设做准备就成为这之后中央工作的重中之重。其后，国家计划委员会成立，全面主持计划的编制与实施，也从组织上推动了计划经济体制的建立和经济权力的高度集中。而大区制的制度设计与中央高度集权的政治经济体制是相冲突的，不利于中央的集中统一领导。

其后的纵向放权改革又与计划经济体制相冲突，抑制了制度功能的有效发挥。一方面，纵向分权与计划经济体制下封闭的市场环境不匹配。具体表现为，在封闭的市场环境下，资源配置是通过政府来完成的。纵向分权虽然实现了权力在纵向政府间的转移，但是获得自主性权力的地方政府都希望集中一切资源来发展本地企业，扩大企业的生产规模，甚至自成体系，超额实现国家计划的各项指标。然而在计划经济体制下，市场并不能在资源配置中发挥作用，这就导致地方各自为政，盲目生产，最终导致国家计划失控、经济混乱和通货膨胀。另一方面，中央分权的目的是调动地方的活力，促进经济的发展。改革开放前的两次放权试验确实调动了地方的积极性，地方大兴各种基建项目，兴办了许多"五小"企业。但在计划经济体制下，地方的自主性无法充分调动起来。因为计划经济本身就是一种指令性经济，在这种体系下，国家在生产、资源分配及产品消费各个环节都是政府事先计划好的。因此，地方政府的积极性仅表现在努力完成国家计划的指标方面。并且在预算软约束的情况下，地方政府为完成国家的指标盲目地"铺摊子""上项目"，造成大量资源浪费和财政赤字，最终甚至导致国民经济比例严重失衡，发展的目标并没有通过自主性变革实现。改革开放之后，中央通过推进市场经济体制改革，才充分将分权的制度功能释放出来。

改革开放后，为平衡稳定与发展的双重目标，走出"一统就死，一放就乱"的集权与分权悖论，中央在放权的同时对纵向权力的运行机制也进行了相应的调整。当代中国纵向权力的配置大体上呈现出集权—分权—选择性集权的演化趋势，而相应的权力运行机制也通过制度匹配的方式呈现出刚性运作—柔性运作—规范化运作的演化趋势，以配合纵向权力分配体制的变革。正是这种独具特色的纵向政治制度设计，在充分调动地方各层级政府积极性的同时，也维持了中央的权威与国家的整合，实现了稳定与发展的双重目标。

结　论

　　制度演化论凭借其在解释制度变迁中的优势为分析当代中国纵向制度变迁提供了系统的理论框架，有助于我们发掘制度变迁的动力，从整体上把握制度变迁的动态过程。首先，在制度演化论中，观念的演变和权力的较量是推动制度变迁的动力。但是在我国单一制的制度设计中，中央掌握着全部国家治理权，因此在推动制度变迁中发挥着主导性的作用，出于国家利益和社会整体利益的考虑，为中国纵向政治制度的变迁指引了方向。这也使当代中国纵向政治制度的演化同时呈现出稳定性的特征，制度演化的过程是一个在既有的制度框架下不断进行适应性调整的渐进过程。其次，制度演化中环境、结构、行为者互动的模式有助于我们分析制度变迁的动态过程，即环境如何影响制度结构，结构又如何进一步约束行为者的行为，并在此框架下来解释当代中国纵向政治制度的变迁。但是考虑到当代中国政治制度变迁的特殊性，以及关键行动者在制度变迁中发挥的主导性的作用。实践发展环境的变化并不会直接影响制度（结构）的变迁，仍需通过行动者发挥作用。其中，危机环境会直接冲击关键行为者的已有观念，迫使其在危机的倒逼下推动制度变迁。基于此，本书进一步修正了已有的制度演化理论，在此基础上提出了危机环境、观念和行动的制度演化分析框架。

在危机环境、观念、行动者互动的分析框架下，本书分析了当代中国纵向政治制度变迁的动力。当代中国纵向政治制度的变迁的初始动力来源于主要政治领导人或领导集体观念的转变，而这种观念的转变一方面来自其所面临的国内危机环境，使其认识到已有的制度在运作的过程中存在的问题，并在问题的倒逼下推动制度变革；另一方面则来自开放的外部环境刺激而产生的发展的危机或压力。新中国成立以来，逐步开放的外部环境使中国的领导人在与外部世界的对比中意识到国家的落后，而"落后就要挨打"的历史教训给他们施加了发展的压力，并在这种压力的驱动下推动制度变革。此外，国际金融危机和"中等收入陷阱"的危机则进一步加剧了政治领导人发展的压力。从这个角度看，开放的外部环境还将持续给政治领导人施加变革的压力以实现中华民族伟大复兴，而执政者也只有通过不断变革来实现可持续的发展才可以缓解这种压力。

在观念与行动的互动分析框架下，制度变迁主要是通过三种方式来实现的：其一，中央通过纵向权力分配体制的调整来调动中央、地方、企业、社会各方面的积极性；其二，中央通过纵向协调机制运作方式的调整，一方面保持制度的稳定和国家的整合，另一方面则配合纵向权力分配体制的设计，相应地保留地方政府的自主性空间和既得利益；其三，中央通过制度匹配，来保持整个制度系统内各子系统的有机协调运转，从而避免政治生态的变化或单一制度的变革而引起的制度子系统之间的冲突和摩擦。从整体上来看，当代中国纵向政治制度变迁的过程就是一个不断进行适应性调整的过程。

新时代，中国纵向政治制度仍然面临着百年未有之大变局的外部环境、地方官员积极性下降、经济下行等内部危机环境，但历任领导人在危机处理中所表现出的智慧与能力使我们仍然有理由相信，在国内外危机环境的倒逼下，新一届的政治领导人必将继续施展其政治抱负，全面深化改革，实现中华民族伟大复兴的中国梦，这也是中国国家能力最重要且最真实的写照。

参考文献

一、中文文献

(一)经典文献

1.马克思恩格斯选集[M].中共中央编译局,译.北京:人民出版社,2012.

2.列宁全集[M].北京:人民出版社,1990.

3.毛泽东选集:第一至四卷[M].北京:人民出版社,1991.

4.毛泽东文集:第一至八卷[M].北京:人民出版社,1993,1996,1999.

5.邓小平文选:第一至三卷[M].北京:人民出版社,1993,1994.

6.江泽民文选:第一至三卷[M].北京:人民出版社,2006.

7.胡锦涛文选:第一至三卷[M].北京:人民出版社,2016.

8.习近平谈治国理政:第一至四卷[M].北京:外文出版社,2014,2017,2020,2022.

9.习近平著作选读:第一至二卷[M].北京:人民出版社,2023.

10.建国以来毛泽东文稿[M].北京:中央文献出版社,1998.

11.建国以来重要文献选编[M].北京:中央文献出版社,1992.

12.刘少奇选集[M].北京:人民出版社,1985.

13.毛泽东早期文稿[M].长沙:湖南人民出版社,1990.

14.若干重大决策与事件的回顾:下卷[M].北京:中共中央党校出版社,1993.

15.十九大以来重要文献选编:上册,中册,下册[M].北京:中央文献出版社,2019,2021,2023.

16.中央人民政府法令汇编:1949—1950[M].北京:人民出版社,1982.

（二）著作

1.R.麦克法夸尔,费正清.剑桥中华人民共和国史:革命的中国的兴起:1949—1965年[M].北京:中国社会科学出版社,1990.

2.安东尼·吉登斯.民族、国家与暴力[M].胡宗泽等,译.北京:生活,读书,新知三联书店,1998.

3.安格斯·麦迪森.中国经济的长期表现[M].伍晓鹰,马德斌,译.上海:上海人民出版社,2008.

4.安作璋,熊铁基.秦汉官制史稿[M].济南:齐鲁书社,1985.

5.巴林顿·摩尔.民主和专制的社会起源[M].王茁,顾洁,译.武汉:华夏出版社,1987.

6.白钢.中国政治制度史[M].天津:天津人民出版社,1991.

7.薄贵利.集权分权与国家兴衰[M].北京:经济科学出版社,2001.

8.薄贵利.中央与地方关系研究[M].长春:吉林大学出版社,1991.

9.陈雪薇.十一届三中全会以来重大事件和决策调查[M].北京:中共中央党校出版社,1998.

10.陈炎兵,何五星.中国为何如此成功:引领中国走向成功的高层重大决策纪实[M].北京:中信出版社,2008.

11.陈征平.民国政治结构变动中的云南地方与中央关系研究[M].北京:中国社会科学出版社,2012.

12.道格拉斯·C.诺思.制度、制度变迁与经济绩效[M].杭行,译.上海:格致出版社,2014.

13.迪克·威尔逊.毛泽东传[M].中共中央文献研究室国外研究毛泽东思想资料选辑编辑组,译.北京:国际文化出版公司,2011.

14.董辅礽等.集权与分权:中央与地方关系的构建[M].北京:经济科学出版社,1996.

15.杜赞奇.文化、权力与国家:1900—1942年的华北农村[M].王福明,译.南京:江苏人民出版社,1995.

16.冯友兰.三松堂自序[M].北京:人民出版社,2008.

17.弗朗西斯·福山.国家构建:21世纪的国家治理与世界秩序[M].黄胜强,许铭原,译.北京:中国社会科学出版社,2007.

18.弗朗西斯·福山.政治秩序的起源:从人类时代到法国大革命[M].毛俊杰,译.桂林:广西师范大学出版社,2012.

19.福柯.权力的眼睛[M].严锋,译.上海:上海人民出版社,1997.

20.傅高义.邓小平时代[M].冯克利,译.北京:生活·读书·新知三联书店,2013.

21.甘阳,崔之元.中国改革的经济学[M].香港:牛津大学出版社,1997.

22.高培勇,温来成.市场化进程中的中国财政运转机制[M].北京:中国人民大学出版社,2001.

23.葛剑雄.统一与分裂:中国历史的启示[M].北京:商务印书馆,

2013.

24.何帆.为市场经济立宪：当代中国的财政问题[M].北京：今日中国出版社,1998.

25.何显明.市场化进程中的地方政府行为逻辑[M].北京：人民出版社,2008.

26.胡鞍钢,王绍光,周建明.第二次转型：国家制度建设[M].北京：清华大学出版社,2003.

27.胡鞍钢.中国国家治理现代化[M].北京：中国人民大学出版社,2014.

28.胡鞍钢.中国政治经济史论[M].北京：清华大学出版社,2008.

29.胡素珊,启蒙编.中国的内战：1945—1949年的政治斗争[M].译所,译.北京：当代中国出版社,2014.

30.黄仁宇.十六世纪明代中国之财政与税收[M].上海：生活·读书·新知三联书店,2001.

31.黄卫平,汪永成.当代中国政治研究报告：第12辑[M].北京：社会科学文献出版社,2014.

32.黄相怀.当代中国中央与地方关系的"竞争性集权"模式[M].天津：天津人民出版社,2014.

33.黄子毅.中央和地方职权划分的法律问题[M].北京：中共中央党校出版社,1998.

34.贾康,闫坤.中国财政：转归与变革[M].上海：上海远东出版社,2000.

35.金太军,赵晖.中央与地方政府关系构建与协调[M].广州：广东人民出版社,2005.

36.凯瑟·西伦.制度是如何演化的：德国、英国、美国和日本的技能政治经济学[M].王星,译.上海:上海人民出版社,2010.

37.康晓光.权力的转移:转型时期中国权力格局的变迁[M].杭州:浙江人民出版社,1999.

38.劳伦·勃兰特,托马斯·罗斯基.伟大的中国经济转型[M].方颖,赵扬,等译.上海:格致出版社,上海人民出版社,2009.

39.李国忠.民国时期中央与地方关系[M].天津:天津人民出版社,2004.

40.李侃如.治理中国:从革命到改革[M].胡国成,赵梅,译.北京:中国社会科学出版社,2010.

41.李瑞昌.政府间网络治理:垂直管理部门与地方政府间关系研究[M].上海:复旦大学出版社,2012.

42.李先念传:1949—1992[M].北京:中央文献出版社,2009.

43.李治安.唐宋元明清中央与地方关系研究[M].天津:南开大学出版社,1996.

44.李治安.中国五千年中央与地方关系[M].北京:人民出版社,2010.

45.林尚立.当代中国政治形态研究[M].天津:天津人民出版社,2000.

46.林尚立.党内民主:中国共产党的理论与实践[M].上海:上海人民出版社,2002.

47.林尚立.国内政府间关系[M].杭州:浙江人民出版社,1998.

48.刘承礼.分权与央地关系[M].北京:中央编译出版社,2015.

49.刘国光.中国经济发展战略研究[M].上海:上海人民出版社,1984.

50.刘国光.中国十个五年计划研究报告[M].北京:人民出版社,

2006.

51.陆学艺.社会蓝皮书：2013年中国社会形势分析与预测［M］.北京：社会科学文献出版社，2012.

52.吕冰洋.央地关系：寓活力于秩序［M］.北京：商务印书馆，2022.

53.罗伯特·D.帕特南.使民主运转起来：现代意大利的公民传统［M］.王列，赖海榕，译.南昌：江西人民出版社，2001.

54.罗伯特·劳伦斯·库恩.他改变了中国：江泽民传［M］.谈峥，于海江，译.上海：上海译文出版社，2005.

55.罗斯·特里尔.毛泽东传［M］.胡为雄，郑玉臣，译.北京：中国人民大学出版社，2002.

56.马斌.政府间关系：权力配置与地方治理：基于省、市、县政府间关系的研究［M］.杭州：浙江大学出版社，2009.

57.马克斯·韦伯.经济与社会［M］.林荣远，译.北京：商务印书馆，1998.

58.马克斯·韦伯.儒教与道教［M］.洪天富，译.南京：江苏人民出版社，2003.

59.欧阳日辉.宏观调控中的中央与地方关系［M］.北京：中国财政经济出版社，2008.

60.潘乃谷，马戎.社区研究与社会发展［M］.天津：天津人民出版社，1996.

61.皮纯协，王邦佐，孙关宏，主编.政治学教程［M］.郑州：河南人民出版社，1983.

62.皮尔逊主编.福利制度的新政治学［M］.苗正民，译.北京：商务印书馆，2004.

63.浦兴祖.中华人民共和国政治制度［M］.上海：上海人民出版

社,1999.

64.钱颖一.现代经济学与中国经济改革[M].北京:中国人民大学出版社,2003.

65.瞿同祖.清代地方政府[M].北京:法律出版社,2003.

66.人民论坛.大国治理:国家治理体系和治理能力现代化[M].北京:中国经济出版社,2014.

67.荣敬本,崔之元等.从压力型体制向民主合作制的转变:县乡两级政治体制改革[M].北京:中央编译出版社,1998.

68.塞缪尔·亨廷顿.变化社会中的政治秩序[M].王冠华,刘为,等译.北京:生活·读书·新知三联书店,1989.

69.施密特.美国政府与政治[M].梅然,译.北京:北京大学出版社,2004.

70.司马迁.史记[M].北京:中华书局,1959.

71.宋晓明,刘蔚.追寻1978:中国改革开放纪元访谈录[M].福州:福建教育出版社,1998.

72.苏力.制度是如何形成的[M].北京:北京大学出版社,2007.

73.孙东方,韩华等.科学发展观:当代中国马克思主义发展观[M].北京:中央编译出版社,2015.

74.孙中山全集[M].北京:中华书局,1981.

75.汤在新,吴新林.宏观调控:理论基础与政策分析[M].广州:广东经济出版社,2001.

76.唐世平.制度变迁的广义理论[M].沈文松,译.北京:北京大学出版社,2016.

77.童之伟.国家结构形式论[M].武汉:武汉大学出版社,1997.

78.王惠岩.政治学原理[M].长春:吉林大学出版社,1985.

79.王敬松.中华人民共和国政府与政治[M].北京:中共中央党校出版社,1995.

80.王丽萍.联邦制与世界秩序[M].北京:北京大学出版社,2000.

81.王明生.当代中国政治发展的历史与逻辑[M].南京:南京大学出版社,2014.

82.王浦劬,臧雷震.治理理论实践:经典议题研究新解[M].北京:中央编译出版社,2017.

83.王浦劬.政治学基础[M].北京:北京大学出版社,1995.

84.王浦劬.中央与地方事权划分的国别研究及启示[M].北京:人民出版社,2016.

85.王绍光,樊鹏.中国式共识型决策[M].北京:中国人民大学出版社,2013.

86.王绍光,胡鞍钢.中国国家能力报告[M].沈阳:辽宁人民出版社,1993.

87.韦庆远,柏桦.中国政治制度史[M].北京:中国人民大学出版社,2005.

88.魏红英.宪政构架下的地方政府模式研究[M].北京:中国社会科学出版社,2004.

89.魏礼群.市场经济中的中央与地方经济关系[M].北京:中国经济出版社,1994.

90.翁杰明,张西明.与总书记谈心[M].北京:中国社会科学出版社,1996.

91.吴敬琏.当代中国经济改革:战略与实施[M].上海:上海远东出版社,1999.

92.吴敬琏.中国经济50人看30年:回顾与反思[M].北京:中国经

济出版社,2008.

93.项怀诚.中国财政体制改革[M].北京:中国财政经济出版社,1994.

94.萧公权.中国政治思想史[M].沈阳:辽宁教育出版社,1998.

95.肖滨.为中国政治转型探路:广东政治发展30年[M].广州:广东人民出版社,2008.

96.谢庆奎.中国地方政府体制概论[M].北京:中国广播电视出版社,1998.

97.辛向阳.百年博弈:中国中央与地方关系100年[M].济南:山东人民出版社,2000.

98.辛向阳.大国诸侯:中国中央与地方关系之结[M].北京:中国社会出版社,2008.

99.熊文钊.大国地方:中国中央与地方关系宪政研究[M].北京:北京大学出版社,2005.

100.许崇德.中国宪法[M].北京:中国人民大学出版社,1989.

101.薛立强.授权体制:改革开放时期政府间纵向关系研究[M].天津:天津人民出版社,2010.

102.亚历山大·潘佐夫.毛泽东传[M].卿文辉等,译.北京:中国人民大学出版社,2015.

103.杨光斌.政治变迁中的国家与制度[M].北京:中央编译出版社,2011.

104.杨宏山.府际关系论[M].北京:中国社会科学出版社,2005.

105.杨龙.新型工业化背景下的政府职能研究[M].天津:天津人民出版社,2011.

106.杨天石.邓小平写真[M].上海:上海辞书出版社,2005.

107.杨小云.新中国国家结构形式研究[M].北京：中国社会科学出版社，2004.

108.杨小云.新中国中央与地方关系沿革[M].北京：世界知识出版社，2011.

109.应兴.大河移民上访的故事[M].上海：上海三联书店，2002.

110.张文寿.中国行政管理体制研究：研究与思考[M].北京：当代中国出版社，1994.

111.张枬，王忍之.辛亥革命前十年间时论选集[M].北京：生活·读书·新知三联书店，1960.

112.张志达.唐代后期藩镇与州之关系研究[M].北京：中国社会科学出版社，2011.

113.张志红.当代中国政府间纵向关系研究[M].天津：天津人民出版社，2005.

114.赵德馨.中华人民共和国经济史：1949—1966[M].郑州：河南人民出版社，1989.

115.郑永年，吴国光.中央—地方关系：中国制度转型的一个轴心问题[M].香港：牛津大学出版社，1994.

116.郑永年.中国的"行为联邦制"：中央—地方关系的变革与动力[M].北京：东方出版社，2013.

117.中共中央文献研究室.回忆邓小平[M].北京：中央文献出版社，1998.

118.周飞舟，谭明智.当代中国的中央地方关系[M].北京：中国社会科学出版社，2014.

119.周黎安.转型中的地方政府：官员激励与治理[M].上海：格致出版社，2008.

120.周太和.当代中国经济体制改革[M].北京:中国社会科学出版社,1984.

121.周雪光,刘世定,折晓叶.国家建设与政府行为[M].北京:中国社会科学出版社,2012.

122.周振超.当代中国政府"条块关系"研究[M].天津:天津人民出版社,2008.

123.朱光磊.当代中国政府过程[M].天津:天津人民出版社,2002.

124.邹谠.二十世纪中国政治:从宏观历史与微观行动角度看[M].香港:牛津大学出版社,1994.

125.邹谠.中国革命再解释[M].香港:牛津大学出版社,2002.

（三）学术文章

1.艾晓金.中央与地方关系的再思考:从国家权力看我国国家结构形式[J].浙江社会科学,2001,(01).

2.薄贵利.建立和完善中央与地方合理分权体制[J].国家行政学院学报,2002,(S1).

3.曹广忠,袁飞,陶然.土地财政、产业机构演变与税收超常规增长[J].中国工业经济,2007,(12).

4.曹正汉.中国上下分治的治理体制及其稳定机制[J].社会学研究,2011,(01).

5.陈抗.诸转型经济国家的分权化及中央、地方关系[J].改革,1994,(03).

6.陈天祥.论中国制度变迁的方式[J].中山大学学报(社会科学版),2001,(03).

7.陈天祥.中国地方政府制度创新的利弊分析[J].天津社会科学,

2002,（02）.

8.冯兴元,李晓佳.政府公共服务事权划分混乱的成因与对策[J].国家行政学院学报,2005,（03）.

9.郭春丽,林莉.基本建设投资、更新改造与经济增长的实证分析：1953—2001[J].中国社会科学院研究生院学报,2001,（01）.

10.何俊志.结构、历史与行为：历史制度主义的分析范式[J].国外社会科学,2002,（05）.

11.何可造.区域经济发展与招商引资[J].探索与争鸣,2004,（02）.

12.胡鞍钢,王绍光.第二次转型：以制度建设为中心[J].战略与管理,2002,（03）.

13.胡鞍钢.省级干部严重的东西部差距[J].战略与管理,1994,（05）.

14.黄伯勇.从财政体制的角度分析我国乡镇债务问题[J].社会学研究,2008,（02）.

15.黄冬娅.中国政治制度建设的影响因素：文献综述[J].公共管理研究：第4卷,2006.

16.黄宗智,余盛峰.重新发现政治空间：改革中的地方—国家体制[J].文化纵横,2009,（06）.

17.金太军,汪波.经济转型与我国中央—地方关系制度变迁[J].管理世界,2003,（06）.

18.金太军.当代中国中央政府与地方政府关系现状及对策[J].中国行政管理,1999,（07）.

19.金相文,薄贵利.中央集权制与中央高度集权制的区别[J].中国行政管理,1998,（01）.

20.乔宝云,范剑勇,冯兴元.中国财政分权与中小学义务教育[J].中国社会科学,2005,(06).

21.邱实.政府间事权划分的合理性分析:双重逻辑、必要支撑与优化进路[J].江苏社会科学,2019,(03).

22.匡家在.地方政府行为的制度分析:基于土地出让收益分配制度变迁的研究[J].中央财经大学学报,2009,(04).

23.李炜光.分税制的完善在于财政与事权的统一[J].税务研究,2008,(04).

24.李月军.中国政治制度变迁中的路径依赖[J].学海,2009,(04).

25.刘启君.改革开放以来中国腐败状况实证分析[J].政治学研究,2013,(06).

26.马德勇.观念、权力与制度变迁:铁道部体制的社会演化分析[J].政治学研究,2015,(05).

27.马雪松,周云逸.社会学制度主义的发生路径、内在逻辑及意义评析[J].南京师大学报(社会科学版),2011,(03).

28.毛建平.毛泽东中央与地方关系思想研究[D].南京:东南大学硕士学位论文,2009.

29.潘同人.嵌入关系:中国招商引资中的政府与市场[D].天津:南开大学博士学位论文,2014.

30.乔宝云,范剑勇,冯兴元.中国财政分权与中小学义务教育[J].中国社会科学,2005,(06).

31.渠敬东,周飞舟,应星.从总体支配到技术治理:基于中国30年改革经验的社会学分析[J].中国社会科学,2009,(06).

32.渠敬东.项目制:一种新的国家治理体制[J].中国社会科学,2012,(05).

33.任志江.大跃进时期中央与地方关系变迁：经济发展战略角度的研究[J].中国经济史研究，2006，(01).

34.孙立平，王汉生.作为制度运作和制度变迁方式的变通[J].中国社会科学季刊，1997，(04).

35.孙立平.向市场经济过渡过程中的国家自主性问题[J].战略与管理，1996，(04).

36.孙宁华.经济转型时期中央政府与地方政府的经济博弈[J].管理世界，2001，(03).

37.唐皇凤，陶建武.大数据时代的中国国家治理能力建设[J].探索与争鸣，2014，(10).

38.王汉生，王一鸽.目标管理责任制：农村基层政权的实践逻辑[J].社会学研究，2009，(02).

39.王沪宁.集分平衡：中央与地方的协同发展[J].复旦学报(社会科学版)，1991，(02).

40.王沪宁.中国变化中的中央和地方政府的关系：政治的含义[J].复旦学报(社会科学版)，1988，(05).

41.王嘉州.理性选择与制度变迁：中国大陆中央与地方财经关系类型分析[D].台湾政治大学东亚研究所博士学位论文，2003.

42.王丽萍.幻象与现实之间的联邦制——对联邦制研究中若干重要问题的讨论[J].政治学研究，2014，(01).

43.王鹏.财政转移支付制度研究[D].长春：吉林大学博士学位论文，2012.

44.王浦劬.中央与地方事权划分的国别经验及其启示——基于六个国家经验的分析[J].政治学研究，2016，(05).

45.王瑞芳.新中国成立初期的政治制度及其初步调整[J].党史博

览,2012,(03).

46.王绍光.分权的底线[J].战略与管理,1995,(02).

47.王有强,卢大鹏,周绍杰.地方政府财政行为[J].中国行政管理,2009,(02).

48.魏红英.纵向权力结构合理化:中央与地方关系和谐发展的基本进路[J].中国行政管理,2008,(06).

49.吴国光,郑永年.论中央—地方关系[J].中国研究,1994,(06).

50.吴敬琏,魏加宁.东亚金融危机的影响、启示和对策[J].改革,1998,(02).

51.吴铮.招商引资与经济增长的关系研究——基于青海省十多年来招商引资数据的实证分析[J].企业经济,2012,(01).

52.谢庆奎.中国政府的府际关系研究[J].北京大学学报(哲学与社会科学版),2000,(01).

53.邢德勇.析建国初毛泽东的中央与地方关系思想[D].武汉:华中科技大学硕士学位论文,2012.

54.徐湘林.转型中国的结构性稳定与体制变革——以国家治理能力为视角[C].比较视野下的国家建设与民主学术研讨会论文集,2012.

55.徐勇.内核—边层:放权式改革——对中国改革的政治学解读[J].开放时代,2003,(01).

56.徐勇.现代国家建构中的非均衡性和自主性分析[J].华中师范大学学报(人文社会科学版),2003,(05).

57.闫帅.公共决策机制中的"央地共治":兼论当代中国央地关系发展的三个阶段[J].华中科技大学学报(社会科学版),2012,(04).

58.杨斌.中国农民广义税收负担走向[J].税务研究,2007,(10).

59.杨冬雪.压力型体制:一个概念的简明史[J].社会科学,2012,

（11）.

60.杨光斌.国家结构理论的解释力与适用性问题[J].教学与研究,2007,（07）.

61.杨光斌.诺斯制度变迁的理论与问题[J].华中师范大学（人文社会科学版）,2007,（05）.

62.杨光斌.制度范式：一种研究中国制度变迁的途径[J].中国人民大学学报,2003,（03）.

63.杨连强.利益差别与政策博弈：中央与地方关系的另类解读[J].重庆社会科学,2006,（01）.

64.杨瑞龙,杨其静.阶梯式的渐进制度变迁模型：再论地方政府在我国制度变迁中的作用[J].经济研究,2000,（03）.

65.杨瑞龙.我国制度变迁方式转换的三阶段论：兼论地方政府的制度创新行为[J].经济研究,1998,（01）.

66.杨小云.近期中国中央与地方关系研究的若干理论问题[J].湖南师范大学学报（社会科学版）,2002,（01）.

67.伊海燕,刘艳.集体土地流转中需要处理好的几对矛盾[J].长春理工大学学报：社会科学版,2012,25,（08）.

68.张军,高远.改革以来中国的官员任期、异地交流与经济增长：来自省级经验的证据[J].经济研究,2007,（11）.

69.张俊宇.中国投资与经济增长关系的实证研究：基于基本投资建设、更新改造投资与经济增长关系的研究[J].经济与管理评论,2006,（01）.

70.张星久.突破中国政治制度史研究的瓶颈：读《明代政治制度研究》[J].武汉大学学报（哲学社会科学版）,1997,（06）.

71.张闫龙.财政分权与省以下政府间关系的演变[J].社会学研

究,2006,(03).

72.张永宏,李静君.制造同意:基层政府怎样吸纳民众的抗争[J].开放时代,2012,(07).

73.郑永福,吕美颐.湖南自治运动中毛泽东的地方自治思想[J].中州学刊,1998,(06).

74.周飞舟.财政资金的专项化及其问题兼论"项目治国"[J].社会,2012,(01).

75.周飞舟.生财有道:土地开发和转让中的政府与农民[J].社会学研究,2007,(01).

76.周黎安.行政发包制[J].社会,2014,(06).

77.周黎安.中国地方官员的晋升锦标赛模式研究[J].经济研究,2007,(07).

78.周雪光,练宏.政府内部上下级部门间谈判的一个分析模型:以环境政策实施为例[J].中国社会科学,2011,(05).

79.周雪光.基层政府间的"共谋现象":一个政府行为的制度逻辑[J].开放时代,2009,(12).

80.周雪光.权威体制与有效治理:当代中国国家治理的制度逻辑[J].开放时代,2011,(10).

81.周振华.经济发展中的政府选择[J].上海经济研究,2004,(07).

82.朱光磊,张志红."职责同构"批判[J].北京大学学报(哲学社会科学版),2005,(01).

二、英文文献

(一)专著

1.Barry J. Naughton, Dali L. Yang, eds., Holding China Together: Diversity and National Integration in the Post-Deng Era[M]. NY: Cambridge University Press, 2004.

2.Carl Riskin, China's Political Economy: the Quest for Development since 1949[M]. Oxford: Oxford University Press, 1987.

3.David S. G. Goodman, Groups and Politics in the People's Republic of China[M]. Cardiff: University College Cardiff Press, 1984.

4.Deborah S. Davis, Richard Kraus, and Barry Naughton, Petty, Urban Spaces in Contemporary China: The Potential for Autonomy and Community in Post-Mao China[M]. NY: Cambridge University Press, 1995.

5.Ezra F. Vogel, Deng Xiaoping and the Transformation of China[M]. London: the Belknap Press of Harvard University Press. 2011.

6. Harry Harding, Organizing China: The Problem of Bureaucracy, 1949-1976[M]. CA: Stanford University Press, 1981.

7. Huang Yasheng, Inflation and Investment Controls in China [M]. NY: Cambridge University Press, 1996.

8.J. Hausner, B. Jessop, and K. Neilsen, Strategic Choice and Path Dependency in Post-Socialism: Institutional Dynamics in the Transformation Process[M]. UK: Edward Elgar, 1995.

9.Joel S. Migdal, Strong Societies and Weak States: State-society Relations and State Capabilities in the Third World[M]. NJ: Princeton University Press, 1988.

10. Kenneth G. Lieberthal, David Lampton, eds., Bureaucracy, Politics, and Decision-Making in Post-Mao China[M]. Berkeley: University of California Press, 1992.

11. Kenneth G. Lieberthal, Micheal Oksenberg, Policy Making in China: Leaders, Structures, and Processes [M]. NJ: Princeton University Press, 1988.

12. Kenneth Lieberthal, Governing China: From Revolution to Reform [M]. NY: W.W. Norton & Co, 1995.

13. Kjeld E. Brodsgaard, David Strand, Reconstructing Twentieth-Century China: State Control, Civil Society, and National Identity[M]. Oxford: Clarendon Press, 1998.

14. Linda Chelan Li, Center and Provinces: China 1978-1993[M]. Oxford: Clarendon Press, 1998.

15. Lucian W. Pye, The Spirit of Chinese Politics[M]. MA: Harvard University Press, 1992.

16. Paul Pierson, Politics in Time: Institutions, and Social Analysis [M]. NJ: Princeton University Press, 2004.

17. Perre F. Landary, Decentralized Authoritarianism in China: The Communist Party's Control of Local Elites in the Post-Mao Era[M]. NY: Cambridge University Press, 2008.

18. Susan L. Shirk, The Political Logic of Economic Reform in China [M]. Berkeley: University of California Press, 1993.

19. Teresa Wright, Accepting Authoritarianism: State-Society Relations in China's Reform Era[M]. CA: Stanford University Press, 2010.

20. Zhiyue Bo, Chinese Provincial Leaders: Economic Performance and Political Mobility since 1949[M]. NY: M.E. Sharpe, 2002.

（二）学术文章

1.Andrew G. Walder, Andrew Isaacson, and Qinglian Lu, After State Socialism: The Political Origins of Transitional Recessions [J]. American Sociological Review, Vol.80, No.2, 2015.

2.Christine P. W. Wong, Central—Local Relations in an Era of Fiscal Decline: The Paradox of Fiscal Decentralization in Post-Mao China[J]. The China Quarterly, No.128, 1991.

3.Paul A. Cohen, The Post-Mao Reform in Historical Perspective[J]. The Journal of Asian Studies, Vol.47, No.3, 1988.

4.Dylan Riley, Juan J Fernández, Beyond Strong and Weak: Rethinking Postdictatorship Civil Societies [J]. American Journal of Sociology, Vol.120, No.2, 2014.

5.Gabriella Montinola, Yingyi Qian and R. Barry, Weingast, Federalism, Chinese Style—The Political Basis for Economic Success in China[J]. World Politics, Vol.48, No.1, 1995.

6. Huang Yasheng, Managing Chinese Bureaucrats: An Institutional Economics Perspective[J]. Political Studies, Vol.50, No.1, 2002.

7.Jae Ho Chung, Studies of Central—Provincial Relations in the People's Republic of China: A Mid-Term Appraisal[J]. The China Quarterly, Vol.142, Jun., 1995.

8.Kevin J. O'Brien, Lianjiang Li, Selective Policy Implementation in Rural China[J]. Comparative Politics, Vol.31, No.2, 1999.

9.Linda Chelan Li, Provincial Discretion and National Power: Investment Policy in Guangdong and Shanghai, 1978-1993[J]. The China Quarterly, Vol.152, Dec., 1997.

10.G. Montinola, Qian Yingyi, and B. R. Weingast, Federalism, Chinese Style: The Political Basis for Economic Success in China[J]. World Politics, Vol.48, No.1, 1995.

11.Nina P. Halpern, Learning from Abroad: Chinese Views of the East European Economic Experience, Jan., 1977—Jun., 1981[J]. Modern China, Vol.11, No.1, 1985.

12. Michel Oksenberg, China's Political System: Challenge of the Twenty-First Century[J]. The China Journal, No.45, Jan., 2001.

13. Lucian Pye, China: Erratic State, Frustrated Society[J]. Foreign Affairs, Vol.69, No.4, 1990.

14.Zhao Shuisheng, The Feeble Political Capacity of a Strong OneParty Regime—An Institutional Approach toward the Formulation and Implementation of Economic Policy in Post-Mao Mainland China[J]. Issues and Studies, Vol.26, No.1, 1990.

后　记

　　我是抱着学习的态度来撰写这本专著的，而本书的基础则是我的博士学位论文。因为除了在本科和硕士阶段修完当代中国政府与政治这门课之外，事实上，我对中国政治的了解并不多。它之于我，就仿佛一个黑箱，令我好奇却不敢触碰。在本科四年的政治学学习中，我比较感兴趣的是比较政治制度，但当时这门课主要介绍的是西方发达国家的政治制度。我的喜爱完全是出于对未知世界的好奇，出于对全身散发着智慧光芒的老师的无限景仰和崇拜。因此，当时尚且年幼的我受西方自由、民主的价值观念和制度影响很深，在中西的强烈对比下，我对中国政治——从制度到价值——始终是持一种批判态度的。

　　尽管我一直回避中国政治制度，但硕士期间，我正为自己的研究选题犯愁的时候，老师却建议我研究中国区域治理问题。当时我的第一反应是，先从西方的区域治理理论入手，试图从中找到可供中国借鉴的治理经验。然而当我深入进去研究的时候才意识到，西方的区域治理模式与中国有很大的区别，其理论并不完全适用于本土的区域治理实践。这时，我才认识到自己的狭隘，虽然学习了很多西方国家的政治思想和制度设计，却对自己生活了二十多年的国家的政治问题一知半解，这让我感到无比地惭愧，所以才决定要弥补生命中这个缺憾，在读博期间继续研究中国政治制度。

就这样简单而真诚的，开启了一段新的人生旅程。但读博毕竟不是一件轻松的事，有时候我会质疑自己的选择，不确定自己是否真的适合做学术，是否能顺利完成学业和论文，是否能在未来的某一天变成讲台上那个全身上下散发着智慧光芒的人。但是人生的答案只有试过了才知道，如果我在年轻的时候就放弃尝试，或许将来又会对自己退而求其次的行为感到后悔吧。于是，我选择了冒险，并努力修炼成这世界的"第三类人"。在这个过程中，我不仅通过阅读文献和课堂讨论获得了知识上的增量，更为重要的是，我开始用心地观察身边的政治现象，通过寻找到政府部门挂职的机会，试图进一步了解中国政治的运作。这些观察和经历使我对所学知识有感同身受的认识，也给了我很多学术研究上的灵感，找到研究的问题和视角。虽然这仅仅是学术研究的起点，但我的舍友闫曼悦曾对我说："做社会科学研究最重要的是你对这个社会的认识和理解。"因此，我如何去认识政治现象和政治问题，如何同学者进行对话？这也是我们在进行学术研究时需要解答的至关重要的问题。

由于我的博士论文选择的是中国纵向政治制度变迁研究这样一个宏大的课题，因而在研究过程中面临很多的困难，例如对研究对象的理解和把握、研究视角和研究方法的选择，等等。在此，我要特别感谢恩师储建国，他真的是一个具有丰富学术想象力的人，他把让人难以理解的政治系统想象成如大树般的生命有机体，而我所要研究的纵向政治制度好比大树的枝干、人体的骨架。不得不说，这样的比喻确实让人脑洞大开，从而让我对研究对象有了抽象的认识和把握。在他的引导下，我又进一步把让人难以进入、难以理解的政治系统微缩到一个更小的生命有机体甚至家庭有机体内，通过以小见大的方式来把握纵向权力之间的关系，从而找到研究的视角。此外，在博士论文的写作过程中，我也从导师那里得到了直接的指导和帮助。老师严谨的治学态度常常让我心生敬畏，因为这意味着我要一轮又一轮地修改论文。尤其是在写作的后期，我甚至有些质疑自己的学术能力。这也是我人生中第一次感受到有种如影随形的压力。但导师的严格要求也鞭策我不断地将作品打磨得更好。与此同时，我还要特别感谢张星久老师、柳新元老师、唐皇凤老师和刘伟老师在我博士论文写作过程中所给予的指导和帮助，我充分吸纳了他们的意见和建议。此外，还要感谢我的父母，他们不仅给予我无私的爱，而且一如既往地支持我的选择；感谢和我一样热爱学术的小伙伴们，其中特别感谢我的师兄刘国发与我分享他的工作经历，给我的研究很大的启发；感谢我的师姐栾欣超以及我的师弟余礼信、包涵川、陶建武、杨欢等同学，他们的建议与帮助对本书的最终完成起了重要的作用。特别鸣谢我的同门和堪称"中国好舍友"的闫曼悦同学，以及杨蕾、寻增光、张继然、官茂元、谢晟等同学。最后，让我鞠躬感谢所有人的相助。

本书写作的过程事实上也是我对中国政治制度的了解和认识过程，由于本人涉世未深，因此观点难免有许多不成熟或片面之处，真诚希望各位同仁提出宝贵意见。但于我个人而言，整个写作的经历让我对未知的领域开始展开探索，并对各家的观点进行总结反思，最后慢慢形成了对本研究问题的基本看法。并且在此期间，我学会了自觉地生活、独立地思考，寻找到所做之事的意义，形成了较为稳定的价值观和评价体系，这是一种成长。

朱成燕
2024 年 4 月于珞珈山